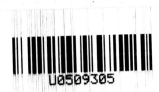

真溱 著

国家斥候

揭秘美国中央情报局的黑色大脑

上海远东出版社

图书在版编目（CIP）数据

国家斥候：揭秘美国中央情报局的黑色大脑/真溱著.
—上海：上海远东出版社，2023
ISBN 978-7-5476-1894-3

Ⅰ.①国…　Ⅱ.①真…　Ⅲ.①中央情报局（美国）-
概况　Ⅳ.①D771.236

中国国家版本馆 CIP 数据核字（2023）第 079289 号

责任编辑　王　皑
封面设计　李　廉

国家斥候：揭秘美国中央情报局的黑色大脑
真　溱　著

出　　版　上海遠東出版社
　　　　　（201101　上海市闵行区号景路 159 弄 C 座）
发　　行　上海人民出版社发行中心
印　　刷　上海中华印刷有限公司
开　　本　890×1240　1/32
印　　张　12
插　　页　1
字　　数　240，000
版　　次　2023 年 6 月第 1 版
印　　次　2023 年 6 月第 1 次印刷
ISBN 978-7-5476-1894-3/D·42
定　　价　58.00 元

目录

以敌为师，是成长大国的必经之路

（代序一）

在我的印象里，真溱一直是个很有才华又肯动脑的小伙子，但当他把《国家斥候》摆到我面前时，我才恍然发现，他也已是个中年人了。真是时光不饶人。所幸的是，随着时光的流逝，真溱的书越写越好看。

《国家斥候》是真溱“国家情报三部曲”系列图书的第三部，第一部《国家窃听》是有关情报和监督、情报和技术（以及大数据）的故事，第二部《国家智囊》是智库与情报、智库与决策的故事。而这第三部所讲述的，则是情报与分析、情报与决策的故事。三部书中的部分人物有一些交集，连起来读，就能消除对这些人物的刻板印象，凸显出可感的立体和生动来。于是，“国家情报三部曲”终于在我们眼前呈现出可观的样貌。

如果说《国家窃听》一书更多的是揭露美国情报界的“手脚”，透过“斯诺登事件”呈现其不择手段地获取情报的“B面”，《国家斥候》则进入到了更深的一个层次，希望向读者深度揭示美国情报界的“大脑”，进而以中央情报局情报分局的萌芽、成长和发展为主线，讲述这个“大脑”鲜为人知的故事。

在英语中，“情报”和“智能”“智力”是同一个词。美国情报界为美帝国最重要的贡献，并非一次次肮脏的秘密行动，而是一份份凝结大量知识和高度智慧的研究报告。从这个意义上说，了解其深藏幕后的“大脑”如何运作，尤其是它如何影响美国高层决策，有不言而喻的重要意义。国内在这方面的写作和披露还极为欠缺，几乎完全空白。我想，这正是真溱不辞潜入情报深海，索微钓沉，探究和撰写“国家情报三部曲”特别是这本《国家斥候》的动机。

本书一开始，着重向我们介绍了美国中央情报局情报分局的前身，萌芽于二战期间成立的战略勤务局（以及其短暂的前身总统信息协调官办公室）之下研究分析部的故事。作者用了较多的笔墨介绍这个部门成立之前的诸多情况特别是成立原因。这样一个机构之所以得以成立，只是因为一个出人意料的原因：美国总统实际上处于“信息爆炸、情报缺乏”的境地。

“由于缺少足够的系统来整理如此大量的信息，也缺少足够的系统对其进行补充和分析，更谈不上采用易于理解的形式将其呈现出来以便决策和行动，其中有相当大的一部分信息被直接交给了总统本人，多到他根本无法看完，能消化理解的就更少了。”

随着战事临近，以多诺万为代表的一批美国人强烈地意识到，这种境地对美国不利、甚至凶险，而破解这个难题的路径也日渐清晰。他们在给总统的一份材料里大声疾呼：

> 有关轴心国的陆海空三军以及经济潜力的文献和资料，被分散在我们政府的不同部门。只有把它们集中起来，并由精通语言、熟悉技术的专业头脑加以仔细研究，才有可能产生出有价值的，甚至是决定性的成果。

按照这样一种构想，研究分析部快速建立起来。多诺万等人动员了一大批美国的知名学者加入其中。由于从这些人当中走出了七位美国历史学会主席和六位美国经济学会主席，因此被后人戏称其为“主席部”。“秘密队伍，学者如云”，正是研究分析部的真实写照。这其中不能不提到的一个重要人物，即来自耶鲁大学的历史学教授谢尔曼·肯特。他在后来的美国情报界扮演了非常重要的角色。

从一开始，研究分析部的这些学者就切实体会了情报资料的稀缺，于是战略勤务局想尽办法在中立国设立站点搜集资料，有计划有步骤地大肆搜集技术资料、实物，甚至一些重要的科学家也被他们带回美国。这一切，为美国及盟军赢得二战的胜利做出了大量不为人知也不可磨灭的贡献。

随着战争结束，美国总统着手将国家从战时状态转换至平时状态，战略勤务局这样一个临时机构，尽管有多诺万这样的人物为之鼓呼，仍不免面临被解散的命运。但政府高层对研究分析部的印象都不错，所以把这个部门整体转隶到国务院。而原本研究分析部里的许多学者就打算回归平静的研究生活，这样一种调整安排大大加剧了骨干流失的速度和程度，即使时任部门领导的谢尔曼·肯特，也选择了离去。

但对情报工作情有独钟的肯特，不甘沉寂，他趁着借调到国家战争学院的一段时间，完成了他的经典之作《战略情报：为美国世界政策服务》。在这部著作中肯特总结了战争期间研究分析部的主要经验，并首次依据时间轴将战略情报进行了分类。

肯特的这部著作一经出版便引起了广泛关注，并成为新任中央情报总监重整中央情报局情报分析部门的理论框架。一直不安于大学象牙塔生活的肯特，也终于如愿以偿在这时进入了中央情报局，不久便开始执掌预估分析部门，时间长达十六年之久，从而深刻地影响了美国情报界。

在“新的机构，新的对手”这一章中。真溱着力向我们回顾了当时作为“新的机构”的美国中央情报局，与“新的对手”，即与美国对抗的冷战对手苏联之间缠斗和妥协的一幕幕活剧，期间还穿插描写了中央情报局与美军方情报部门的内部矛盾。

但即使聪敏过人如谢尔曼·肯特与他的专业团队，在古巴导弹危机这一高度紧张的历史时刻，也并没能准确预见苏联人的动向，最终使美国面临了一场几乎与对手核火并的危机。这是后来人所共知的事实。之后黯然谢幕的这位情报大师，除了通过这次危机，印证他自己在《战略情报：为美国世界政策服务》一书中曾经做出的结论："无论情报研究人员的工作有多深入、客观和缜密，指望他们的预言都能应验是不切实际的"，也给后世留下无数追寻的疑问：这一失误的原因有哪些？能不能避免？

但这些追问，都还不是我读这本书，并把它推荐给大家的原因。我更看重的是，作者通过此书向我们展示的美国情报工作的理念、视野、思维以及分析方法。此外，还有从业者的专业水准和职业精神。如果你确认这些人将会是你的对手，那么，"以敌为师"，就是必须做的事情。这是《国家斥候》给我的启示，我希望也是给更多人的启示。

退役空军少将　乔良

2023 年 2 月 24 日

情报强国的成功秘诀
（代序二）

《国家斥候》问世，作为情报史研究者，我写几句话作为推荐之语。

英国情报史研究者菲利普·奈特利把情报工作称为世界上“第二种最古老的职业”，但在漫长的历史长河中，各国情报工作的发展水平很不一致。古代中国和罗马的情报工作交相辉映，近代则是英国、德国和法国诸强争辉。20 世纪中期以后，美国迅速成为一个情报强国，引领世界情报工作潮头。美国情报界强大的情报能力使情报工作成为其推进国家利益、塑造有利态势的工具。现在，已经有越来越多的国家意识到，情报工作是国家安全的第一道防线，是推进国家利益的工具，是塑造有利战略态势的重要力量，情报强国应该是一个世界强国的标准配置。

在建设情报强国的道路上，美国是如何实现弯道超车、快速崛起的？怎样才能建设一个情报强国？对这一问题，我曾进行过思考，并在《一个情报强国的崛起路径》一文中对此问题进行了回答。我认为从美国情报工作发展的历史脉络来看，战争需求、对外战略的转变为美国情报工作的发展提供了基本动力，而美国情报界在情报制度、情报技术、情报理论和情报文化领域的创新为情报工作的发展提供了基本保证。开拓型的对外战略取向、决策者对情报工作的重视、情报工作的制度创新、情报技术的发展、反思性的情报文化塑造，以及合理的人才队伍培养，构成了一条情报强国的发展路径。

然而，这样的结论并非完美无缺。首先，它并不足以解释为什么美国会在进入 20 世纪后一改此前情报工作的颓势，迅速超越英国、德国和法国这样的老牌情报强国，一跃而成一个世界情报强国。除了前面列举的制度性优势外，美国成为一个情报强国的内在因素还有哪些？另外，这样的结论也需要扎实的历史研究提供实证支撑，而这显然是一篇短短的学术论文无法承载的——《国家斥候》一书恰好填补了这一空白。

《国家斥候》所涉内容的时代背景是第二次世界大战及冷战初期，具体地说是 1941 年夏天至 1962 年古巴导弹危机时期。1941 年，受限于国内的孤立主义思潮，美国还未参加第二次世界大战，而白宫的决策者已经意识到紧张的国际局势以及法西斯主义对国家安全的威胁。在这样的背景下，以多诺万为代表的新一代美国情报人，积极构思大国竞争中的情报战略，在学习、借鉴英国情报工作经验的基础上，重新构建了美国的情报力量体系，为美国参与大国博弈、赢得战争胜利，奠定了坚实的情报基础。

律师出身的多诺万，对情报工作的看法迥异于传统的军事情报机构。他认为，情报工作必须得到战略的指导，战略决策必须建立在情报基础之上，情报是国家安全的第一道防线，心理战是向敌国发起进攻的重要手段，情报体制必须协调，情报分析是情报工作的中心环节。这样的情报观念，不仅超越了同时代的美国人，甚至也走在了他的情报专业“导师”——英国情报机构前面。依据这样的情报工作理念，多诺万游说当时的罗斯福总统接受了自己的观念，成为美国情报工作的协调人，进而塑造了总统信息协调官办公室和战略情报局①这样的战略情报机构。在第二次世界大战行将结束之时，他极力游说美国政要，希望建立一个中央情报机构。他的情报思想确立了美国战后情报体制的基石，并对美国战后的情报理念和情报实践产生了重要影响，因而被称为美国“中央情报之父”。战后中央情报局的建立为美国在大国情报竞争中奠定了良好的组织基础。今天我们评价美国的情报体制是协调型的情报体制，这是美国情报界超越其他竞争对手的地方，而多诺万正是这一体制的设计者。本书从一个中国学者的视角，系统梳理了战略情报局和中央情报局的成立

① 本书正文译作“战略勤务局”。

过程。

本书第一章题为“秘密队伍，学者如云”。这一标题准确把握了美国情报工作的特色：智胜。智胜，应是情报工作的本色。很多人谈起情报工作，想到的是詹姆斯·邦德，想到的是类似于阿贝尔这样的隐身英雄，这实在是对情报工作的误读。孙子曰：“故惟明君贤将，能以上智为间者，必成大功。”朱德元帅指出：“唯有最有学识、最勇敢、最有天才、党的最好同志，才能做好情报工作。”不同于战场上敌对双方的生死搏杀，情报战是敌对双方情报机构之间的斗智斗勇。情报人员一方面要善于连点成线，见微知著，知彼知己，“实事求是”，帮助决策者塑造透明的决策环境，赢得决策优势。另一方面，情报人员应播散“战争迷雾”来误导对手，以造成其“不知战之地，不知战日，则左不能救右，右不能救左，前不能救后，后不能救前”的被动局面。这正是情报战的本质，是情报战制胜的关键。“魔术师之战”，说到底是人才间的较量。

第二次世界大战爆发之时，引领国际情报工作潮流的是苏联国家安全机构、英国秘密情报局、德军谍报局，这些机构无一例外的都是谍报机构，以间谍渗透见长。然而，刚刚起步的美国情报机构从一开始就没有重走其他国家情报机构的旧路，而是另辟蹊径。多诺万准确地把握到：情报工作本质上是处理信息的智力活动，有价值的情报更多地来自于对公开资料的科学收集和分析，而不是来源于秘密渠道和间谍活动；面向高层决策的情报工作必须系统地、大规模地利用社会科学家的专门知识。这一认识抓住了情报工作智胜的本质，为美国情报工作的崛起奠定了基础。多诺万并不忽视传统的谍报工作，但他更重视情报分析。他认为情报分析是情报工作的核心。情报分析是一项智力密集型的工作，真正的情报分析依赖于情报分析人员的智力思考。情报分析人员如果能正确使用自己的天才和研究能力，开动脑筋，就能以智慧战胜敌人。他批评那种过分依靠收集情报，而没有依靠分析能力的做法。① 他延请著名外交史学家、威廉斯学院院长威廉·巴克斯特，在他领导的总统信息协调官办公室内牵头组建了研究分析部，在巴克斯特因身体原因退出后，他又请杰出的欧洲史和外交史专家威廉·兰格尔出任研究分析部主任。兰格尔曾回忆说："多诺万对知识和想象力予以同等重视。他坚信，在许多美国大学里平静地从事教学研究的人中不乏专攻外国历史以及外国地理和语言的人，（情报工作）不去吸收利用这一巨大的知识储备，乃至于这种密集的学术研究训练和这种从更广阔的视野中看问题的习惯，是一个莫大的错误。"②

在这种理念下创建的战略情报局从一开始就拥有一种浓重的学术色彩。研究分析部组织了一支由 900 余位美国各学科领域的顶尖学者组成的分析团队。这些人中，包括哈佛大学经济学家爱德华·梅森、密歇根大学政治学家约瑟夫·海

① 约翰·兰尼拉格．中央情报局［M］．北京：中国社会科学出版社，1990：68.

② 牛可．情报机构里的学术人［J］．世界知识，2010，20：66.

登、杜克大学经济学家开尔文·胡佛、普林斯顿大学国际政治学家爱德华·厄尔，以及历史学威廉·兰格尔、谢尔曼·肯特、阿瑟·施莱辛格和费正清等。他们当中，后来出了若干位美国历史学会主席、诺贝尔奖金获得者，以及美国总统国家安全事务助理。他们经验丰富，知识广博，思维深刻，视野开阔，并有在政府机构中任职的经验。他们将现代学术研究方法应用于情报分析，能从学术的角度对国际问题以及相关的国内动态进行分析，并作出客观公正的评价。这使当时的战略情报局得以傲视同群。相形之下，苏联情报机构相信它的谍报人员可以拿到一切机密文件，因此相当轻视情报分析，它甚至没有设立专门的情报分析机构。而当时的德国和日本情报机构都在军人主导下，几乎所有的分析人员都是军人出身，其军衔大抵为校尉级军官。在德国情报机构外国军队处，一个处长只是一名校级军官，如果他想要进一步晋升，就必须到步兵团去当团长，而情报分析恰恰是一个需要经验的行业。正是这样不同的用人机制，使美国情报机构对德国情报机构赢得了智力上的优势。这样的局面一直延续到冷战以后，接续战略情报局的中央情报局继承了这一传统，大量的高等院校学生加入了情报机构。中央情报局负责情报分析的情报分局局长雷·克莱恩指出：战略情报局树立的尊重学术人才的风气，后来为中央情报局所继续发挥，它使美国情报工作在智力上对苏联情报机构具有明显的优势。苏联叛谍亚历山大·奥洛夫（Alexander Orlov）说，通过研究和分析把秘密情报工作和隐蔽情报结合起来，是美国情报工作不同于俄国情报工作之处。俄国人至今仍然相信老式的谍报工作方式是带有根本意义的，是情报工作的基础。奥洛夫此言发表于半个世纪之前的冷战时代，但乌克兰战争的实践表明，俄罗斯情报机构依然保留着它的“本色”，所以俄罗斯在美俄竞争中落于下风就一点也不值得奇怪。

美国情报机构与传统情报机构不一样的地方，还在于其对开源情报的重视。传统情报观认为情报的优势在于保密，秘密搜集是情报的主要来源。这样的观念，流行于当时的国际情报界，尤其是以苏联国家安全机构和英国秘密情报局为代表。但是，谢尔曼·肯特的研究却表明，有90%以上的情报是可以通过公开途径搞到的①，事实上，大多数“外国高级主动情报……必须源于毫不罗曼蒂克的光明正大的观察和研究”②。美国国会图书馆馆长麦克利什说：“图书馆拥有丰富的资料，有助于对情报做出判断，在这方面可以比过去发挥更重要的作用”，这可以使情报人员看问题更深刻，视野更广阔而抓住要点，得出的看法更有分量。③ 再加上传统军事情报机构对战略情报局的排斥，战略情报局不可能以秘密资料作为主要的情报来源，它只能依据公开资料，进行情报分析。然而，凭着分析家睿智的大脑，研究分析处在战争期

---

① Sherman Kent, Strategic Intelligence for American World Policy [M]. New Jersey: Princeton University Press, 1951:214.

② Sherman Kent, Strategic Intelligence for American World Policy [M]. New Jersey: Princeton University Press, 1951:3-4.

③ 托马斯·特罗伊. 历史的回顾——美国中央情报局的由来和发展 [M]. 北京：群众出版社，1987:89-90.

间取得了杰出的成就。它提供了3000多项正式研究报告，制作了3000多份地图，涉及各个国家和地区的基本情况，其中有些报告非常受决策者重视，对军事行动帮助很大。《国家斥候》系统梳理了战略情报局研究分析部在战时取得的诸多成就，包括为盟军火炬计划、战略轰炸、诺曼底登陆提供的情报支援。

当然，就情报分析而言，战略情报局的实践最重要的是创建了所谓情报分析的兰格尔体制。当时美国学术界实证主义思想大行其道，而以兰格尔为代表的美国情报分析家也深受影响。他们坚信情报分析是一门科学，情报分析有自己的方法论和术语体系，自然科学和社会科学的研究方法可以用于情报分析，情报分析应坚持客观的评价标准。这样的理念、技巧、工作模式影响了美国的情报分析。一份战略情报局官方报告指出，研究分析部从事情报分析的技巧“实际上影响着整个美国政府的情报工作程序”①。实际上，这也是美国情报机构超越其他国家情报机构的地方。从这一点看，《国家斥候》特意回避了第二次世界大战时期和冷战初期的能充分吸引读者眼球的诸多谍报活动、隐蔽行动，而专注于美国情报机构的情报分析工作，也就顺理成章了。在建设情报强国的过程中，我们应该借鉴、重视美国情报机构的这一成功实践。

本书作者长期在科技信息机构工作，本书也不可避免地

---

① Kermit Roosevelt, ed. War Report of the OSS [M]. Washington, D.C.: Walker & Co., 1976:167.

会涉及美国的科技情报工作。由于多诺万对开源情报工作的重视，他成立了“国外出版物采访部际委员会”这么一个机构，其主要职能是为美国（泛）战争机构购买所需要的国外公开出版物，委员会的常设机构设在研究分析部，由研究分析部负责其运营与管理。这个细节说明，美国的科技情报工作起源于军事情报工作，其执行机构则是军事情报机构的组成部分。

书中披露的另一个事实是：美国对纳粹德国原子弹研制相关情报的搜集，是由美国陆军情报部主导的，其行动代号为“树丛行动”。陆军情报部的情报人员通过文献研究、专家访谈，判断德国的原子能研究尚未取得突破。由此可以肯定地说，第二次世界大战时期美国情报机构进行的技术情报工作，都是在军事情报机构主导之下进行的。战后美国情报界对苏联战略空军和导弹能力的评估，也是由中央情报局和军事情报机构牵头进行的。这样的细节揭示，可以澄清国内学界对美国科技情报工作的起源和内容的认识。可以说，本书完美诠释了情报史研究的价值：还原历史真相，体现情报史研究的经世济用，为改进情报实践提供借鉴。

本书作者是科技情报学人，并非历史学者，但本书引用的大量史料，特别是美国国家安全档案和美国对外政策文件，充分表明作者在历史研究方面的功力和造诣。本书虽然只是对美国情报机构的发展脉络进行了简练的梳理，但线条十分清晰，所选择的历史事件非常具有典型性，足以帮助我们认清美国走向一个情报强国过程中的重大抉择，帮助我们认识美国情报工作迥异于传统间谍活动的特点。全书文字简洁，行文如行云流水，虽然描述的是陈年旧事，但读起来并无生涩、枯燥之感。

国防科技大学国际关系学院教授 高金虎

2023 年 3 月 1 日

情报的本质

（代序三）

情报（Intelligence），这一词语对普通中国百姓而言，是一个敏感而又非常刺激的词儿，而美国中央情报局更是一个会让人产生“月黑风高、暗杀、窃听”等联想的机构，所有暗黑、血腥的词汇似乎都可以安在这个神秘部门的身上……

真溱所著《国家斥候》一书，开篇从耶鲁历史学教授谢尔曼·肯特和外交官威廉·多诺万等二战期间美国著名学者在情报分析领域的开创研究入手，到国会图书馆长阿奇博尔德·麦克利什等对新成立的战略勤务局职能的不断完善，再到罗斯科·希伦科特、威廉·杰克逊等对 1947 年 9 月 18 日正式成立的中央情报局进一步的组织结构设置和情报活动规范化，在不断揭示情报的本质——情报就是知识、情报就是组织、情报就是活动——这一过程中，以通俗的语言描述了众多美国学者、社会活动家和军队情报专家，对美国中央情报局不断发展壮大发挥的不可或缺的影响。

本书虽用“情报”一词抓人眼球，全书却既没有出现风韵性感的女间谍套取情报、也没有出现飞檐走壁刺激暗杀等情节。恰恰相反，真溱先生以轻松简洁的文字，将世界知名的中央情报局的成立，特别是高深莫测的情报研究工作，以写实的笔法展现出来，人物形象跃然纸上。

《国家斥候》一书中令笔者印象最深的莫过于第三章，即对“美国战略情报研究奠基之作”——《战略情报：为美国世界政策服务》一书诞生过程深入浅出的描述。该书是战略情报之父谢尔曼·肯特为解决美国国家层面情报体系所面临的困境而撰写的，1949 年由普林斯顿大学出版，最终成为美国国家情报工作的思想源泉。这部分内容很好地弥补了笔者“知其然而不知其所以然”的知识盲点，即谢尔曼·肯特撰写该书的原始动机和历史背景。

本书中，作者并未坐而论道式地将中央情报局的组织结构和情报研究框架一一罗列，而是在写作思路上超越了情报机构与军事情报研究本身，聚焦于国家决策流程与国家辅助决策流程的重要支撑要素——战略情报与科技情报，为读者提供了一个更加广阔的观察视野，来全面认知一个国家情报机构的情报收集、分析、生产与分发全过程——是谓“国家斥候”。

知远战略与防务研究所 所长 李健

2022 年 6 月 12 日于长江之阴

第一章　秘密队伍，学者如云

1941 年 8 月，耶鲁大学校园。

谢尔曼·肯特（Sherman Kent）正在给新生讲授“欧洲文明史”。说起来，这门课曾是他心头的一处伤疤——十五年前，因为没能通过这门必修课，他整天情绪低落。当时，每个新生都会给自己买个条幅挂在屋里，其他人的条幅上骄傲地写着“耶鲁 1926 级”，而同为新生的肯特只在条幅上写了“耶鲁”一词，因为他实在没把握能继续留在这个年级，甚至连能继续留在这个学校都感觉有些困难。他的这种压力还由于父亲也是耶鲁毕业生而更加强烈。[1] 101 [2] 65 [3] 3

可能肯特自己都没有想到，他与历史学的前缘未断。约翰·艾里逊（John Allison）教授的法国史课程重新唤起了他对历史学的兴趣，并且他还听从了艾里逊的意见，选取了历史学作为自己的深造方向。肯特在拿到博士学位后留在了耶鲁大学历史学系，而给新生上“欧洲文明史”必修课，竟然成了他坚持多年的保留节目。[1] 101 [2] 66

然而，就在肯特徜徉在历史学的海洋之中时，一个突如其来的友人电话，彻底改变了他后来的人生轨迹。打电话过来的是历史学者瑞德（Conyers Read）。与主攻法国史的肯特不同，瑞德当时正在宾夕法尼亚大学研究文艺复兴时期的英格兰史。[1] 101

瑞德的听力欠佳，讲起话来旁人很难听懂，肯特连蒙带猜地理解了瑞德在电话中想表达的意思：美国政府正在为一项宣传工作招募历史学家。在电话中，两位历史学家约好到华盛顿见面详谈。[1] 101 [2] 81

一段时间以来，密切关心时局的肯特越来越感觉到自己主攻的法国历史与当下水深火热的欧洲现状格格不入。他非常渴望能让自己的学识发挥更大和更直接的作用。因此，早在 1939 年，肯特便在耶鲁大学组建了一个小组，专门收集和保存德国在战前发布的宣传材料，以备将来可能的历史研究之用。1940 年，他还在美国历史学学会发表过一次题为“身逢乱世的历史学家”的演讲。[1] 101-103 在这次演讲中，肯特这样说道：

> 只有学者型政治家（scholar-statesman）才懂得借鉴过往，并且把它们作为将来正确处理公共事务的指南。[1] 103

肯特的这些表现，很可能早就给瑞德留下了深刻印象，因此在需要招募学术界同行的时候，瑞德几乎立刻就想到了肯特。[1] 103

在华盛顿，除了瑞德外，肯特还见到了另外一位历史学者——来自哈佛大学的外交史领域知名教授兰格尔（William L. Langer）。并不需要兰格尔和瑞德进行更多的劝说，早就有“想法”的肯特当即决定加入团队。更何况他们还向他透露，在这个团队里他将有机会与美国当时最优秀的专家学者一起工作。[1] 101-103

总统特使

一年前的 1940 年 7 月 14 日，美国总统富兰克林·罗斯福委派多诺万（William J. Donovan）作为自己的特使，肩负秘密使命前往英国。

在公开场合，多诺万宣称自己此行完全是因为私人业务需要，而消息灵通人士则打听到，他这次去伦敦是为了搜集“第五纵队”（这个诞生于西班牙内战期间的词语在当时已成为“内奸”的代名词）的相关情况。但实际上，多诺万此行另有任务。[4] 205-208

当时，纳粹德国正以“闪电战”横扫欧洲。该年 5 月 10 日，丘吉尔在危急时刻接替了奉行“绥靖政策”的张伯伦，出任英国首相。他在上任后立即给大洋彼岸的罗斯福发出电报，请求美国施以援手。事实上，早在一战时期，时任英国海军大臣的丘吉尔和时任美国海军助理部长的罗斯福，就曾通过秘密通信管道建立起了不错的私人交情。但正在为赢得下个总统任期而全力以赴的罗斯福深知自己的底线，他告诉丘吉尔：英国想要的飞机、驱逐舰以及其他类似的援助，都需要国会批准以后才能提供。[5]299-300 [6]177

罗斯福当然知道战争已经迫近，应当有所准备。但在公开场合，他却不得不尽力迎合选民的情绪，避免刺激沉睡的人群，因为这对自己的竞选不利。后来，他向儿子坦承：

> 我知道我们即将走向战争。我确信战争无法避免……但是，我却不能走出来说“战争来了”，因为那样的话，大家会惊慌失措地离我而去。[7]166

而且，在当时还出现了一个可能更让罗斯福感觉可怕的事件——他和丘吉尔之间的秘密通信管道其实并不安全。

英国安全局（SS，也就是“军情五处”）调查发现，美国驻英大使馆的密码员泰勒·肯特（Tyler Kent）在立场上倾向于孤立主义，他与一个名为“右翼俱乐部”的地下组织交往过密，曾把罗斯福和丘吉尔之间的来往电报内容透露给该组织。更有甚者，他还打算把这些材料公之于众，好让美国人民彻底看清罗斯福的真实面目。英国方面担心，这个同情纳粹的“右翼俱乐部”很可能会成为德国人入侵英伦三岛的“第五纵队”。经过一番周密部署，安全局在5月20日对泰勒·肯特等人实施了抓捕。在肯特的住处，特工们起获了他

从使馆偷出来的1500多份文件，其中包括8份罗斯福和丘吉尔之间的秘密通信。[5]299-302 [8]

尽管有惊无险，但这件事情却让罗斯福总统对“第五纵队”有了切身的体会。泰勒·肯特当年之所以能跨入外交领域，完全仰仗他父亲的人脉。国务院里早就有人感觉泰勒·肯特不太可靠，但也只是把他从苏联调到了英国。此外，他的事情发生在驻英大使馆，大使本人理论上也脱不了干系。总而言之，国务院内部的关系盘根错节，泰勒·肯特一事不能坐等这些人提交报告。罗斯福决定，必须派一个可靠的人去英国，看看那边的真实情况到底如何。[9] [10]36 [11]

而就在这段时间里，欧洲战局急转直下。英法联军一路败退到敦刻尔克，在付出巨大代价后撤回英伦三岛。德军则挥师南下，于6月14日进入巴黎。[12]716

到了这个时候，泰勒·肯特事件只能算是小事一桩了。丘吉尔发表了他一生中最为著名的一次演讲。在演讲结尾，他向世人郑重宣告：英国绝不投降。然而，美国驻英大使约瑟夫·肯尼迪（Joseph P. Kennedy）给华盛顿发来电报说，他对英国能否坚持下去不抱希望。在媒体面前大使更是公开表示：英国已经完了，美国也快了①。[13] [4]204

对局势如此悲观的，可不仅仅是这位肯尼迪大使。美国陆军情报部门也在报告中称：英国空军作为一支有效的战斗力量最多再坚持一两周。但是美国海军的观点却完全不同。

① 约瑟夫·肯尼迪的长子约翰·肯尼迪日后成为第三十五任美国总统。

时任美国海军情报总长（DNI）沃尔特·安德森（Walter S. Anderson）少将在参议院的听证会上描绘出另外一番景象。两种截然不同的情报使得议员们对于欧洲局势一头雾水。对此，安德森建议，新上任的海军部长应该尽快亲自或者派人前往英国，把那里的真实情况摸清楚，而要做到这一点就必须尽量避免受到那些失败主义官员的影响。[4]204

就在其宣誓就职当天的7月11日，新任海军部长诺克斯（Frank Knox）向总统推荐了多诺万作为出使英国的可靠人选。这是他第二次力荐自己的这位好友。上一次是在前不久，他提议由多诺万来担任战争部长执掌美国陆军。这一提议遭到总统诸多心腹的反对。最终，罗斯福选中了前国务卿史汀生（Henry Stimson）出任该职。[4]205 [14]30-31 [15]41 [16]44, 46

罗斯福和多诺万曾是哥伦比亚大学法学院的同班同学。只不过一个出生寒门，只能通过刻苦学习来改变命运，而另一个则家境富裕，对学业并不上心且最终选择了肄业。因此二人虽然是同班同学，但他们的交集却几乎为零。作为一个共和党人，多诺万曾经猛烈抨击罗斯福的“新政”，还曾在最高法院的法庭上成功挑战过罗斯福，但是他对于国际形势的看法却在不知不觉中向罗斯福靠拢——这可归功于他在过去几年中频繁的海外旅行。[14]30 [15]38 [16]6 [17]

1935年9月，就在意大利人侵埃塞俄比亚前夕，多诺万给曾在“彩虹师”一起共事的陆军参谋长麦克阿瑟（Douglas MacArthur）写信，希望战争部能安排自己去埃塞俄比亚考察一番，因为他感觉意大利在那里的军事冒险，不仅会让

“它自己深陷其中”，并且有可能把美国也牵连进去。但没想到麦克阿瑟已经被派往菲律宾，多诺万从战争部那里获得的只有口头上的支持，没有一分钱的实际资助。[14]27-28 [15]38

好在多诺万并不计较——他手里不缺钱。这一年年底他来到罗马，见到了墨索里尼，然后取道开罗、卢克索、喀土穆到埃塞俄比亚逗留了十天。在那里，他访问了前线，会见了意军的中高级指挥官，查看了他们的阵地和摩托化运输部队，参观了S-81轰炸机。[15]39

早在第一次世界大战期间，多诺万就有利用战斗间隙写日记的习惯。他的日记里不仅记载有个人琐事，还记载有军旅见闻、武器状况和战术问题等等。战后他曾和生意伙伴一起去欧洲开拓业务，短短半年时间就积累了200多页厚厚的一大本日记，日记里事无巨细地记录了他沿途走过的十多个欧洲国家的商业和政治情势。[14]25, 28 [15]34-35

在1935年的这次旅程中，多诺万的这一习惯被发扬光大了。他的埃塞俄比亚之行收获满满。回国后，多诺万向战争部递交了一份详尽的报告，令战争部喜出望外。他们正式回函称，这份报告“内容丰富，具有重要价值，是通过其他途径根本搞不到的”。不仅如此，多诺万的这次旅行还兼顾了生意——他成功地为那些仍想在意大利投资的美国商人和意方外交官牵上了线。[14]28 [15]39 [16]42

随后几年，他继续采用类似的模式到国外考察：1937年他观摩了德军预备役炮兵军官的演习，参观了德军新型坦克和炮兵装备；1938年他走访了捷克斯洛伐克的防线，考察了巴尔干半岛和意大利的形势，并且访问了西班牙内战前线——共和军试图夺回埃布罗河高地的时候他就在军中，随后他还前往纽伦堡参观了德国陆军的训练和演习情况。到了1939年，多诺万相信战争迫在眉睫，法国、比利时和荷兰等国家很有可能遭遇袭击，于是他跑到这些国家乃至德国和斯堪的纳维亚半岛国家，考察那里的军事和经济形势。[14]28 [15]39

见多识广的多诺万至此确信：德国陆军已经准备就绪，并将不惜一切代价实现其目标。于是这位前助理司法部长四处演讲，极力向美国公众宣传这一想法，也为自己赢得了不少声誉。1939年11月，他在美国退伍军人协会大声疾呼：“我们千万不能给别人造成一种印象——‘美国无论如何决不参战’，一旦坏人当道，我们可不能像个娘们！”[14]28-29 [15]39-40

因此，当诺克斯推荐多诺万出使英国时，罗斯福立刻就同意了，并当即写下一张便条让人送到国会大厦——多诺万此时正在参加国会听证会。他一走出会议室便拿到了罗斯福总统的这张便条，上面的文字是让他立即前往白宫参加一个紧急会议。[4]205 [18]5

紧急会议上的罗斯福面沉似水。他身边坐着海军部长、战争部长以及国务卿科德尔·赫尔（Cordell Hull）等军政要员。英国的情况究竟如何？他们能不能挺得住？英国人能用什么手段抵御住德国的进攻？援助他们的最佳方式是什么？这些问题没人能说得清楚。[4]205

丘吉尔接连发了好几封求救电报，急切希望获得美国的武器装备援助，尤为迫切的是需要几十艘驱逐舰。因为他们在战前列装的100艘驱逐舰到此时已被摧毁近半，一旦大西洋被德军控制，不列颠就真的成了海上孤岛，局势就再也无法收拾了。但如果失败主义者所说的确是实情，英国就毫无援助的价值。不仅如此，如果他们被迫投降，交给他们的那些驱逐舰还会被德军缴获，然后被用于后续的战争，而这又是美国所不愿看到的。[19]191-193

总之，需要有个值得信赖的人前往英国。现在，这个人就是多诺万，他的主要任务已经明确，而“第五纵队”是一个能够吸引公众注意力的问题，可以作为内部人员对外透露的出访理由。[4]206

根据总统的要求，多诺万在出发前向其他内阁成员通报了情况，告诉他们如果有需要了解的英国问题只管提出来，也希望他们动用英国方面的各种关系为这次出访提供便利，比如提前打招呼，或者准备引见材料。[4]206-208

1940年7月16日（也有说法是17日），多诺万抵达伦敦。英国政府对他此行极为重视，以超规格的礼仪接待了这位贵宾。他在白金汉宫见到了英国国王和王后，还与丘吉尔首相共进晚餐。更为重要的是，丘吉尔破例允许多诺万接触大量的英军秘密情报。丘吉尔的意图非常清楚，他要让他的美国朋友相信：英国不会被打倒，但英国需要从美国那里获得更多的支持。[16]47 [14]32 [4]209 [20]10

多诺万见到了英国人破译的纳粹德军密电。从电报内容来看，希特勒把英国空军视作他入侵英国的拦路虎，只有彻底打垮这支部队，德军才有可能踏上英伦三岛。接下来的几天里，英国人专门为多诺万安排了新型的“喷火”式战斗机表演空中格斗，还让他与雷达的发明人沃森-瓦特（Robert Watson-Watt）见面，并且请他参观已经就位的雷达预警系统和海岸防御设施。美国海军武官艾伦·柯克（Alan G. Kirk）上校和助理陆军武官斯帕兹（Carl Spaatz）中校也对多诺万说，他们坚信英国空军不可能被德国人打败。这一切终于使多诺万相信英国人有能力守住他们的国门，并且值得美国施以援手。[4] 209-210，214，216 [20] 10

多诺万还访问了许多重要政府部门，同官员们广泛讨论了军事、政治、经济和社会话题。8 月 3 日，多诺万离开英国，但他的情报搜集工作并没有就此结束。他同英国官员谈话的时候，总会以各种名义请对方提供相关的文字材料。回到美国后，他又花了不少时间写信催要，等拿到材料便分别报送给相关部门。[15] 43-44

至于这次伦敦之行的掩护理由“第五纵队”，海军部长诺克斯早就作好了安排。他请《芝加哥新闻报》的记者莫勒（Edgar Ansel Mowrer）赶往英国，专门协助多诺万完成有关“第五纵队”的任务。此外，在艾伦·柯克上校的要求下，驻法国的助理海军武官希伦科特（Roscoe H. Hillenkoetter）中校也专程赶来，为多诺万和莫勒提供德军在法国前线利用“第五纵队”进行渗透和破坏的情况。事后，他们联手写了一系列有关“第五纵队”的文章，刊登在若干种报纸上，还汇编成小册子单独发行。[4] 210-212，223-224 [15] 43，45 [18] 6

回到美国的第二天上午，多诺万向海军部长诺克斯作了汇报。晚上他和莫勒一道在部长家里共进了晚餐。在座的还有海军次长福雷斯托（James V. Forrestal）、海军作战部长（CNO）斯塔克（Harold Stark）、海军情报总长沃尔特·安德森、战争部助理部长帕特森（Robert P. Patterson），以及陆军分管情报工作的助理参谋长（ACSI）谢尔曼·迈尔斯（Sherman Miles）等人。借此机会，多诺万和莫勒向他们详细介绍了英国当前的形势。[14]33 [4]219

第三天晚上，多诺万又成了战争部长史汀生晚宴的座上宾。在这以后的几天里，他还与大部分内阁成员以及国会的重要人物见了面。这些要员都对多诺万搜集到的大量信息印象深刻，同时也被他对局势积极乐观的评估所感染。当时一位专栏作家有点肉麻地吹捧多诺万"几乎是一手驱散了笼罩在华盛顿上空的失败主义的阴云"。[14]33 [16]48

从8月9日开始，诺克斯、多诺万和商务部长霍普金斯（Harry L. Hopkins）一起陪同总统旅行了两天。据多诺万自述，他先是费尽口舌地为罗斯福描绘了一幅英国人挺过难关的光明前景，然后便向总统建议，应当尽快将一批老旧的驱逐舰交付英方，以确保大西洋航线畅通无阻。他的这番说辞罗斯福听进去了多少不得而知，但此后美国对英国提供援助的步伐明显加速。[15]44 [4]220-221

一个月后的9月9日，美国人用50艘老旧驱逐舰和10艘其他小型舰艇，换取了英国人若干个海军基地99年的租用期。协议设计得相当巧妙，就连奉行孤立主义的参议员都不得不叹服"这是一笔谁都没法反对的交易"。几个月后，成功连任的罗斯福推动参众两院通过了著名的《租借法案》，授权总统可以把武器装备和军用物资，出售、租赁或者出借给他认为“对美国国家安全至关重要的”那些国家。日后来看，这一法案对于盟军取得反法西斯战争的胜利起到了积极作用。[19] 193-194 [21] 211-212 [22]

信息协调官

1941年3月19日，罗斯福总统又一次接见了多诺万，以及商务部长霍普金斯和海军部长诺克斯。此时的多诺万受总统第二次派遣出访刚刚回到华盛顿。这一次他的目的地是地中海地区，包括北面的巴尔干半岛和南面的北非，来回都途经英国。[15] 47-50 [18] 6

见面原本只安排了15分钟，结果却谈了一个多小时（也有说法是三个人陪总统共进了早餐）。在谈话当中，多诺万除了汇报自己的重要见闻之外，还首次向总统建议“设立一个新机构”，这个新机构可履行五项特殊使命：公开（或称“白色的”）宣传、秘密的（或称“黑色的”）政治战和心理战、破袭战（sabotage）和游击战、特种情报，以及战略规划。[14] 40 [15] 50 [16] 54 [4] 272 [18] 6-7

这是多诺万第一次较为完整地提出他对未来新情报机构的构想。他后来曾对某位历史学者吹嘘说：“这样的想法在我的头脑中已经酝酿多年。”而在另一个场合，多诺万告诉他的听众，自己参与和观察战争所获得的一个重要体会是，

“如果不能透过表象识破敌人的意图，就会使自己处于极为可怕的劣势”。这个道理虽然浅显，但却长期被美国有关方面漠视。[14]52

据多诺万后来自述，在围绕情报机构相关问题形成一套较为系统和清晰想法的过程中，最为关键的一个节点是他在1940 年作为总统特使进行的那次英伦之行。围绕“英国还行不行”这个核心议题，多诺万与数不清的人交谈，问了成百上千个问题，从各个层面获取数据，最终“形成了自己的预判”：英国人能够并且一定会战斗到底，坚持到最后一刻。这整个出访过程暗含了一套比较完整的情报流程，其中每个环节的任务和目标都比较明确，具备了现代情报工作的某种雏形，所以被多诺万认为是后来诞生的情报机构的“真正起点”。[14]53

除此之外，多诺万的情报机构设想还得益于他多年前结识的一个英国人，这个英国人的名字叫作斯蒂芬森（William Stephenson）。

说起来这个斯蒂芬森称得上是一位传奇人物。他参加过第一次世界大战，曾因为击落了 26 架德国飞机获得英法两国的勋章。他后来负伤被俘，却奇迹般地从战俘营里逃脱，并写出了一份有关德国战俘营的详尽报告，从此引起英国情报机关的注意。更令人称奇的是斯蒂芬森兴趣广泛而且经商有道。他不仅是一名业余举重冠军，还因为一项无线影像传递系统的专利成为年轻的百万富翁。他转战胶卷、塑料和钢铁等多个行业，经营着大大小小若干家公司。[23]11-15 [24]

目前还不知道斯蒂芬森具体是在什么时候被英国秘密情报局（SIS，即“军情六处”）招募的，但能够确定的是，他是被一位有着炫目背景的上级所吸引，两个人相处得非常融洽。只有一件小事一直令斯蒂芬森感到困惑——这位上司的姓氏按照通常的拼读规则应该是“孟席斯”（Menzies），但实际上却要念作“明吉斯”（Mingiss）。[23] 17-19

1940 年 6 月，斯蒂芬森受秘密情报局派遣，以英国外交官（英国驻美大使馆护照查验官）的身份前往美国。在出发前，新上任的丘吉尔首相专门接见了他，亲自向他布置了两项最为急迫的任务：首先是要想办法帮助英军拿到美国驱逐舰，其次是要在秘密情报和特种行动方面开辟渠道，同美国人有效地合作起来。[23] 30 [14] 36

在美国，斯蒂芬森利用一个所谓的“护照查验办公室”开展工作。这间不起眼的办公室还有一个听上去毫无恶意的名字“英国安全协调处”（BSC）。当然，所有这一切安排都预先获得了美国政府的首肯。按照秘密情报局的计划，设在纽约的这个安全协调处要采取一切可能的行动，以“为英国争取足够的援助，对敌人在西半球密谋的各种颠覆计划进行反击”。[23] 28 [14] 34-35 [15] 47 [16] 50 [25] 227-228

斯蒂芬森很快联系上了曾有一面之交的多诺万，他“盛情”邀请多诺万到瑞吉酒店叙旧。此时他已经得知，多诺万很快将作为总统特使访问英国，但他并没有在这个时候亮出底牌，而是故作热情地建议多诺万“到英国访问一次，获得第一手的情况”，并表示愿意“作些安排”，为多诺万的访

问创造一点便利条件。[23]34 [14]36 [15]47 [20]10

从目前已经公开的电文来看，斯蒂芬森的确给英国国王和首相发去了电报，提醒他们一定要高度重视多诺万的这次访问。不仅如此，他还给明吉斯局长发去电报，希望他对多诺万给予特殊关照，允许他接触秘密材料。[4]209

尽管多诺万有自己的路子，并且从美国政府那里获得了许多资源，但他对斯蒂芬森的帮助还是高度认可的。据说有一回，多诺万看到官方文件里出现这样一句话，“（英国驻美大使）洛西恩爵士（Lord Lothian）为多诺万安排了同丘吉尔的会见”，他立即划掉了洛西恩的名字，在旁边另写上了斯蒂芬森的名字。[14]36 [15]47

从英国回来以后，多诺万和斯蒂芬斯迅速建立起了合作加友谊的双重关系。两个人经常在瑞吉酒店和“21”俱乐部碰头，花了许多时间讨论美国的情报工作问题。斯蒂芬森反复强调说，如果美国政府想在任何时候——既包括平时和战时，也包括处于某种非交战状态（non-belligerent）的特殊时期——都能耳聪目明，那就必须扩大情报机构。他还告诉多诺万，美国需要建立一个能在全世界开展秘密活动的机构，这个机构应该像他掌管的英国安全协调处那样，名副其实地具有统筹协调的职能。[15]47, 65-66 [14]54 [16]50

对于斯蒂芬森的这些建议，多诺万深以为然。最初，他把主要注意力放在了情报信息的搜集利用方面，后来，随着他与英国情报界接触的深入，也伴随着战事的发展，多诺万对心理战和隐蔽行动越来越重视。他后来在给总统的报告中专门提到，如果没有斯蒂芬森的帮助，“就不可能在美国及时建成从事秘密情报和特种行动的机构”，而“在创建这些机构的每个步骤上”，斯蒂芬森都提供了“极有成效的支持和忠告”。[15] 65-66 [14] 54

当然，要在美国新建一个情报机构，多诺万还必须面对美国自身的一些特点。在给海军部长诺克斯的一封长信中，他这样写道：

> 它（指这个机构）应该由总统直接任命的某个人来领导，直接向总统汇报，不听命于其他任何人。[16] 53-54

对于多诺万野心勃勃的建议，罗斯福总统是如何进行表态的，目前无从查考，但想必是有所触动的。历史学者瑞德对于当时美国总统面临的情报信息困境，有过这样一段生动的描述：

> 遍布世界各地的观察员每天都会给华盛顿传回200万到1000万字的战略信息。这些信息会传到陆军和海军情报机构、联邦调查局（FBI）、外交部、商务部、农业部、财政部、移民局、海岸警卫队，以及其他相关单位。由于缺少足够的系统来整理（correlate）如此大量的信息，也缺少足够的系统对其进行补充（supplement）和分析，更谈不上采用易于理解的形式将其呈现出来以便决策和行动，其中会有相当大的一部分信息被直接交给了

总统本人，多到总统根本无法看完，能消化理解的就更少了。[4] 280

当然，惦记着情报机构这件事情的远不止多诺万一人。1941 年 3 月 5 日和 6 日，联邦调查局局长埃德加·胡佛（J. Edgar Hoover）接连向罗斯福递交了两份报告，报告中引述了英国情报官员的一种看法：如果秘密情报局和安全局合二为一将更为高效。这分明是在向罗斯福暗示，只要对联邦调查局的职能和手段进行扩展，就可以建立一个集中而高效的情报机构。[25] 231-232

4 月 4 日，罗斯福总统主持召开了一次专门讨论情报问题的内阁会议。召开这次会议的导火索，是陆军军事情报局（MID）、海军情报局（ONI）和联邦调查局由于管辖权问题发生了激烈冲突。几位阁员都承认，这三家单位的权责边界的确存在一些模糊地带，解决起来非常棘手。罗斯福指出，可供借鉴的有法国和英国两种模式。所谓法国模式是建立一个联合委员会来化解矛盾，而英国模式则是借助某个神秘的“X 先生”之手来处置冲突。[15] 57-58 [14] 46

美国人实际采用的是混合模式。1939 年 6 月，上述三家情报单位的主官遵照总统的密令组成了一个“部际情报委员会”（IIC）。这似乎是“法国模式”。而在这个部际委员会成立后，罗斯福先后委派了助理国务卿梅塞史密斯（George S. Messersmith）和伯利（Adolf A. Berle Jr.）出席委员会的各次会议。这又借鉴了“英国模式”。但助理国务卿名义上只是总统与委员会的联系人，权力原本有限，再加上某些时候国务院也是“当事人”，他们很难做到中立和公正，所以又不能看作是真正的“X先生”。委员会原本约定定期开会交换情报，集中讨论成员提出的问题，但几家单位彼此戒备，对共享自己掌握的信息和资源锱铢必较，在管辖权问题上又寸步不让，因此实施起来的成效不大。[15] 21-22 [14] 13 [26] 46-47

4月8日，陆军分管情报的助理参谋长谢尔曼·迈尔斯准将向参谋长乔治·马歇尔（George C. Marshall）上将报告说，他有充分理由相信，多诺万正四下活动，试图建立“一个控制所有情报的超级机构”。[15] 51

> 这个机构，毫无疑问将由多诺万领导。我们目前从外国收集（gather）的所有军事情报，都将由他们来汇集（collect）、整编（collate）甚至评估。这样一种变动对于战争部而言极为不利，甚至可以说是灾难性的。[15] 51

迈尔斯向马歇尔建议，应该顺水推舟把多诺万推荐给总统，让他来负责情报机构间的协调工作，同时把他的工作范围加以限制。迈尔斯十分清楚，当初成立部际情报委员会，就是因为总统指派的“X先生”根本搞不下去，把多诺万放到“X先生”的位置上，他也一样搞不成事儿。[15] 61-62

为了应付上面，迈尔斯主动和联邦调查局局长埃德加·胡佛，以及新上任的海军情报总长艾伦·柯克取得联系，三方联手于5月底提交了一份报告，承认三家情报机构界限不清的问题确实存在，但又说问题正在日趋减少。这份明显是敷衍的报告肯定无法令罗斯福感到满意。因为就在不久前的3月中旬，他还任命自己的亲信阿斯特（Vincent Astor）担任纽约地区的“统管专员”，负责协调国务院、陆军部、海军部和司法部在这一地区开展的一切情报活动，平息几家单位之间的激烈冲突。[15]58-63 [27]57

1941年6月10日，多诺万向总统递交了一份正式的建议书，题为《关于建立战略信息服务机构的备忘录》，文件最后还附了一张略显粗放的部门结构图。为了让这份文件朗朗上口，多诺万特地在开头用上了尾韵：

> 战略，缺少信息支撑就会无依无据（helpless）。而信息，缺少战略指导就会无用无益（useless）。[28]419 [4]284 [16]57

接下来，多诺万便洋洋洒洒地用了大量篇幅来陈述新建一个战略情报机构的重要性和紧迫性：

> 威胁已经迫在眉睫，但是我们却没有一个部门能够对可能获得的信息进行有效的分析、综合和评估……
>
> 的确，我们的陆军和海军都设有情报单位。甚至可以认为，通过这些单位，我们的战斗部队可以在平时获得技术信息，在战时获得即时的行动信息，在某些情况下还可以获得敌军行动的“现场”（spot）信息。但这些部队根本不可能（从陆军和海军情报单位那里）获得准

确、全面、远期的信息，战略机构也无从对未来作出规划……

有关轴心国的陆海空三军以及经济潜力的文献和资料，被分散在我们政府的不同部门。只有把它们集中起来，并由精通语言、熟悉技术的专业头脑加以仔细研究，才有可能产生出有价值的，甚至是决定性的成果。[28] 419

作为解决之道，多诺万明确提出，这个战略情报机构应该是集中式的，直接为总统及总统的军事和政治顾问提供决策服务。除此之外，这个机构还应该具有进行心理战和经济战的职能。[14] 419-420

后来人们才知道，在撰写这份建议书的过程中，除了斯蒂芬森一以贯之的帮助之外，多诺万还得到了英国海军情报机构的大力支援。事实上，就在5月25日，多诺万在纽约的公寓里住进了两位神秘的外国客人，他们是英国海军情报部部长戈弗雷（John H. Godfrey）少将和他的助手弗莱明（Ian Fleming）上校。戈弗雷让弗莱明帮着多诺万起草文件，而多诺万为了表达谢意，专门送给弗莱明一把手枪作为纪念。若干年后，弗莱明创作出著名的“007”特工詹姆斯·邦德人物形象，据弗莱明自称，邦德这个人物的原型之一便是斯蒂芬森。这是后话。[4] 283-284 [14] 59 [23] x

虽然此时的“混合模式”不成功，但因为之前的“X先生”也不成功，接下来是否重新采用英国模式，以及“X先生”的具体人选，罗斯福一直没有拿定主意。他甚至和财政部长商量着给多诺万安排另外一项职务——纽约州国防储蓄计划主任。就在多诺万递交备忘录的那个傍晚，白宫举办了一场晚宴，戈弗雷少将应邀参加，并且在总统面前力挺多诺万。直到这以后，罗斯福才最终决定，让多诺万等人正式启动新机构的筹建工作。在他递交的建议书封面上，总统亲笔写下了“机密行事”的字样。[14]61-64

然而相关文件的起草却颇费周章。陆军参谋长乔治·马歇尔首先表示了对命令草稿的强烈不满，海军也随声附和。在他们的压力之下，负责起草工作的白宫预算局官员们先是去掉了“陆军”“战争”“进攻”等字眼，再把“战略”换成了“国防”或者“国家安全”，最后连职务里的“国防”一词也不得不删掉了。[14]65-69 [18]7-9 [29]

1941年7月11日，罗斯福总统签署命令，设立信息协调官（COI）一职，同时明确由多诺万担任这一职务。白宫随后发布消息称，信息协调官的任务是“收集和汇总来自各个部门的，与国家安全有关的信息和数据”，并“对这些资料进行分析和整编，以供总统以及总统指定的官员使用”。信息协调官的工作只是对相关信息进行“协调和整理”，不会“取代或者重复，指导或者干预”其他原有相关部门和单位的相关活动。[14]69 [15]76 [30]423

尽管被弄得有点泄气，但多诺万还是从总统那里找到了些许安慰——罗斯福答应了他提出的三个条件：只向总统报告工作，动用总统的秘密经费，政府所有部门都要向他提供所需的信息。[15]69 [18]8

研究分析部

性急的多诺万并没有按部就班地等到总统签署命令才开始行动。据说在一次鸡尾酒会上，他碰到了国会图书馆馆长阿奇博尔德·麦克利什（Archibald MacLeish），便把信息协调官这件事情告诉了对方。麦克利什当即提醒多诺万说，信息协调官是需要一支研究队伍的。从后来发生的事情来看，多诺万听取了麦克利什的这条建议。而就在他正式启动相关工作后不久，罗斯福总统也明确提出了建立一支相关研究团队的要求，这多半又会让多诺万为自己的“先知先觉”感到得意。[14]493 [31]

至于多诺万和麦克利什最初是如何结识的，目前只能找到一些模糊的线索。大约是在 1941 年 3 月的某次白宫早餐会上，多诺万接受了一个命令，要他专门就其海外之行发表一次全国广播演讲。在节目正式录制之前的 3 月 23 日，多诺万找到麦克利什进行了一次预演，获得了后者的高度肯定和热情鼓励。[4]274-275

麦克利什早年先后毕业于耶鲁大学和哈佛大学。他文笔极佳，因为诗作得过普利策奖，又由于公开支持“新政”而博得了总统青睐。1939 年 6 月，在他的老师，时任最高法院大法官法兰克福特（Felix Frankfurter）的举荐之下，罗斯福力排众议，把这位“既非图书馆学家，也没有学过古籍版本学”，从法学院里走出来的诗人，推上了国会图书馆馆长的

位置。[32]233-238 [33]394-397 [34]7

麦克利什和多诺万的既往经历完全不同，但可能是因为他们具有相近的立场——他们都坚决反对法西斯，并且都有一些国际主义的情怀，所以两个人能够走到一起。[34]7

6月29日，麦克利什给多诺万写去了一封长信。他在信中回顾了自己在国会图书馆的工作，然后用诗化语言写道，要使现场情报（spot intelligence）内容更深刻，视野更开阔，更为聚焦和更加透彻，知识要素（scholarly element）必不可少。“由于拥有知识要素，图书馆在支撑现场情报工作方面所能扮演的角色，与过去相比要重要得多”。他还告诉多诺万，尽管国会图书馆不愿意涉足“机密的情报资料”，但完全可以为即将成立的情报机构组织和管理一支专职或兼职的专家团队，完成翻译、背景情况研究、相关领域政策分析以及报告撰写等任务。当然，上述这一切需要一个必要条件，那就是“经费到位”。[14]84 [15]89-90 [18]9

信息协调官办公室第一年的工作预算是145.47万美元，这笔预算全部来自总统1亿美元的“应急基金”。7月21日，白宫预算局长哈罗德·史密斯（Harold D. Smith）给多诺万拨付了45万美元作为启动资金。他们完全没有料到，到这一年的9月，多诺万打算为信息协调官办公室第二年的工作申请1000万美元的预算。[14]77 [18]13

设立信息协调官的命令刚一公布，多诺万便搬进了国务院、战争部和海军部共用的一栋老旧大楼，这里紧邻白宫。他临时借来几件旧家具，便风风火火地开张办公。可惜楼下的门卫不习惯他这样的办事速度。第二天就有一封挂号信送到这里，上面写的收件人是多诺万。“多诺万？我可不认识什么多诺万。”门卫这样说着，把信退回了邮局。[4]297 [14]77

1941年7月28日，麦克利什召集了美国学术团体委员会（ACLS）、社会科学研究委员会（SSRC）和国家档案馆的代表，以及几个重要大学的知名学者，在波士顿“酒肆”俱乐部开了一天会，会议讨论的重点包括信息协调官的研究队伍应该如何管理和组织，以及下一步需要聘请哪些重点人员等。第二天，麦克利什便把这次会议讨论的结果交给了多诺万。又过了一天，国会图书馆与信息协调官办公室正式签订了合作协议。[35]5 [18]49

在最初的设计当中，信息协调官的研究分析部（R&A）分为两大块。一块是由顶尖专家以及陆海军代表组成的“研究理事会”，这个理事会还有个内部绰号“红衣主教团”。该理事会主要负责对研究工作进行监督，对研究成果进行提炼并最终形成政策建议。另一块则是研究分析部的主体，按照地理区域划分为若干个研究组，每个组包括若干名承担具体任务和完成研究报告的分析人员，人数多少根据具体任务情况而定。按照协议，后面这一大块主要依托国会图书馆进行管理，被称作“特种信息室”（DSI），办公地点顺理成章地安排在图书馆大楼里。[35]4-5 [18]11 [14]84-85 [34]8

麦克利什馆长委托国会图书馆立法咨询部筹建特种信息室，相关的组织架构文件起草工作交给了立法咨询部主任格里菲斯（Ernest S. Griffith）。[14]84

格里菲斯认为特种信息室主要承担两项任务，第一是收集所有与国外问题相关的信息，并对这些信息进行分类和索引处理；第二是编写有关“战略事务”的报告。他用了不少笔墨来描述研究人员怎样在了解到总统的需求后，用5到9天时间撰写和提交报告。不难看出，前一项任务主要依靠图书馆的专业人员，这一部分职责很快便从特种信息室剥离出去，另行组建了一个“中央信息室”（CID）来承担，后一项任务由此成为特种信息室的唯一职责，而这需要找到熟悉相关领域的研究人员才有可能完成，招募这类高层次人才的工作随即展开。[14]84 [34]8 [36]51

7月31日，美国军事和外交史权威、威廉学院院长巴克斯特（James P. Baxter III）接受多诺万的邀请，担任了研究分析部的负责人。巴克斯特首先联系上了哈佛大学的兰格尔教授——他也是巴克斯特的老朋友和过去的同事。巴克斯特请兰格尔担任研究分析部的研究总监，并请他和自己一道设计研究分析部的内部结构，延揽各层次专家，充实研究理事会和研究组。[18]49 [35]5

兰格尔对这项工作很感兴趣，但又有些犯难。就在一两年前，他患上了一种“怪病”——原本口才甚佳，擅长在大庭广众之下发表演讲的他，不知为什么突然变得面对听众会感到心慌。如果担任研究总监，汇报和讲话肯定少不了，就他此时的状态来看，多半难以胜任。于是兰格尔找到了多诺万，当面诉说原委。[4]309听教授说完自己的苦恼，多诺万开导他说：

> 你肯定不知道有些人的残疾有多严重，可他们都能把事情做得很好。我相信你一定能把事情做好！[4] 309-310

多诺万所说的残疾人，很可能是指罗斯福总统。兰格尔教授受到多诺万的这番点拨和鼓励，心里轻松了不少，这让他鼓起勇气接受了这份总监的工作，并且竟然战胜了困扰自己的“怪病”。[4] 310

研究理事会里有七位专家，其中三位来自哈佛大学，他们是兰格尔、历史学者麦凯（Donald C. McKay）、经济学者爱德华·梅森（Edward S. Mason）。此外还有杜克大学研究生院院长开尔文·胡佛（Calvin Hoover），和梅森一样，他也是经济学家。再有就是密歇根大学政治学系主任约瑟夫·海登（Joseph R. Hayden）和普林斯顿高等研究院的爱德华·厄尔（Edward M. Earle）。最后加入研究理事会的是外交家约翰·威利（John C. Wiley）。[36] 51 [14] 84-85 [35] 5-6

英国研究组毫无争议地由专攻英格兰史的瑞德教授来牵头，他的手下有来自霍华德大学的英国殖民政策研究专家拉尔夫·邦奇（Ralph Bunche）。弗吉尼亚大学政治学院的古契（Robert K. Gooch）教授负责西欧研究组，俄亥俄州立大学的德国近现代史专家道恩（Walter L. Dorn）教授负责中欧研究组，东欧研究组则由来自康奈尔大学的吉洛德·罗宾逊（Geroid T. Robinson）教授负责。普林斯顿大学的土耳其历史专家沃尔特·莱特（Walter L. Wright Jr.）教授，以及密歇根大学中国国际贸易问题专家雷默（Charles F. Remer）教授分别组建了近东和远东两个研究组，中南美洲地理专家普雷斯顿·詹姆斯（Preston E. James）担任了拉丁美洲研究组组长一职。[37]59 [38]173 [36]52 [39] [40]207 [41]167 [42]95

被瑞德介绍来的谢尔曼·肯特负责组建地中海研究组。肯特立刻邀请了同在耶鲁供职的法国史专家温纳克（Rudolph Winnacker）担任自己的副手。兰格尔也趁机把自己的哈佛校友，刚毕业的研究生斯泰宾斯（Richard P. Stebbins）推荐给了肯特。而肯特在耶鲁的熟人霍本（Hajo Holborn）则引荐了正在自己手下作研究的米耶尔（Henry Cord Meyer），并且建议肯特考虑另一位耶鲁大学在读研究生迈勒（Robert G. Miner）。除此之外，肯特自己还从耶鲁大学招募了亨利·罗伯茨（Henry L. Roberts）。[36]52 [1]103

曾有人说，研究分析部的花名册读起来就像是美国学者"名人录"。此话一点不假。要知道，后来从这些人当中走出了两位诺贝尔奖获得者、七位美国历史学会（AHA）主席和六位美国经济学会（AEA）主席①，因此该部门后来又被

---

① 后来担任美国历史学会主席的学者是：里德（1949），兰格尔（1957），贝纳多特·施密特（Bernadotte E. Schmitt）（1960），霍本（1967），费正清（John K. Fairbank）（1968），大卫·平克尼（David H. Pinkney）（1980）和乔丹·克里格（Gordon A. Craig）（1982）。后来担任美国经济学会主席的学者是：开尔文·胡佛（1953），爱德华·梅森（1962），瓦西里·列昂替夫（Wassily Leontief）（1970），摩西·阿布拉莫维兹（Moses Abramovitz）（1980），加德纳·阿克利（H. Gardner Ackley）（1982）和查尔斯·金德伯格（Charles Kindleberger）（1985）。后来获得诺贝尔奖金的学者是拉尔夫·邦奇（1950）和列昂替夫（1973）。

人戏称为“主席部”，但学者们似乎更喜欢自嘲为“近视眼旅”。[43] [35] xii [44] 495-498 [3] 4

不过，当这群来自35所大学和研究机构，掌握着近40种语言或方言的学者初到华盛顿的时候，心情不免有些复杂甚至凌乱。他们吃惊地发现，自己竟然被安排在图书馆里工作，虽处首都却远离市中心。更让他们难以接受的是，他们的收入相比之前有明显减少，那些举家迁来的教授就更困难了。仅以兰格尔为例，他在研究分析部的年薪最初定为8500美元，这参照了当时公务员薪水的顶格标准，相当于他在哈佛大学的基本收入，可他之前还是瑞德克里夫学院的兼职教授，由此每年另有1200美元的收入，这一部分就只能算是损失了。[14] 84 [18] 49 [45] 181-182

多诺万深知薪资问题的重要性，他积极向总统反映这一问题，但问题的“破例解决”仍然用了很长的时间，而且取得的突破其实不大，教授们拿到的收入只是和他们过去在学校时相当，并没有超出。[45] 182

8月27日，研究分析部开始运作。学者们很快发现，每天接收到的信息非常之多，既有公开的报纸信息，也有驻外使馆发来的电报和军方发布的各种消息，还有侦听到的敌方无线电讯息。汇集和评估这些信息“最聪明”的办法，是出版一种动态刊物，把其中重要的信息挑选并报道出来。他们将其命名为《每周战情》（The War This Week），这个名字的英文押了头韵，念起来朗朗上口，听上去简洁有力。为了出版这份刊物，在研究理事会下面专门组建了一个精干的小组，由哈佛大学的麦凯教授担任主编。刊物定为机密，发行范围仅限于政府高级官员，每份都有编号。可几乎就在他们收获一片好评的同时，却惹恼了军方高层，最后这份刊物被迫停刊，而给出的停刊理由则是存在泄密隐患。教授们的士气深受打击，兰格尔当然也能感受到这一点，于是他又去找了多诺万。[18] 11, 51 [45] 182-183 [44] 75

多诺万原本也很看好这份小刊物，因此刊物的被迫停刊对他来说也像是被泼了一盆冷水。他知道这背后有着更复杂的原因，但是自己无力改变结果，所以在发了一大通牢骚之后，他安慰兰格尔说他们这些学者很聪明，但不懂得谨慎做事，“就像能歌善舞的姑娘，大腿漂亮，喜欢显摆”。[45] 183

不知道兰格尔有没有听懂多诺万的“高论”，但这次谈话一定令他久久不能忘怀，日后被他写入了自传当中。而兰格尔自己，也有一番让研究分析部的专家和学者们印象深刻的“高论”，后来被他们写进了纪念兰格尔的文章里。例如有一天，兰格尔把大家召集到一起，借用自己在第一次世界大战中的亲身体会来鼓舞士气。他说：

> 一支炮兵部队开了十炮，如果其中能有一炮命中，那这就是一支不错的炮兵部队。[46] 192

白宫预算局曾作过估计，多诺万最多需要 92 名手下，这当然满足不了他对于信息协调官办公室的超级设想。到这一年年底，多诺万的人员名单上就有了 670 人，等到信息协调官办公室成立一周年时，他已经招募了1852人。再到后来，仅仅是研究分析部的人数在最多时就超过了900人。可多诺万并非是一个有条有理的管理者。据说肯特偶然间读到莎士比亚的一句台词“混乱已经完成了他的杰作”，他忍不住惊呼：“这说的就是我们呀！”[15] 83 [16] 182 [35] xiii

心理战是多诺万念念不忘的一件事情，但对于这个领域他的想法虽多，却都宏观而不具体。1941年11月，信息协调官办公室对外信息部（FIS）终于成立，下设了新闻、无线电、发布和技术等部门。在此之前，对外信息部多次更名，下属部门更是经历了无数次的改组、换名、撤销、恢复，一刻不得消停。而且，由于部门主体位于纽约，纽约办事处跟华盛顿总部在决策权方面的斗争也持续不断。[14] 85-87

多诺万似乎并不在意对外信息部的这种混乱，也可能是根本顾不上。这段时间他紧锣密鼓地建立或者筹建的部门还有许多，其中包括负责经济战的“经济部”，通过直观形式展现信息的“视觉呈现部”（VP），从难民和归侨那里搜集情报的“口头情报组”（OI），以及在美国国内开展宣传的“国内士气组”，等等。他甚至还干劲十足地试图创建一支真正意义上的“突击队”，直到这件事被海军陆战队接管才不得不作罢。在多诺万的手下看来，他们的这位上司总是在开启新计划、调整任务顺序、更换人员职务，不停地开拓、扩张、尝试，令人眼花缭乱，而他们唯一能做的就是努力适应和执行他的新指令。[16] 61 [15] 95-97, 108-109, 116-117 [18] 12-13

多诺万的副手曾这样总结他的管理之道：

> 把很多强人圈在一起，让他们斗来斗去，最后总能留下来最强的那一个。[16] 61 [47] 75

1941 年 9 月初，信息协调官办公室总部搬进了海军山山顶一组废弃的大楼里，其他业务部门随后也搬了过去，只有研究分析部的几个地区研究组留在了国会图书馆办公。一个月后，兰格尔在研究分析部组建了经济、地理和心理三个研究室，为了更好地配合相关业务部门开展工作，这三个研究室也都放在了总部。海军山山顶的这几栋大楼原本属于国家卫生研究院（NIH），东楼的正立面有一排高大的廊柱，不远处的南楼顶层的笼子里甚至还关着用来做实验的动物。多诺万的办公室占据东楼一层的一角，从这以后，人们经常看到部门文件上签的不是多诺万的名字，而是他的办公室房间号码“109”。[14] 84 [4] 307-308 [16] 60 [48] [18] 13-14, 49-50 [18] 86

火炬行动

1941 年 6 月 15 日，就在希特勒对苏联发动突然袭击的一周前，罗斯福和丘吉尔商定，如果苏德战争爆发，将把苏联当作盟友并尽力给予支持。[49] 463-464

事实上，美苏之间的系列磋商早在一年前就已经开始，在国会讨论《租借法案》期间，罗斯福还成功地保住了苏联的待援国身份。7 月底，总统特使霍普金斯飞抵莫斯科。此

刻，纳粹中央集团军群已经深入苏联腹地412英里①，距离苏联首都不过250英里。[50] [51]125

由于此时美国尚未正式参战，美国对苏进行国家援助的主要法理依据只能是《租借法案》。考虑到当时异常严峻的战争形势，通过哪条路径能够将《租借法案》许可的援助物资安全运进苏联，就成为新组建的研究分析部急需完成的首要任务之一。[4]300 [18]13

从9月1日吉洛德·罗宾逊接受兰格尔的邀请主持这项研究，到他组建东欧研究组并提交研究报告，其间只用了一个半月的时间。回头再看这些报告会发现，罗宾逊当时主要是侧重于回答一些技术性问题，例如冬季在白令海航行的特点，西伯利亚以东机场的环境，以及勘察加半岛的港口及冰雪条件。研究人员还分析了阿尔汉格尔斯克港和摩尔曼斯克港遭到德军封锁后的替补运输方案。[18]55 [35]142-143

这些报告最后被浓缩成一份六页纸的材料，于10月17日交到了总统秘书的手中。但令人遗憾的是，直到2002年才解密的官方报告在谈到这些研究成果的时候，并没有提及它们对于后来的决策发挥了什么作用，而是坦承由于相关信息的匮乏，相关任务深受影响，战争部长和海军部长第一次感到了有用信息的稀缺。[18]55-56 [52]

对于罗宾逊的东欧研究组而言，他们最重要的收获可能是在任务期间摸索出了许多实用的研究技巧。教授们从立陶

① 1英里≈1.6千米。

宛人汽车俱乐部驻美办事处那里获得了最新的公路地图，他们还找到卡特比勒公司的技术人员，估计出拖拉机在温度降至零下以后的工作效率，他们甚至还联系上了一个曾经在苏联商船上工作过的人，从他口中获得了西伯利亚港口的一手情况。[35]143

教授们对于安保的认识也有了一个飞跃。有一次，吉洛德·罗宾逊经过两天两夜的加班终于赶出了一份报告，但报告手稿并不是交给某个打字员，让她从头到尾打一遍，而是组织了一群打字员，以类似于发扑克牌的方式，每三页手稿分发给一个打字员，循环往复直到分发完。打字员座位之间保持着 4 英尺①的间隔，4 名海军陆战队队员来回巡视，并随时收走打废的纸张统一焚毁处理。然而在去午餐的路上，罗宾逊在大楼外看到一些没有燃尽的纸片，再一看纸上竟然打印着自己的报告。他环顾四周，发现这些纸片是从焚烧炉的烟囱里飘出来的。教授马上跑回去报告，很快便从大楼里冲出了一队海军陆战队员，他们拉起警戒线，把散落的纸片全部收拾干净。[4]300-301

1941 年 12 月 7 日，冷风呼啸。美国职业橄榄球联盟季赛总决赛在纽约波罗球场如期举行。正在现场观看比赛的多诺万突然听到广播里的寻人通知："请多诺万上校马上给华盛顿 19 号话务员回电话！"[16]72

原来，日本人刚刚偷袭了珍珠港。总统要他立即赶回华

---

① 1 英尺≈0.3 米。

盛顿！[16]72

几乎就在同一时间，丘吉尔给罗斯福打了越洋电话。在电话里，美国总统告诉英国首相："我们现在坐在同一条船上了。"[16]72 [53]538

午夜时分，多诺万走进了总统的椭圆形办公室。办公室里，从海军和珍珠港方面传来的电报文件堆满了书桌一角。谈话就要结束的时候，罗斯福向多诺万阐述了对于设立信息协调官的阶段性看法，他说："当初你说服我做这件事，真的是做对了。"[16]72-73

在接下来的一段时间里，多诺万并没有受到过多指责，因为在众人眼中，信息协调官几个月前才刚刚被任命，他的机构太过弱小以至于实在无可指摘。和许多其他高级官员一样，多诺万也惶惶不安，担心华盛顿以及美国其他一些城市会遭到日本人的空袭。他提醒总统说，日本人可能正在或者很快就会轰炸洛杉矶，而他从研究分析部那里拿到的报告，似乎又从某种程度上印证了他对前景的担忧：日本人将一举打垮逃离珍珠港的美国太平洋舰队；这场灾难将令苏联人丧失继续战斗下去的信心，纳粹德军将腾出手来入侵北非，最终获得地中海西岸的控制权；大西洋海战吃紧，英国将陷入绝境。[16]74-75 [47]85-86

好在这样的混乱没有持续太久，研究分析部的短暂混乱状态很快得以恢复，尽管提交的某些报告中仍然会混杂一些未经查证的情报，但他们已经能够提供更为准确的敌军实力报告了。[16]76

不久，研究分析部接到了陆军情报部门的要求，需要针对土耳其的铁路情况开展研究。相关的秘密情报工作刚刚起步，可供使用的秘密情报源的完整性和准确性都无从谈起，因此研究人员没有把目光局限在秘密情报源上，而是广泛利用美国境内现存的土耳其语出版物（包括技术期刊），最终拿出了“非常全面和准确”的研究报告。[18]17, 55

愚人节这一天，多诺万遭遇了一场车祸，左腿被撞断并导致了严重的血栓。他不得不休息了好几周，而重上战场指挥部队真刀真枪再打一仗的想法也随之彻底化为泡影。这一事件似乎是某种预言。两个多月后，他苦心构思的“超级机构”也被拉回了现实。[16]99-100

就在多诺万再次出差英国期间，准确地说是在 1942 年 6 月 13 日，罗斯福总统连续签署了两道命令：一道是“第 9182 号”行政令，命令在总统办公厅应急管理局之下组建“战时信息处”（OWI）；另一道则是成立“战略勤务局”（OSS）的军事命令。[54] [14]150 [55]

早在信息协调官年度预算被批准之前，多诺万非常看重的部门经济战职能就已经被移交给了由副总统亨利·华莱士（Henry A. Wallace）领导的“经济防务理事会”（EDB）。多诺万被迫撤销了经济部，而且多亏总统出面干预才把研究经济问题的部门学者保留了下来，这些人后来被安排进了研究分析部。[15]103-106 [14]97-100

多诺万交出国内宣传以及“士气动员”职能的时间则更早。罗斯福一发布“第 8922 号”行政令，这些任务便转交给了应急管理局下新设的“事实情况数据处”（OFF）。令多诺万始料未及的是，这个新机构的负责人竟然由国会图书馆馆长麦克利什兼任。在正式宣布命令之前，麦克利什专门找多诺万谈了一次，多少弥补了一些裂痕，据说两个人后来的关系“还算温热”。[56] [14] 94-97 [57] 288 [32] 242

和麦克利什一样，舍伍德（Robert E. Sherwood）也是罗斯福的朋友，也曾获得普利策奖。与麦克利什相比，在策划和组建信息协调官办公室期间，舍伍德给予多诺万的帮助更大也更直接，他甚至还亲自参与了组建对外信息部并担任该部负责人。因此，两个人的关系一度非常融洽。但是到1942年初的时候，有媒体发现这两个“固执的爱尔兰政客”已经闹僵了。气急败坏的舍伍德偷偷跑去找罗斯福，请求罗斯福把多诺万的机构彻底关掉，把它的职责拆散并分给陆军和海军。当然，罗斯福并没有那么做。[15] 91-93, 135-136 [16] 91

围绕对内宣传和对外宣传问题，总统耳边一直存在着各种各样的声音。多诺万认为，这两者的“宗旨、目的和方法都不相同”，因此“在管理上也应该有所区别”。但是在5月底，罗斯福最终决定采纳白宫预算局的意见，把之前“零零碎碎”建立起来的信息协调官办公室对外信息部、应急管理局事实情况数据处和信息处，以及总统办公厅政府报道局（OGR）合并，组建“战时信息处”，由麦克利什和舍伍德分别负责对内和对外宣传。[15] 135-140, 172-174 [58] 73-78

剥离掉对外信息部之后，信息协调官办公室还剩下815人。幸亏多诺万提前与军方高层达成了某种谅解，他手中剩余的力量得以整体转隶到新成立的参联会（JCS）之下，依旧由他领导，并改称“战略勤务局”，该机构主要履行两项职能：为参联会收集和分析“战略信息”，遵照参联会的指示，规划并实施特种行动。[15]177 [14]427

事实上，多诺万一度希望趁着这次调整，将机构名称改作“战略信息局”。但军方显然不喜欢“信息”这个词，可能是因为这个比较中性的词汇经常被用来代替一看就让人紧张的“情报”，也很容易让人联想到“情报”，于是改用了更为模糊的“勤务”（service）一词，用来描述此机构对参联会的“支撑保障”作用倒也并不显得太突兀。[14]135, 137, 152

此时的罗斯福急需赢得一场战斗来鼓舞士气，并回应国内外的质疑。7 月底，他决定把北非作为美军的首个战场，并且攻击发起日不晚于 10 月 30 日。[59]45 [60]3-4 [61]

北非方向作战最早是丘吉尔在 1941 年圣诞节期间提出来的，这个建议刚一提出就遭到美国官员和将领近乎一致的反对，战争部长史汀生和陆军参谋长乔治·马歇尔表现得尤为激烈。美国方面公开支持丘吉尔的，只有多诺万和海军部长诺克斯。多诺万甚至认为，一旦美军在北非得手，将来就可以基于这艘“航空母舰”对欧洲发起攻击。[16]78-79 [60]3

留给总统的选项其实并不多。他很清楚，美军的后勤补给根本还没有为战争作好准备，如果想要尽早打一仗的话，他只能选择北非。[60]3

没有作好准备的可不仅仅是物资。尽管美国已经正式参战，但美军情报官手里掌握的其他国家和地区的信息，不仅少得可怜，而且旧得可怕。上次世界大战结束后，美国政府曾要求陆军和海军的情报机构持续不断地收集世界各地的信息，如果真的做到了这一点，情况就不会如此糟糕。[1] 102 谢尔曼·肯特曾经感叹：

> 我们与军队各级情报官员进行了会谈，从中获得了相当确凿的证据（进而得出结论）：有效的情报工作，随着第一次世界大战结束就已经停止了。谁都知道，在这二十三年当中，许多事情发生了变化，但陆军、海军以及海军陆战队里再没有哪个情报人员更新过那些（过时的）文件，使得它们能跟上这些变化。[1] 102 [62] 22-23

8月，研究分析部接到了多诺万的指令：盟军准备进攻北非，需要那个地区的完整信息，越快越好。[1] 105

就在三个月前，肯特所领导的地中海研究组已经改名为非洲研究组，对于这一天的到来他们并不感到意外。不仅如此，而且他们可能早有准备。因为早在一年前，他们就接到过多诺万的指令，要求他们围绕北非开展研究。[18] 14, 52

即便如此，在真实的任务面前，肯特和研究组还是感受到了空前的压力，因为军方要求他们在50个小时以内提供第一份报告。研究人员们只能拼了。大家似乎又回到了为完成学位论文而全力冲刺的学生时代，纷纷用“四点起床需要勇气”之类的玩笑话来互相打气。担任编辑的利伯特（Herman Liebert）素来衣着整洁，每天早晨他会悄悄跑到盥洗室，给越来越脏的衬衫换上干净的衣领，但胡子越来越长就没办法处理了。肯特把他戏称为研究分析部的形象大使，体现了部门的“优雅而凌乱”。顺便说一句，利伯特也来自耶鲁，后来成为了耶鲁大学拜内克（Beinecke）善本与手稿图书馆的首任馆长。[1]105 [44]84 [63]

研究组先是拿出了有关摩洛哥的调研报告，那里是“火炬行动”① 西路和中路美军登陆的地点。他们的这份报告后来成为军方拟制登陆方案和开展后继行动赖以参考的“百科全书”。稍事休整之后，非洲研究组继续奋战，两周后拿出了有关阿尔及利亚和突尼斯的调研报告。阿尔及利亚是东路英美混编部队登陆的地点，而突尼斯则在后来爆发了一场激战。军方对肯特研究组的反应速度大为惊叹，而更令他们叹为观止的是研究组提供的这些调研报告无所不包，相关内容非常全面。[18]175 [1]105 [44]84-85

不过，在后来回忆这些报告的时候，肯特还是流露了某些遗憾之情。在阿尔及利亚的登陆计划中，美军需要从战舰上卸下大批战斗机，并在最短的时间内把它们转移到附近的“白宫”机场。如果研究组能事先了解军方的需求，他们就可以在报告中提供港口周围道路的宽窄情况，而美军也就不用来回拆装机翼——至少有一条路线的宽度足够让飞机直接滑行离开码头，从公路上起飞到达预定地点，进而大幅缩短行动准备时间。[64]13 [65]15

---

① 盟军北非登陆作战行动代号。

不管怎样，有关北非的这批报告给研究分析部赢得了荣誉。多诺万告诉研究分析部，这是他们“研究分析方法的第一次胜利”。而对于肯特而言，这次成功极大地提高了他的个人声望，在情报研究与分析的世界里，他成为一颗冉冉升起的新星。[1] 105

说到完成这些调研报告的研究分析方法，肯特并没有去创造什么新的方法，在很大程度上他直接移植了自己的历史学研究方法。就在加入研究分析部之前不久，他刚出版了一部题为《历史写作》的著作，这是一本指导学生完成第一篇历史学论文的教材。有人评论说，这本书中的许多内容，只要把“历史学者”替换为“情报官员”，就完全可以用来指导情报分析和研究工作。[1] 103-104 [66] 2

按照肯特后来提出的归类方法，北非调研报告属于“基础描述类”（basic descriptive）情报。如果说战略勤务局的这一类情报在“火炬行动”中大放异彩的话，那么他们的“预测评估类”（speculative-evaluative）情报则在此次行动中表现得相当失败。[64] 7-8 [65] 7-8

参联会在战前非常关注自己的对手——驻守北非的维希法军。他们很想知道维希法军对英美联军此次登陆行动会作出什么反应。战略勤务局向高级将领们报告说，他们已经围绕这一问题开展了深入研究，研究分析部获得的结论是法军对于“火炬行动”将持欢迎态度。这一结论与美国在北非地区多位副大使的看法一致，但后来的战况却恰恰相反——联军遭遇了坚决抵抗，死伤惨重。[67] 669-670

中央信息室

> “斜阳西下，疲惫不堪的马德拉①农夫们收工回家，地里留下的甘蔗茎茬，将被用作来年的肥料……”[68] 29

如此田园牧歌般的文字，非但没有让谢尔曼·肯特感觉欣喜，反而令他火冒三丈。因为他正在读的，并不是一篇诗情画意的散文，而是一份完全跑题的《陆海军联合情报研究报告》（JANIS）。[68] 29

报告的作者名叫亚瑟·马德（Arthur J. Marder），他是肯特的手下，以研究英国海军见长。此时的马德，对于自己在研究组里的工作，越来越感觉不顺心乃至不快乐。刚到组里的时候，他的方向相当明确，是主攻地中海地区的海军问题。不过，当他初步完成了一些任务之后，却发现自己所在的这个研究组完全转向了北非。[68] 28-29

问题在于，马德对北非一点兴趣都没有。于是他就利用国会图书馆的馆藏，继续研究自己喜欢的英国海军问题，而对于硬塞给他的“陆海军联合情报研究”任务，他完全是敷衍了事。[68] 28-29

肯特最初给马德指定的研究方向，是比较符合他的兴趣和专业的，所以那时的马德应该会感觉自己非常幸运。研究

---

① 马德拉群岛，位于北大西洋，属于葡萄牙。

分析部里的研究人员，主体上都是历史学背景，但现在他们需要回答的问题却很可能属于其他领域。因此，根据任务要求调整甚至彻底改变研究方向，在研究人员当中就变得非常普遍。随着肯特把研究组的工作重心转向北非，许多学者不得不“改行”。例如，原本研究第一次世界大战期间德国在近东地区活动的米耶尔，被迫转向研究西非的通信问题，而另一位研究德国历史的乔丹·克里格，也被安排去研究西非问题。[68]28 [18]52

可是马德个性倔强，不愿意就此放弃自己钻研多年的方向。1942 年的 5 月到 6 月之间，他提出辞职，并且只写了一条理由：无法适应单位的需要。这倒是一句实话。最终，亚瑟·马德还是在大学校园里找到了自己的归宿，在英国海军研究方面取得了傲人的成绩。[68]29 [69]

1942 年 9 月，兰格尔教授接替因健康问题辞职的巴克斯特，担任了研究分析部主任。四个月后，随着战略勤务局对自身结构的全面调整，研究分析部也对部门内部进行了大规模重组。[18]167 [35]5

渐如鸡肋的研究理事会首先遭到裁撤。原有的研究组和研究室合并调整为欧非、远东、苏联和拉美四个“主力研究室”(principal division)。每个室原则上都设立政治、经济和地理三个组。政治组成员主要是特种信息室的研究人员，而经济组和地理组的研究人员则分别来自原先的经济研究室和地理研究室的地理报告组。新组建的欧非研究室成为主力中的主力，原先在经济室和地理室的研究人员多数被安排到了

这里。[18] 167, 172

欧非研究室由谢尔曼·肯特担任主任。由于这个室人员众多，肯特便设置了两位助理主任，分别由该室经济组组长钱德勒·莫斯（Chandler Morse）和政治组组长哈罗德·多伊奇（Harold Deutsch）兼任。苏联研究室的主任是吉洛德·罗宾逊，并由该室地理组组长约翰·莫里森（John Morrison）担任罗宾逊的助理主任。远东研究室的主任是查尔斯·法斯（Charles Fahs），助理主任则由该室政治组组长韦慕庭（C. Martin Wilbur）担任。拉美研究室的主任是莫里斯·霍尔珀林（Maurice Halperin），伍德罗·波拉（Woodrow Borah）担任该室助理主任。[70] 115 [35] 242-243

随着特种信息室解散，战略勤务局与国会图书馆之间的协议也宣告终止。原先在图书馆办公的那些研究人员，陆陆续续搬到了战略勤务局总部附近的办公室。整个过程持续了大半年时间，直到这一年 11 月，原来属于经济研究室的学者才心不甘情不愿地调整到位。[18] 168 [35] 102-103

与主力研究室相配套的几个研究室被统称为“支援研究室”（supporting division）。其中，以原地理研究室制图组为基础新建了地图室，而另一个支援室中央信息室，则在研究分析部的这次重组过程中基本保持不变。[18] 52, 168

在研究分析部中设立“中央信息室”，主要应该归功于多诺万。这个研究室的基本定位一直比较明确。它既是研究分析部的文献资料入口，也是研究分析部产生的研究报告的出口。搜集到的文献资料由他们编制目录，然后妥善存放和按需分发。在成立之初，中央信息室还承担了诸如编写文献摘要和起草初研报告等辅助性工作。此外，中央信息室还负责对研究人员撰写的报告进行编辑排版，使之格式统一和美观易读。[18] 60，169

多诺万做过多年律师，他知道处理大案要案的律师总是需要面对大量的文件，只有借助于交叉索引系统，查找和使用这些文件才不会有太多困难。反观美国的政府部门，高级官员们在拍板的时候总感觉缺少足够的信息支撑，其实他们身边多半并不缺资料，只是这些资料经常存放不当乃至混乱不堪，当官员急用的时候常如大海捞针，查找合用资料十分困难。[71] 290 [18] 49

面对中央信息室汇集的海量信息，研究分析部的学者们也可能会碰到那些决策官员经常碰到的资料整理问题。所以从一开始多诺万就提出，中央信息室要建立一套更新及时、方便好用的文件索引和存储系统。[18] 49

领导这个研究室的，是麦克利什的老朋友和耶鲁校友，46 岁的威尔玛斯 · 李维斯（Wilmarth S. Lewis）。李维斯家境优渥，一直利用自己的财富开展独立的学术研究，这一点很像生活在上两个世纪的那些绅士学者。他本人还是耶鲁大学和普林斯顿高等研究院的董事，和社会名流多有联系。他的人缘很好，且为人低调，偶尔还会到大学里讲一讲图书馆使用方法，但他本人从没有在图书馆或者类似的专业岗位上工作过，也从不认为自己是图书馆学教授，或者专业的图书馆员。[34] 9-11

李维斯一到中央信息室便发现，这里收集到的信息来自不同渠道，使用着各自不同的分类方法，要把它们管理好，他首先需要设计出一套分类方法。[34]19

不过，在为这项工作挑选助手的时候，李维斯并没有选择图书馆或者相关专业的学者。他最终选中的耶鲁大学校友乔治·杨（George Young），来自斯坦福的休伯特·班克罗夫特（Hubert H. Bancroft），以及阿奇博尔德·麦克利什的儿子、毕业于哈佛的基尼斯·麦克利什（Kenneth MacLeish），都和他自己一样，虽然受过很好的人文学科训练，但是对于文献分类和信息整合所知有限。[34]20-21

很可能在李维斯看来，这样的团队组成不仅不是问题，反而是一个优势——因为他既不喜欢传统的图书馆，也不喜欢那些传统的图书馆分类方法，比如“杜威十进制分类法”（DDC）、“国际十进制分类法”（UDC），以及国会图书馆编制的“标题词表”（LCSH）。[34]25

前后只用了不到一年时间，李维斯的团队便拿出了一套新的分类方法。可是由于战事的原因，几个年轻人很快便各奔东西。基尼斯·麦克利什去了海军，乔治·杨加入了海军但被安排在战略勤务局机关工作，班克罗夫特则被调去了总统办公厅应急管理局。[34]23

对于自己“创建”的分类方法，李维斯颇为骄傲。在类目设定上，这套方法更多地依赖于情报分析人员使用的概念和术语，并且使用了更短的分类号设计。[34]26例如，当时的杜威十进制分类法的顶级类目是这样设置的：

000　总类（百科全书，杂志，期刊，目录）

100　哲学，美学，心理学

200　宗教

300　社会科学

400　语言学

500　纯科学

600　应用科学

700　艺术与娱乐

800　文学

900　地理，历史[34] 14

而李维斯团队设计的顶层类目是这样的：

0　总类

1　政治

2　经济

3　军事

4　海事

5　航空

6　心理学和社会学

7　颠覆（subversive）与反颠覆[34] 27

显然，在李维斯的设计当中，是没有数学、物理学和化学这样的“纯科学”的位置的。这很可能是因为在他看来，中央信息室将来不会收集到这一类信息，因而不需要设置这个类目。由此可以比较有把握地推断，在李维斯的设计原则当中，满足眼前需求的“实用性”远远超过了“完备性”和“科学性”。所以，相对比较宽泛的“0.15 人物：将领，政治家，外交家，商人”，和非常专指的“0.21 新西兰政府对于控制 A 能源的看法①”，都被李维斯列为“0 总类”的同级子类，在设计者的眼中这样的安排并不难理解。[34]27

相比于其他分类法，威尔玛斯·李维斯的分类方法确实有一些特色，但和他自夸的“取得重大突破”还是有着相当距离的。不仅如此，他的这套分类方法与其他部门和单位当时使用的分类方法并不兼容，这就意味着从这些单位接收的文献资料不可避免地需要重新分类。例如，海军情报局的分类法中有“400 产业及劳资关系”，而中央信息室的分类法当中，最接近的类目是“2 经济”。[34]24

从信息组织专业的角度来看，李维斯团队创建的方法融合了分类法和标题词法的特色，但归根到底，它仍然是一种先组式的分类法。为了能够更好地揭示出文献的内容“以便未来参考之用”，他们要求标引人员从多个角度或者多个层面，对同一份文献进行分类，这被称作“多重分类”。而这样做带来一个后果，那就是分类卡片数量激增。据调查，当时平均每份文献会产生 8 张卡片。到 1943 年中期，中央信息

① 这里提到的“A 能源”（A—Energy），应该是指“原子能”（Atomic Engergy）。

室的主卡片（main file）超过了 35 万张。等到战争结束，主卡片以及各种副卡片的数量超过了 300 万张。[34] 28 [71] 292

中央信息室的标引人员阅读完一份文献后，不仅要给它赋予一个或者多个分类号，还要编写一段简短的文字，归纳出这份文献的内容，再用打字机打在卡片上。这段凝聚了标引人员智力的文字，后来通常被称作“文摘”（abstract）或者“摘要”（summary），李维斯却别出心裁地借用了一个洋气的法语单词，把它称作“择要”（précis）。这倒真应该算是他的一项“创举”了。因为传统图书馆的卡片上通常没有这项内容，但李维斯认为它能帮助研究人员更好更快地判断出文献是否有用，因此极有必要，即使它成倍地增加了标引人员的工作量也在所不惜。[34] 29

中央信息室还按照地域把标引人员分成了若干组，希望他们能够成为“自己所负责的那个地域的情报资料专家，能够更准确地分辨出哪些资料相对重要，哪些相对次要”。然而，令标引组负责人谢拉（Jesse H. Shera）深感痛心的是，尽管标引岗位要求他们至少拥有本科学位，最好能有硕士学位，但他手下这些以女性为主的标引人员，一直处于中央信息室人员阶梯的最底层，只能拿到与普通文秘人员相当的薪酬。这个问题不仅普遍存在，并且从来没有得到解决。直到谢拉成为图书情报界的知名学者之后，他仍然需要不停地呼吁：标引工作“绝不是文秘工作”，它是需要良好知识储备的“专业工作”。[71] 296 [72]

据统计，从 1942 年 1 月到 1942 年 12 月，中央信息室平均每个月收到的文献超过 1.2 万份。这样的文献引入规模令 30 多名标引人员手忙脚乱，经常是还没等他们处理完上个月的文献，新到的文献又如潮水一般涌了进来，文献积压的情况就此变得非常严重。[34] 29 [71] 293-294

这种积压，对于那些时效要求非常强的资料（如国务院海外站点发来的电报）而言，是可能引发致命错误的，研究人员因此对中央信息室颇有怨言。为了缓解这一问题，信息室设计了一些特殊流程，使得相关文献最快可以在两个小时以内处理完毕，有时甚至可以不经处理便直接送到研究人员的手中。[18] 169 [71] 293, 297 [34] 34-35

在中央信息室建立之初，他们面对的主要是公开来源的“常规”（regular）文献。从 1942 年底开始，他们越来越多地接收到战略勤务局秘密情报部（SI）送来的“内部”资料（Limited File）。与常规文献不同，内部资料及其卡片需要单独存放，如需查阅也要专门申请，并且只能在中央信息室的阅览室里阅读。后来又陆续增加了专门研究部队实力和部署的“作战序列”（Order of Battle）报告，以及只能在研究人员自己的办公室里阅读的“内部以上”资料。[71] 293, 297

令李维斯头痛的远不止这些业务方面的琐事。他认为自己急需的是一线工作人员，没想到兰格尔给他派过来的却是两位高级助手爱泼鲍姆（William Applebaum）和瑞恩（Louis Ream）。他们加入领导团队以后，李维斯原本倚靠的得力助手埃格伯特（Lawrence Egbert）和谢拉全都心灰意冷，乃至渐生离意。[34] 40-41, 43

先是埃格伯特提出辞职，离开中央信息室去陆军那里担任法律顾问。接着便是谢拉，他开始把主要精力转向博士论文，希望从芝加哥大学图书馆学院拿到学位后能够找到一份更合适的工作。最后轮到了李维斯自己。1943 年 8 月，他从兰格尔那里获知，自己又将增加一个助手，这个助手名叫德斯顿（Raymond Deston），加入战略勤务局之前是波士顿一家保险公司的经理人。尽管李维斯极不情愿，兰格尔还是在瑞恩的建议下把德斯顿安插了进来。威尔玛斯·李维斯当然知道这意味着什么，不久便趁着出差加拿大的机会一去不返了。在公开场合，他从来没有一句怨言，只有私下里他才对密友吐露心声：中央信息室的经历实在糟透了。[34] 43-44

敌方目标组

还在信息协调官办公室成立之初，研究分析部的经济学者们便开始围绕“德国的军事和经济形势”问题开展系列研究，并先后提交了多份“预测评估类”情报。其中的一些结论与当时情报机构高层流行的看法截然相反，而之后发生的事情证明学者们的研究成果竟然相当准确，这给军方留下了深刻印象。[18] 57

在某段时间，人们普遍认为德国人在不远的将来会面临严重的食物短缺。研究分析部的学者们却认为德国人的食物供应并不会紧张到影响战争进程的程度，不仅前线军人的面粉、肉类和油脂这三类重要食物的配额有所增加，后方普通平民的热量摄入也几乎足够。当德国食物短缺一说被公众认为是板上钉钉的事实时，经济学者们却预言说德国人很快会提高他们的基础食物配额，而后来发生的事实验证了学者们的说法。[18] 57 [70] 116

研究分析部的学者们还从经济角度对苏德战场的态势进行了预估。爱德华·梅森、钱德勒·莫斯和沃尔特·罗斯托（Walter Rostow）等人研究发现，铁路运输能力将成为制约德军东线作战的关键因素。他们每推进 200 公里大约需要增加 3.5 万辆货车，并不得不增加间歇等待补给，这将使他们 1942 年春季攻势的猛烈程度远逊于 1941 年的夏季攻势。不过学者们同时也指出，如果从 1942 年全年来看，运输问题还不是拖累德军行动的主要困难。[73] A15-A16 [70] 119-120 [18] 58 [74] 5-6

要知道，学者们是在数据极度匮乏的条件下得出这些结论的。为了对德军部队力量作出预估，他们只能把《纽约时报》报道的德军每个师和每次战役的数据一点一点地积累起来。他们没能从陆军弹药部队那里获得各种战斗的弹药消耗量，只能自己"拍脑袋"凭空把数据编撰出来。所以，尽管学者们预估结论的大方向是正确的，但具体数据可能"谬以千里"。直到后来缴获了德国陆军总参谋长弗朗茨·哈尔德（Franz Halder）丢弃的日记，人们才惊讶地发现，学者们辛苦推算出的数据，跟日记里的数据几乎完全对不上。然而，经济学者们当年创造出的这套军事经济研究方法，已经成为后来情报界的常规过程（routine），而对于军事情报研究而言，真实有用的数据依然并且永远是稀缺的。[73] A16-A17

德国人有个历史悠久的传统：军官死后通常会在当地报纸上刊登讣告，其中会披露他们的军衔、所在部队以及死亡地点等信息。研究分析部的经济学者抓住这一特点，利用从瑞士搜集到的德国报纸，把上面登载的讣告集中到一起，初步估算出了开战以来德军的总体伤亡情况。据他们估计，德军在西线损失了 11.4 万人，这一数据与 1999 年德国专家估计出的数据（13.4 万人）相差不大。不过，他们对德军在东线的损失估计（181.3 万人）与后来学者的估算数（77.4 万人）差距非常明显，而他们对斯大林格勒战役德军伤亡人数所作的预测（40.7 万人），又比较接近后来发生的实际情况（30.7 万人）。最终，经济学者们“发明”的这套算法，被美国陆军和海军情报机构认可并接受。[70] 121-122

1942 年夏，美国陆军航空兵方面传来消息，希望战略勤务局能选派一些专家帮助他们解决轰炸目标的选择难题。一直以来，陆军航空兵将领把杜黑（Giulio Douhet）、特伦查德（Hugh Trenchard）和威廉·米歇尔（William L. Mitchell）的理论奉若圭臬。他们相信空中力量对地面部队实施支援固然重要，但其根本任务应是遂行战略轰炸，也就是对敌城市中心、工业基地、交通枢纽、基础设施等目标进行打击，摧毁其士气，导致其瘫痪，迫使其投降。[74] 10 [75] 13-20 [76] 155 [77] 73

在斯帕兹的积极倡导下，陆军航空兵将高空飞行、白天行动、精确轰炸确定为标准行动准则，并且依靠轰炸机自身防御，取消了战斗机护航。这一点明显区别于他们的盟友英国空军。1942 年 7 月，斯帕兹少将率领美国第 8 航空军移防

伦敦，同时兼任美国驻欧洲航空军指挥官。[74]13 [78]108

作为斯帕兹的计划主管参谋，理查德·休斯（Richard D. Hughes）上校需要将杜黑等人的理论和航空兵的行动准则落实到作战计划当中，而对敌方哪些目标实施轰炸，是他编制计划首先要回答的一个问题。然而休斯发现，自己此时只能完全依赖英方提供的情报，由于缺少一支独立团队对这些情报进行分析评估，编制出的计划很难让人放心。于是，休斯找到了美国驻英大使约翰·怀南特（John Winant）和欧洲战区司令艾森豪威尔中将，希望获得他们的帮助。[77]73

9月13日，研究分析部的钱德勒·莫斯、罗丝琳·霍勒坎普（Roselene Honerkamp）和沃尔特·罗斯托三人奉命组建“敌方目标组”（EOU），组长由莫斯担任。该组在名义上隶属于美国驻英大使馆经济作战处，但实际上几乎完全独立。事实上，这三位经济学者只是先遣队，战略勤务局先后派出13位学者，在伯克利广场一栋不起眼的房子里配合军方开展工作。几个月后，莫斯被调回总部，查尔斯·金德伯格接替了他的位置。不知道什么缘故，关于该组的组建日期和最初三位学者，另有一种略有差别的说法：敌方目标组是在9月12日，由莫斯、罗斯托和罗素·多尔（Russell Dorr）三位学者组建的。[77]73, 78 [18]177-178 [79]117 [80]59

休斯上校并没有立刻让这些学者动手寻找并选定合适的敌方目标，而是给他们布置了一项类似于热身的“作业”，只明确了一个方向——德国的各种工业基地，具体的行业则不进行限定。除了可以拿到作业成果“瞄准点报告”（aiming point report）之外，休斯还希望通过这种形式摸一摸学者的底，看看他们是否有能力胜任后续的任务。[74] 7-8 [81] A4

据研究分析部的官方日志披露，学者们需要在瞄准点报告中回答：某家工厂在行业中的重要程度，工厂中不同建筑的主要功能，生产过程中的薄弱环节，受到攻击后工厂恢复生产的速度，对工厂攻击时应该选取的打击区域。他们不仅要形成文字材料，还要在航拍照片上把“瞄准点”标记出来。为了完成这项作业，学者们需要从各种地面报告、战俘审讯记录以及相关照片中析取数据，还要通过走访英国的相似工厂直观掌握生产过程等细节知识，就这样他们一步一步被训练成了德国工业基地方面的情报专家。[74] 8-9 [81] A4 [77] 74 [70] 132

1942 年 11 月，敌方目标组向第 8 航空军提交了第一批试验性成果，其主要针对纳粹德国的合成油、点火装置、螺旋桨锻件以及汽车的生产工厂。而后，他们根据军方的反馈意见，把主攻方向调整为轴承、橡胶、轮胎及石油设施，继续编写瞄准点报告，并很快形成了一种较为稳定的模式。到这一年年底（也有说法是到 1944 年 5 月），已成为“熟练工”的学者们一共完成了 285 份瞄准点报告。[81] A5 [77] 74 [74] 9

若按照谢尔曼·肯特的分类方法进行分类，这些报告大抵都属于“基础描述类”情报的范畴。由于第 8 航空军和第 15 航空军轰炸司令部手中的情报十分匮乏，这些报告被当作高质量的基础性情报来使用。沃尔特·罗斯托后来回忆，编写这类报告虽然比较“痛苦”，但并不需要太多“缜密的思维”。而以这类报告为基础，学者们接下来所要回答的才是最为困难的核心问题：究竟应该选择哪些轰炸目标，才能获得最好的结果。[81] A5-A6 [64] 15-16 [77] 74 [74] 9-10

为了获得答案，经济学家们用了近两个月的时间，提出了一种“目标选择”的理论框架。简单而言，就是以数量最少的轰炸目标来达到某个特定的军事目标。军事目标的表述必须比较清晰，不能仅仅是“削弱敌方经济实力”或者“破坏敌方政治基础”之类笼统说法。至于如何选择轰炸目标，则应当充分考虑作战策略尤其是时间因素，并且对轰炸给敌方造成的破坏程度、这种破坏对敌方军事力量产生的影响程度，以及己方的损失大小等诸多因素进行定量化的分析，才能得出较为合理的结果。[81] A6

学者们将每个相关的工业类（如石油工业、飞机工业和汽车工业等）分别视作一个“目标系统”，并以其作为战略级决策的选项。[74] 8 而对于每个目标系统，他们进一步细化出 11 个方面进行定量化的考察：

1. 该目标系统的产品对于军工生产的重要程度；

2. 该目标系统产品的应用广泛程度（应用面越广就越应该作为目标）；

3. 该目标系统中每家工厂的重要程度；

4. 该目标系统被攻击后所产生的间接影响的重要程度；

5. 该目标系统产品供应情况的紧张程度；

6. 该目标系统被攻击后进行恢复的容易程度；

7. 该目标系统被攻击后可被替代的程度；

8. 该目标系统工厂的脆弱程度；

9. 该目标系统的规模；

10. 该目标系统被发现的难易程度；

11. 该目标系统自身及对其进行攻击的路线的防御程度。[74] 22-23

针对某个具体的目标，他们设计了三个条件进行判断。只有同时满足所有三个条件的目标，才会被写入“潜在目标报告”，并作为战术选项交给军方。[79] 117 [74] 23 这三个条件分别是：

1. 我方能否飞到目标上空并对其投弹？

2. 命中目标后能否击毁该目标？

3. 如果该目标被击毁，能否直接或者间接地削弱敌方力量？[74] 23

军方对于每一次轰炸行动最关心的当然是效果。敌方目标组提出，应该从下面四个方面对作战效果进行评估：

1. 该次攻击对于目标所属的经济系统和军事系统的影响有多大？

2. 这种影响需要多长时间才能被前线感受到？

3. 这种影响能够持续多长时间？

4. 该次攻击所产生的军事效果（而非经济效果）是什么？[74] 24

学者们可能未必意识到，他们的这套“目标选择”框架实际上是一种运筹学方法，其核心后来被研究分析部的经济学者瓦西里·列昂替夫抽象为一整套理论，名为“投入产出分析”，而他也因此获得诺贝尔经济学奖。第二次世界大战期间，运筹学在英国兴起，第 8 航空军的高级将领——尤其是伊克尔（Ira Eaker）少将——对这个实用性很强的领域立即表现出极大兴趣，他们迅速组建起“运筹研究部”，下设若干个小组，针对提高轰炸精度、降低飞机战损等关键问题开展运筹分析并积极进行作战尝试，很快便取得了令人惊讶的效果。[74] 16-17, 20 [82] 19-20 [70] 132-134 [83]

可能是由于双方的想法接近，再加上理查德·休斯上校在其间穿针引线，敌方目标组与军方的合作相当顺畅。曾经有许多次，休斯让学者们直接向陆军航空兵的高级将领汇报研究成果和决策建议。“机灵”的学者们很快发现，与将军们在一起，只要把“阁下”常挂在嘴边，即便产生一些争执，气氛也不会变得太糟糕。就这样，敌方目标组与许多将领保持了良好的关系，这其中就包括斯帕兹将军，以及他的副手弗雷德里克·安德森（Frederick Anderson）将军。[74] 29 [77] 78

“火炬行动”胜利结束后，罗斯福和丘吉尔在卡萨布兰卡举行了一次会议。在伊克尔“富有技巧且不屈不挠”的劝说之下，丘吉尔同意美国陆军航空兵继续执行在白天进行空袭的行动准则，英美参谋长联合委员会（CCS）也很快敲定了五类轰炸目标（CCS 166/1/D）。[84] 80-82 [74] 31-32 按照其优先顺序，这五类目标依次是：

1. 德国潜艇的建造船坞和基地；
2. 德国飞机工业；
3. 敌方运输线；
4. 德国石油工业；
5. 敌方其他军工目标。[85] 781

经过一番仔细研究，敌方目标组认为，应该把“德国飞机工业”放到更为优先的位置，并且把单引擎战斗机工业排在首位。由此他们认定，最佳目标系统是飞机引擎，而其中的关键是敌方的轴承工厂。理查德·休斯上校四处游说，最终使学者们的建议部分反映在了 1943 年 6 月发布的“轰炸机联合进攻”（CBO）计划当中。这一行动的代号是“近射”（POINTBLANK）。[74] 33-34 [86] 54 [79] 118

随着盟军空袭行动的展开，纳粹德国单引擎战斗机的生产能力应声而降，从 1943 年 7 月的 1050 架锐减到同年年底的 560 架。不过，美军航空兵的作战准则也在战斗中暴露出严重问题。尤其是在对德国轴承厂的空袭过程中，只依赖自身防御的美军重型轰炸机遭受了重创，出动的 229 架 B-17“飞行堡垒”中有 36 架被击落，战损率高达 16%。于是他们迅速调整策略，在后继的行动中逐渐采用 P-47D“雷电”

和 P-51B“野马”远程战斗机进行护航，从而减少了美军轰炸机的损失。[77] 34-35 [86] 5 [70] 136

1944 年 2 月，盟国空军对德国飞机工业基地发动了新一轮空袭。美国人把这次行动吹嘘为“伟大一周”，但德国的飞机生产能力只是被短暂地削弱，相比之下，一大批富有经验的飞行员战死才是纳粹空军更真实的损失，他们从此元气大伤，再也没能恢复。而更重要的是，“近射行动”的胜利令斯帕兹开始相信，对纳粹德国的其他工业基地进行轰炸，不仅必要而且可行。[86] 5, 71-72 [79] 118

敌方目标组闻风而动，他们只用了很短的时间，便完成了对运输线和石油工业这两个目标系统的比较，胜出的是石油工业。经测算，盟军有能力打击 23 个合成油工厂和 31 个炼油厂，这些工厂的产能占到轴心国整个精炼油和合成油产能的 90%以上。如果空袭成功，德国将在六个月内消耗掉一半以上的汽油储备。[74] 36-37 [70] 138

3 月 5 日，敌方目标组拟制的目标文件经由休斯上校交给了斯帕兹将军，稍后作为正式上报的计划附件，送到了欧洲盟军总司令艾森豪威尔上将手中。此刻除了这份“石油计划”，艾森豪威尔手中还有另外一份计划，上面开列了法国和比利时境内的 76 处铁路目标，这是他的副手英国空军上将亚瑟·泰德（Arthur Tedder）交给他的，又被称作“运输线计划”。[74] 37-38 [87] 68 [70] 138

和斯帕兹将军相似，泰德将军身后也有智囊相助，他就是动物学家索里·祖克曼（Solly Zuckerman）①。敌方目标组里许多人看不上祖克曼的学术背景，嘲笑他的专业是“研究类人猿社会生活”，试图给他的计划抹上一丝滑稽可笑的色彩。但祖克曼的专业背景并没有妨碍他积极运用运筹方法，并且成为公认的运筹学早期探索者之一，而他提出的“运输线计划”也是以运筹学理论为基础的，只不过和敌方目标组的结论不同而已。[77]75 [76]156-157 [88]1169-1170

面对咄咄逼人的斯帕兹和寸步不让的泰德，艾森豪威尔深感压力，再加上其中又掺和了盟军空中力量指挥权问题，在某个时刻，他甚至一度动了“辞职回家”的念头。不过，在3月25日那个令人难忘的会议上，艾森豪威尔还是坚定地宣布了自己的最终决定：不反对“石油计划”，但“运输线计划”要放在前面。[89]55

这次会议结束后，艾森豪威尔另找了一个机会来安慰斯帕兹——把诺曼底登陆前两个好天气的时间段交给了这位愤愤不平的将军，让他对德国境内的石油目标进行空袭。但这并不表示艾森豪威尔的决心和信心有丝毫动摇——他从来没有怀疑过自己选择“运输线计划”的正确性。在他看来，只要“运输线计划”能够阻滞德军一个师，那这个计划就是值得的。后来实际发生的情况是：隆美尔（Erwin Rommel）指挥的12个德国师中，至少有7个坦克师因为铁路损毁而机动受阻。[89]56 [77]76 [79]120-121 [90]176

---

① 索里·祖克曼于1943年当选英国皇家学会（相当于国家科学院）会员。

直到多年以后，艾森豪威尔仍然认为，自己对于盟军成功实施“诺曼底登陆”的最大贡献，就是坚决执行了“运输线计划”。[87]68

参考文献

[1] SCOBLIC J P. Beacon and Warning: Sherman Kent, Scientific Hubris, and the CIA's Office of National Estimates [J]. Texas National Security Review, 2018,1(4): 98-117.

[2] WOODFORD A. Sherman Kent at Yale: The Making of an Intelligence Analyst [J]. The Yale Historical Review: An Undergraduate Publication, 2014,3(2): 62-84.

[3] DAVIS J. Sherman Kent and the Profession of Intelligence Analysis [J]. The Sherman Kent Center for Intelligence Analysis Occasional Papers, 2002,1(5).

[4] DUNLOP R. Donovan: America's Master Spy [M]. Rand McNally, 1982.

[5] KIMBALL W F, BARTLETT B. Roosevelt and Prewar Commitments to Churchill: The Tyler Kent Affair [J]. Diplomatic History, 1981,5(4): 291-311.

[6] KIMBALL W F. Churchill and Roosevelt: The Personal Equation [J]. Prologue: The Journal of the National Archives, 1974,6(3): 169-182.

[7] MARRIN A. FDR and the American Crisis [M]. Random House Children's Books, 2015.

[8] WALTERS G. Spies of the suburbs: Revealed after decades in the shadows, the motley misfits recruited by the real M whose courage helped win the war [N]. Daily Mail, 2017-2017-04-22.

[9] SANDHU S. Rendezvous at the Russian Tea Rooms: The Spyhunter, the Fashion Designer and the Man from Moscow by Paul Willetts-review [N]. The Guardian, 2015-2015-10-18.

[10] RAND P. Conspiracy of One: Tyler Kent's Secret Plot against FDR, Churchill, and the Allied War Effort [M]. Rowman & Littlefield, 2013.

[11] RAND P. The Secret Sharer: Tyler Kent [J]. World War II, 2013, (October).

[12] 斯塔夫里阿诺斯．全球通史：从史前史到21世纪(下册)[M]. 吴象婴，梁赤民，董书慧，王昶，译．北京大学出版社，2006.

[13] CHURCHILL W. We Shall Fight on the Beaches. International Churchill Society [EB/OL]. [2020-02-28]. https://winstonchurchill.org/resources/speeches/1940-the-finest-hour/we-shall-fight-on-the-beaches/.

[14] TROY T F. Donovan and the CIA：A History of the Establishment of the Central Intelligence Agency [M]. University Publications of America，1981.
[15] 托马斯·F·特罗伊．历史的回顾——美国中央情报局的由来和发展[M]. 狄奋，李航，译．群众出版社，1987.
[16] 道格拉斯·沃勒．美国中情局教父[M]. 魏瑞莉，译．译林出版社，2014.
[17] WARNER M. COI Came First. Central Intelligence Agency [EB/OL]. (2008-06-28) [2020-03-13]. https://www.cia.gov/library/publications/intelligence-history/oss/art02.htm.
[18] War Report，Office of Strategic Services (OSS)，Volume 1 [R]. United States War Department. Strategic Services Unit. History Project，1949.
[19] PIOUS R M. The Historical Presidency：Franklin D. Roosevelt and the Destroyer Deal Normalizing Prerogative Power [J]. Presidential Studies Quarterly，2012，42(1)：190-204.
[20] CHAMBERS J W. OSS Training in the National Parks and Service Abroad in World War II [M]. U.S. National Park Service，2008.
[21] 威廉·曼彻斯特．光荣与梦想[M]. 广州外国语学院美英问题研究室翻译组，朱协，译．海南出版社，三环出版社，2004.
[22] The Lend-Lease Act of 1941. U.S. House of Representatives [EB/OL]. [2020-03-02]. https://history.house.gov/Historical-Highlights/1901-1950/The-Lend-Lease-Act-of-1941/.
[23] HYDE H M. Room 3603：The Story Of The British Intelligence Center In New York During World War II [M]. Farrar，Straus and Company，1963.
[24] FOLKART B A. William Stephenson，93；British Spymaster Dubbed 'Intrepid' Worked in U.S. [N]. Los Angeles Times，1989-1989-02-03.
[25] CHARLES D M. 'Before the Colonel Arrived'：Hoover，Donovan，Roosevelt，and the Origins of American Central Intelligence，1940-41 [J]. Intelligence and National Security，2005，20(2)：225-237.
[26] WEBB G G. New Insights into J. Edgar Hoover's Role [J]. Studies in Intelligence (Unclassified Edition)，2004，48(1)：45-58.
[27] DURBIN B. The CIA and the Politics of US Intelligence Reform [M]. Cambridge University Press，2017.
[28] DONOVAN W J. Memorandum of Establishment of Service of Strategic Information [M]// Troy T F. Donovan and the CIA：A History of the Establishment of the Central Intelligence Agency. University Publications of America. 1941：419-422.
[29] Proposed "Military Order Designating a Coordinator of Strategic Information" [M]// War Report，Office of Strategic Services (OSS)，Volume 1. United States War Department. Strategic Services Unit. History Project. 1941.
[30] ROOSEVELT F D. Designating Coordinator of Information [M]// Troy T F. Donovan and the CIA：A History of the Establishment of the Central Intelligence Agency. University Publications of America. 1941：423.
[31] COORDINATOR OF INFORMATION，October 23，1941 [M]// Franklin

D. Roosevelt, Papers as President: The President's Secretary's File (PSF), 1933 - 1945: Coordinator of Information, 1941. Franklin D. Roosevelt Presidential Library & Museum. 1941.
[32] BENCO N L. Archibald MacLeish: The Poet Librarian [J]. The Quarterly Journal of the Library of Congress, 1976,33(3): 232 - 249.
[33] THOMISON D. F. D. R. , the ALA, and Mr. MacLEISH: The Selection of the Librarian of Congress, 1939 [J]. The University of Chicago Press, 1972,42(4): 390 - 398.
[34] BURKE C B. America's Information Wars: The Untold Story of Information Systems in America's Conflicts and Politics from World War II to the Internet Age [M]. Rowman & Littlefield Publishing Group, 2018.
[35] KATZ B M. Foreign Intelligence: Research and Analysis in the Office of Strategic Services, 1942 - 1945 [M]. Harvard University Press, 1989.
[36] Federal Statistical Agencies: A list of administrative, research, and data-collecting personnel [M]. 6. Division of Statistical Standards, Bureau of the Budget, Executive Office of the President, 1942.
[37] STELZEL P. History After Hitler: A Transatlantic Enterprise [M]. University of Pennsylvania Press, 2018.
[38] STURM A L. News and Notes: Political Science at the University of Virginia [J]. The Journal of Politics, 1950,2(1): 171 - 185.
[39] Register of the C. F. Remer papers. The Online Archive of California [EB/OL]. [2020 - 03 - 11]. https://oac.cdlib.org/findaid/ark: /13030/tf5779n7gh/entire_text/.
[40] Military Establishment Appropriation Bill for 1948. Subcommittee of the Committee on Appropriations, House of Representatives, Eightieth Congress. U. S. Government Printing Office, 1947.
[41] MARTIN G J. Preston E. James, 1899 - 1986 [J]. Annals of the Association of American Geographers, 1988, 78(1): 164 - 175.
[42] SHERMAN W H. Research Intelligence in Early Modern England [J]. Studies in Intelligence (Unclassified Edition), 1994, 37(5): 95 - 104.
[43] WARNER M. Research & Analysis. Central Intelligence Agency [EB/OL]. (2008 - 06 - 28)[2020 - 03 - 14]. https://www.cia.gov/library/publications/intelligence-history/oss/art04.htm.
[44] WINKS R W. Cloak and Gown: Scholars in the Secret War, 1939 - 1961 [M]. William Morrow & Company, 1987.
[45] LANGER W L. In and Out of the Ivory Tower: The Autobiography of William L. Langer [M]. Neale Watson Academic Publications, Inc, 1977.
[46] WOLFF R L. William Leonard Langer [J]. Proceedings of the Massachusetts Historical Society, 1977, 89: 187 - 195.
[47] WALLER D. Wild Bill Donovan: The Spymaster Who Created the OSS and Modern American Espionage [M]. Simon and Schuster, 2012.
[48] HENDRIX S. Birthplace of the CIA and U. S. spycraft just made the National Register of Historic Places [N]. The Washington Post, 2017 -

2017 - 01 - 27.
[49] LANGER J D. The Harriman-Beaverbrook Mission and the Debate over Unconditional Aid for the Soviet Union, 1941 [J]. Journal of Contemporary History, 1979,14(3): 463 - 482.
[50] U. S. -Soviet Alliance, 1941 - 1945. Office of the Historian, Foreign Service Institute, United States Department of State [EB/OL]. [2020 - 03 - 14]. https://history. state. gov/milestones/1937 - 1945/us-soviet.
[51] ROLL D L. The Hopkins Touch: Harry Hopkins and the Forging of the Alliance to Defeat Hitler [M]. Oxford University Press, 2013.
[52] COORDINATOR OF INFORMATION, October 17, 1941 [M]// Franklin D. Roosevelt, Papers as President: The President's Secretary's File (PSF), 1933 - 1945: Coordinator of Information, 1941. Franklin D. Roosevelt Presidential Library & Museum. 1941.
[53] CHURCHILL W. The Second World War, Volume 3: The Grand Alliance [M]. Houghton Mifflin Company, 1985.
[54] ROOSEVELT F D. Executive Order 9182: Establishing the Office of War Information. The American Presidency Project [EB/OL]. [2018 - 06 - 02]. https://www. presidency. ucsb. edu/node/210709.
[55] ROOSEVELT F D. Military Order of June 13, 1942: Office of Strategic Services [M]// Troy T F. Donovan and the CIA: A History of the Establishment of the Central Intelligence Agency. University Publications of America. 1942: 427.
[56] ROOSEVELT F D. Executive Order 8922: Establishing the Office of Facts and Figures. The American Presidency Project [EB/OL]. [2020 - 03 - 16]. https://www. presidency. ucsb. edu/node/210148.
[57] GIRONA R, XIFRA J. The Office of Facts and Figures: Archibald MacLeish and the "strategy of truth"[J]. Public Relations Review, 2009, 35 (3): 287 - 290.
[58] WEINBERG S. What to Tell America: The Writers' Quarrel in the Office of War Information [J]. The Journal of American History, 1968, 55(1): 73 - 89.
[59] O'HARA V. Torch: North Africa and the Allied Path to Victory [M]. Naval Institute Press, 2015.
[60] LOHSE A, MIDDAUGH J. Operation TORCH: the American amphibious assault on French Morocco, 1942 [M]. Naval History and Heritage Command, Department of the Navy, 2018.
[61] MARSHALL G C. British and cross-Channel attack plans, 1942 - 43; training problems, TORCH planning 1942; relations with the Navy. George C. Marshall Foundation, 1956.
[62] STALCUP M M. Connecting the Dots. Intelligence and Law Enforcement since 9/11 [D]. University of California, San Francisco; University of California, Berkeley, 2009.
[63] BELL A. H. W. Liebert OBITUARIES[N]. Independent, 1995 - 1995 -

03 - 10.
[64] 谢尔曼·肯特．战略情报：为美国世界政策服务[M]．刘微，肖皓元，译．金城出版社，2012.
[65] KENT S. Strategic Intelligence for American World Policy [M]. Archon Books, 1965.
[66] FORD H P. A Tribute to Sherman Kent [M]// Steury D P. Sherman Kent and the Board of National Estimates: Collected Essays. Central Intelligence Agency. 1980: 1 - 11.
[67] WALKER D A. OSS and Operation Torch [J]. Journal of Contemporary History, 1987, 22(4): 667 - 679.
[68] GOUGH B. Historical Dreadnoughts: Marder and Roskill: Writing and Fighting Naval History [M]. Seaforth Publishing, 2010.
[69] Arthur J. Marder, History: Irvine. The University of California [EB/OL]. [2020 - 03 - 19]. http://texts.cdlib.org/view?docId=hb1j49n6pv;NAAN=13030&doc.view=frames&chunk.id=div00063&toc.depth=1&toc.id=&brand=calisphere.
[70] GUGLIELMO M. The Contribution of Economists to Military Intelligence during World War II[J]. The Journal of Economic History, 2008, 68(1): 109 - 150.
[71] HEAPS J D. Tracking Intelligence Information: The Office of Strategic Services [J]. The American Archivist, 1998, 61(2): 287 - 308.
[72] Communications: Jesse Hauk Shera (1903 - 1982) [J]. The Journal of Library History (1974 - 1987), 1982,17(4): 518 - 523.
[73] QUIBBLE A. The Eastern Front at the Turning Point [J]. Studies in Intelligence (Classified Edition), 1962,6(4): A15 - A28.
[74] BALLEW B P. The Enemy Objectives Unit in World War II: Selecting Targets for Aerial Bombardment that Support the Political Purpose of War [M]. School of Advanced Military Studies, United States Army Command and General Staff College, 2011.
[75] BIDDLE T D. Air Power and Warfare: a Century of Theory and History [M]. Strategic Studies Institute, US Army War College, 2019.
[76] KINDLEBERGER C P. The Life of an Economist [M]// Kregel J A. Recollections of Eminent Economists Volume 2. Palgrave Macmillan, London. 1989: 149 - 162.
[77] ROSTOW W W. Waging Economic Warfare from London [J]. Studies in Intelligence (Unclassified Edition), 1992, 36(5): 73 - 79.
[78] WATSON G M. Secretaries and Chiefs of Staff of the United States Air Force: Biographical Sketches and Portraits [M]. Washington, D.C.: Air Force History and Museums Program, U.S. Air Force, 2001.
[79] MACPHERSON N. American Intelligence in War-time London: The Story of the OSS[M]. Taylor & Francis e-Library, 2003.
[80] ROSTOW W W. The London Operation: Recollections of an Economist [M]// Chalou G C. The Secrets War: The Office of Strategic Services in

World War II. National Archives and Records Administration. 1992: 48 - 60.

[81] ROSTOW W W. The Beginnings of Air Targeting [J]. Studies in Intelligence (Classified Edition), 1963,7(1): A1 - A24.

[82] MCARTHUR C W. Operations Analysis in the United States Army Eighth Air Force in World War II[M]. American Mathematical Society, London Mathematical Society, 1991.

[83] The Prize in Economic Sciences in Memory of Alfred Nobel to the Father of Input-Output Analysis. The Nobel Prize [EB/OL]. [2020 - 03 - 28]. https://www.nobelprize.org/prizes/economic-sciences/1973/press-release/.

[84] WOLK H S. Decision at Casablanca [J]. Air Force Magazine, 2003, 86(1): 78 - 82.

[85] Memorandum by the Combined Chiefs of Staff: CCS. 166/1/D The Bomber Offensive From the United Kingdom [M]// Aandahl F, Franklin W M, Slany W. Foreign Relations of the United States, The Conferences at Washington, 1941 - 1942, and Casablanca, 1943. U.S. Government Printing Office. 1943: 781 - 782.

[86] ZALOGA S J. Operation POINTBLANK 1944: Defeating the Luftwaffe [M]. Osprey Publishing, 2011.

[87] 斯蒂芬·安布罗斯．艾森豪威尔传[M]. 董浩云,译．湖北长江出版集团,长江文艺出版社,2011.

[88] ROSENHEAD J. Obituary: Lord Zuckerman (1904 - 1993) [J]. The Journal of the Operational Research Society, 1993, 44(12): 1169 - 1171.

[89] GRANT R. The War on the Rails [J]. Air Force Magazine, 2007, 80(8): 52 - 56.

[90] FAGG J E. Pre-Invasion Operation [M]// Craven W F, Gate J L. The Army Air Forces in World War II: Volume Three Europe: Argument to V-E Day, January 1944 To May 1945. Office of Air Force History, U.S. Air Force. 1983: 138 - 181.

第二章　在胜利者的旗帜下

1944 年 11 月底，法国巴黎，作曲家罗斯·芬尼（Ross Lee Finney）拥有了一处临时寓所。

芬尼早年曾在法国求学，师从著名音乐家娜迪亚·布朗热（Nadia Boulanger）。大约半年以前，在好友阿奇博尔德·麦克利什和威尔玛斯·李维斯的鼓励之下，芬尼加入了战略勤务局，希望为打赢这场战争贡献自己的绵薄之力。[1]78

按照要求，此时在法国的战略勤务局文职人员，外出执行任务都要身着制服。而芬尼的身材非常高大，在人群中十分醒目，因此几乎所有人都对这个穿着制服的“大个子”有些印象。[1]78

芬尼此番被派往法国，是要执行一项搜集各种图书资料的秘密任务，主要搜集方式是查抄和没收。这样的任务跟他的身形倒也般配，而配属的几个士兵更给他平添了不少的威风。芬尼跟其中一个名叫斯坦利·鲁宾特（Stanley Rubint）的年轻士兵尤其要好，法国南部的一次任务让他们成为生死之交。

在那次前往尼斯搜集当地报章杂志的途中，芬尼踩上了一颗地雷。虽然接下来的几个月他被伤痛折磨，但万幸的是他没有被伤到要害。[1] 78-79

感恩节那天，芬尼获得了回报。在法国科研人员的指引下，他在一家事务所里发现了一大批法国专利，其中涉及火箭和喷气推进等相关领域。在当天寄给妻子的信中，他兴奋地写道："这是我到巴黎以来最好的一次收获"。[1] 78

几天后，一直在华盛顿总部掌控全局的弗雷德里克·基尔戈（Frederick Kilgour）专程赶来，把欧洲地区的相关工作人员召集到一起，商量如何开展下一阶段工作。[1] 79

参加这次会议的，除了芬尼和鲁宾特，还有来自伦敦的拉尔夫·卡拉瑟斯（Ralph Carruthers），以及来自葡萄牙的鲁宾·佩耶斯（Reuben Peiss）。而在瑞典工作的阿黛尔·纪伯利（Adele Kibre）没能出席——她担心自己一旦离开瑞典就再也回不去了。[1] 79

斯德哥尔摩站和里斯本站

在战略勤务局研究分析部里，除了地图室和中央信息室之外，还有一个单位也被归入了支援研究室的行列。这个单位不仅很不起眼，而且还有个十分拗口的名字——“国外出版物采访部际委员会”（IDC）。尽管如此，这个委员会却是跟随研究分析部一起，从信息协调官办公室转隶到战略勤务局的几个“元老单位”之一。

据说，从19世纪开始，德国的大学就是世界科学研究的中心。据统计，美国在1939年购买国外图书文献一共花费了150万美元，其中主要就是用于购买德国的公开出版物。随着欧洲和亚洲进入战争状态，原本能够顺畅订购的许多国外文献，尤其是德国的图书报纸和期刊杂志，越来越难以进入美国。等到苏德战争爆发，仅存的一条西伯利亚运输线也彻底中断了。[2] 253-255 [3] 60

国会图书馆馆长阿奇博尔德·麦克利什感到事态严重，于是便在1941年秋天成立了一个名为“资料委员会”的民间组织，然后让自己手下的试验研究室主任哈罗德·拉斯韦尔（Harold D. Lasswell）和兰格尔教授一道，召集有关方面开会商讨如何解决这一共同问题。[1] 38 [4] 15

会议上，有人提议说可以从驻外记者那里获取信息，做成剪报后再用“特急件”空运回美国。但这个貌似新奇的主意只被大家讨论了一阵就没了下文。随后大家便开始讨论另一种方案：由某个机构出面，到国外某些便于运作的地方设置站点，在当地购买文献并就地拍成缩微胶卷，然后再运回美国。[1] 39

平心而论，仅从完成任务角度而言，信息协调官办公室在人员、经费和安全等诸多方面，都更胜国会图书馆一筹，并且麦克利什也认为将此事放在国会图书馆并不合适。目光敏锐的兰格尔很快便说服了多诺万，而他的这位长官再次表现出令人惊叹的执行力，于 12 月 22 日获得了总统的首肯，“国外出版物采访部际委员会”随即正式宣告成立。这个委员会的主要职能是为美国“战争机构”购买所需的国外公开出版物。而实际上，这里所说的“战争机构”的范围十分宽泛，不仅包括国务院、战争部、海军部、财政部、商务部和白宫科学研发处（OSRD），就连国会图书馆这样的单位也在委员会里派了代表。[3] 60 [1] 39 [2] 262

按照设计，部际委员会将在若干个中立的欧洲城市建立站点，资料获取主要通过正常的订购渠道，或者直接在书店和报亭现场购买，如有必要也会借助秘密渠道获取。搜集到的图书资料会在当地被拍成缩微胶卷，以方便运输。[1] 39

委员会常设机构放在研究分析部之下，由研究分析部负责其日常管理和运行，主席一职则由兰格尔兼任。而后，兰格尔又找到他的校友弗雷德里克·基尔戈，请他担任委员会执行秘书，也就是这个机构的实际负责人①。[1] 40 [2] 257-258

基尔戈这一年 28 岁，从哈佛大学毕业后他选择了留校工作，此时正担任着哈佛大学图书馆馆长凯斯·梅特卡夫（Keyes Metcalf）的助理。他喜欢钻研技术，并乐于尝试应用各种新技术，例如他曾经利用穿孔卡改进图书馆的流通系统。而让兰格尔开始注意到基尔戈的，正是他利用缩微技术

---

① 弗雷德里克·基尔戈于 1967 年创办了图书馆界知名的 OCLC 公司。

完成的一个国外报纸库项目。对于缩微技术，基尔戈本人有一种超乎寻常的热情。[5]4 [2]258就在一年前，他还在一本大众杂志上发表文章称：

> （缩微影像术）肯定是自古腾堡（发明印刷术）以来，（人类在）书面文字传播方面（取得的）最为重要的一项进展。[6]25

摆在基尔戈面前的首要任务是尽快让委员会运转起来，可他很快发现委员会的其他成员似乎帮不上什么忙。国会图书馆希望委员会适当扩大搜集范围，不要仅以满足情报需求为限，而国务院则认为委员会在搜集国外报章杂志方面踏入了自己的领地。当讨论到外派人员和配置设备问题时，委员会委员间的争吵甚至到了白热化的程度，各方都想把人员和设备抢到自己手中。结果四个月下来，委员会连一份文献也没有买到。[1]40-41 [2]258

哪怕是在今天，缩微摄影仍被认为是一项技术要求很高的工作。而在当时，尽管这项技术被图书馆界和学术界普遍看好，但掌握这项技术的专家实在屈指可数，因此留给基尔戈的现实选择其实并不多，最后他和兰格尔联系上了尤金·鲍尔（Eugene B. Power），请他给予帮助。[7]178-179

鲍尔在几年前创办了一家名为“大学缩微”（UMI）的公司，该公司据称是“首家开展商业化缩微服务”的企业。值得一提的是，他们此时正在承担一项特殊的缩微任务。由于担心英国最为珍贵的图书馆馆藏有可能毁于战火，在洛克菲勒基金会的资助下，美国学术团体委员会启动了“不列颠手稿计划”，对一些重要藏品进行缩微复制，具体技术工作就交给了这家“大学缩微”公司。[8]23，25 [9]28-29 [10]288

经过近一年的摸爬滚打，鲍尔对于如何在海外开展缩微工作积累了丰富的实践经验。他提醒基尔戈，保持操作过程的准确性和一致性尤为重要，并且实际工作中经常会碰到这样或者那样的故障，需要尝试各种方法，才能把出现的问题解决掉。[1]41

与此同时，基尔戈和兰格尔还与英国人取得了联系。他们发现，就在不久前，英国政府根据前期专业图书馆与信息机构学会（ASLIB）的调研结果，决定在不增加引进品种和数量的条件下对敌国科技期刊进行缩微复制，以解决众多图书馆因为战争而共同面临的文献搜集问题。这项任务由专业图书馆与信息机构学会负责落实。[1]41 [11]147 [12]187

1942 年 4 月 2 日，鲍尔以部际委员会非正式员工和国会图书馆特派代表的双重身份抵达英国。美英双方一拍即合，由鲍尔提供相关专业设备，立即在伦敦组建“缩微服务处”（AMS），对搜集到的科技期刊进行缩微复制。复制时会针对每份期刊同时制作三套胶卷，一套空运到华盛顿，一套由专业图书馆与信息机构学会留用，另一套送到鲍尔的“大学缩微”公司开展服务。同时寄往华盛顿的，还有缩微服务处拍摄的一套国外报纸胶卷，这些报纸由英国信息部（MOI）负责搜集，专业图书馆与信息机构学会和“大学缩微”公司对此不感兴趣。到了4月底，第一批2100英尺的胶卷胜利送达华盛顿，国外出版物采访部际委员会终于有了实际的工作成果。[10]288 [8]30 [11]148 [1]41-42

与英方的合作关系看上去相当牢靠，但多诺万却仍然认为，部际委员会应当在国外建立自己的工作网络。当鲍尔把阿黛尔·纪伯利引荐给他的时候，多诺万曾希望这位“年轻又漂亮的，研究古典问题”却“喜欢纵谈国际阴谋”的女学者能够去里斯本，可惜葡萄牙当局拒绝给她派发签证，失望的多诺万只能另作打算。[1]43

早年的阿黛尔，曾通过一篇中世纪语言学论文获得了芝加哥大学博士学位。但是和那个时代的许多女性一样，她无法在学术界立身，只能靠着替大学教授拍摄欧洲图书馆里的善本和手稿养活自己。对阿黛尔而言，这份“工作”倒是有两个好处，一个是可以在欧洲各处游历，她借此机会走访了许多图书馆，其中包括著名的梵蒂冈图书馆；另一个，便是她成为了照相器材操作方面的行家里手，对于缩微设备也很熟悉。正是凭借自己娴熟的摄影技术，她得以结识尤金·鲍尔，并且从他那里获得了一份兼职工作。值得一提的是，阿黛尔·纪伯利在欧洲所做的缩微工作，在1941年美国图书馆学会（ALA）年会上都有过报道。[1]42-43 [13]44

1942年6月，阿黛尔来到伦敦稍事停留，并接受了更多的缩微培训。不久她便去了苏格兰，在那里等待了九周，才等到一个合适的时机悄悄潜入了瑞典。8月10日，阿黛尔抵达斯德哥尔摩。[1]43

时至今日，阿黛尔身上还有许多未解之谜。其中最让人感到困惑的，是她能与英国，尤其是与英国情报机构长期保持异常紧密的关系——甚至于她从苏格兰进入瑞典，都有可能是搭乘了英国越洋航线公司（BOAC）专门用来秘密运送敌方报纸的飞机。但毋庸置疑的是，与英方的这种关系对于她在斯德哥尔摩站的工作很有帮助。[14] 7

同样是在斯德哥尔摩，英国方面已经于1940年设立了一个“报刊阅读处”（SPRB），该处的任务是广泛搜集敌方以及中立国家公开发行的报纸，并做成剪报和摘要后通过加密电报和外交邮袋传回英国。在阿黛尔抵达斯德哥尔摩前后，这个报刊阅读处里有大约50名工作人员，并已成为英国开源情报（OSINT）链上的关键一环。[1] 43-44 [14] 77

阿黛尔很快便与报刊阅读处建立起了顺畅的合作关系。当然，英国方面也能从中获益。她从报刊阅读处那里拿到各种报纸，在自己的斯德哥尔摩站里完成缩微拍摄以后，会同时为美英双方各制作一套胶卷，并统一运到伦敦。[1] 44

战略勤务局驻伦敦办事处的工作人员在拿到第一批“货物”时惊奇地发现，斯德哥尔摩站发来的这些胶卷全都未经冲洗。这至少可以说明，这些缩微胶卷在完成拍摄后再也没有人打开过，安全性可以得到保证。而更让他们惊喜的是，冲洗出来的胶卷成像质量非常之好。阿黛尔随后寄来的清单经过了仔细的编辑，将胶卷按照主题和发行国别罗列得清清楚楚。[1] 45-46 伦敦办事处的工作日记里于是出现了这样一句喜悦之情溢于言表的话：

这还只是惊人成就的一个开始。[1] 46

在阿黛尔看来，无论他们与英国人的关系有多好，在斯德哥尔摩站手里也不能仅有这一条渠道。因此她在当地积极活动，拓展更多的渠道。除了通过正常途径订购报纸杂志和到各家书商那里串门外，她还联系上了一些同情同盟国的学者，并借助他们从相关机构和院校偷偷借出了许多资料，其中就有《1943 年德国工业指南》。这是一份德国制造商和工厂的详尽目录，有厚厚的一大本，被德国人列为机密，对于美国的相关机构而言当然就是极为难得的宝贝了。基尔戈告诉阿黛尔，有家单位称赞说，拿到这份资料是“一次真正的胜利”，末了他还补了句“这是您的胜利”。[1] 45-46

不过在更多的时候，无论是坐镇华盛顿的基尔戈，还是伦敦办事处的研究分析主管艾伦·埃文斯（Allan Evans），都对阿黛尔以及她的斯德哥尔摩站充满疑惑，因为阿黛尔从不透露自己具体的工作细节。[1] 44 于是，大约在 1942 年年底时，基尔戈给她寄去一封信，话语之间难掩一丝无奈：

我希望您某天能给我写封信，详细说说斯德哥尔摩站内部的结构，以及和您一起工作的那些人员的情况，不要怕啰唆。[1] 44

结果依旧令基尔戈失望。一直到最后，他都不能非常确定“斯德哥尔摩站是怎样获得那些出版物的”。身处大后方的基尔戈可能无法理解此处环境的严酷，任何泄露都可能以生命作为代价。阿黛尔如此谨慎是有原因的。她曾经从抵抗组织那里得到过一些照片，在发回美国前她在上面加了一行文字“敌后抵抗者说，搞些破坏很容易！如果被抓，我们失去的不过是自己的生命！”后来经不住上级的软磨硬泡，阿黛尔勉强同意他们让战时信息处发表了这些照片，据说是用来瓦解敌人的士气，但实际上那些地下抵抗人员很快便由于身份暴露而被捕牺牲了。[1] 45-46

在基尔戈管理的国外站点当中，斯德哥尔摩站无疑是最出色的，并且因为阿黛尔的能力和表现而近乎于一种传奇。相比之下，通过另外一些并不耀眼的站点，可能更容易了解到某些尘封已久的真实情况。

如果某个中立城市被战略勤务局看重，那么它也总是会被敌我双方的各种情报机构视为重点。围棋中所谓“敌之要所，即我之要所”，讲的就是这个道理。里斯本正是这样的一个城市。为了避免与北边的斯德哥尔摩站重复搜集，里斯本站主要负责德国南部、捷克斯洛伐克、波兰、奥地利和匈牙利的出版物。但基尔戈在这里建立的站点，自始至终都面临着异常复杂的周边环境。[1] 50

最先被派到里斯本的拉尔夫·卡拉瑟斯，其人来自纽约市公共图书馆，精通缩微工作，但对于里斯本站这种“内紧外松”的工作有些不适应。刚到葡萄牙不久，他就因为和朋友海阔天空地胡侃遭到警告。远在华盛顿的基尔戈并不了解这些“小事”，正打算把他派到马德里去再建一个站点，战略勤务局里斯本办事处主任格里高利·托马斯（H. Gregory Thomas）闻知此事，赶紧发去电报进行阻止。托马斯告诉基尔戈，卡拉瑟斯这个人“安全意识不足，我们不敢让他去那里工作。”[1]47, 64-65

1944 年，卡拉瑟斯被派往伦敦，接替他的人名叫鲁宾·佩耶斯。身材瘦小的佩耶斯来自一个俄罗斯犹太移民家庭，在拿到哈佛大学硕士文凭后因为经济拮据又是家中长子，他不得不停止了继续深造，开始四下寻找工作。在 1938 年秋，佩耶斯作为低级雇员进入了哈佛大学图书馆，得以结识基尔戈，再加上馆长凯斯·梅特卡夫的推荐，他获得了在战略勤务局工作的机会。[15]

佩耶斯发现，凭借自己半生不熟的拉丁文和法文基础，学习阅读葡萄牙文竟然并不太难，但发音实在是个问题。他只好硬着头皮撑了一个多月，才勉强能听说日常用语，工作也慢慢走上正轨。然后他便开始在各地出差，寻找可供购买的图书资料。[1]47

佩耶斯以及里斯本站的其他工作人员向当地人进行自我介绍的时候，只说自己是替美国国会图书馆以及其他官办图书馆收集文献资料。基尔戈深知自己的属下大都是再普通不过的图书馆员。他一再告诫他们：“部际委员会的外派人员只做部际委员会（该做）的事情，所有政治、经济、文化以及其他（情报）报告是别的部门的事情，不要去碰。”事实上，基尔戈的这些属下都没有代号或者化名，一直都使用自

己的真实姓名开展工作。佩耶斯前往西班牙马德里和巴塞罗那购买出版物时便是如此。[1] 50, 62

当然，佩耶斯向来十分谨慎，从来不敢大意。当时在里斯本有不少德国人开的书店，在请示过上级，确认了以公开身份到这些书店里买书不会有泄密的危险之后，佩耶斯才放心前往。不仅如此，里斯本站里所有的缩微工作都由美国人自己动手，从没有聘用当地人来干。不过由此也带来一个问题：如果某些工作人员不熟悉缩微操作，拍出的胶片就很可能非常糟糕，按照基尔戈的说法，这些胶片“就像是在暴风雨中拍摄的”。[1] 52, 60, 62

据统计，到 1942 年年底，基尔戈的海外站点通过缩微胶卷传回了 13.7 万页各类国外出版物，这些资料后来被美国国内的相关单位复制了 120 万页。平均每年会有 27 万份文献，通过这些海外站点，传到研究分析部中央信息室编目和标引人员手中。但随着战争局势扭转，虽然盟军逐步占得上风，海外站点经营的工作网络却日渐断裂，文献搜集工作越来越困难。即便最为优秀的斯德哥尔摩站，到 1944 年秋，也无法搜集到德国的技术资料了。[1] 47, 59 [16] 293

树丛任务

1943 年 7 月 8 日，纳粹政府的科学顾问鲁道夫 · 门采尔（Rudolf Mentzel）向戈林报告说，德国人过去几个月在核物理方面“取得了显著进展”，他坦承“这些成果短期内还不

能变成实际可用的发动机或者爆炸物”，但他确信美国人在这个方面不会领先。[17]5-6

门采尔掌握的情报并不是非常准确，也幸亏如此。事实上，就在1942年12月，恩里科·费米（Enrico Fermi）①在芝加哥大学建成了世界上首个核反应堆，成功实现了人类历史上首次自持核裂变链式反应。白宫科学研发处处长万尼瓦尔·布什（Vannevar Bush）②就此专门写信向总统报捷，并认为“具有强大军事威力的”原子弹将“很有把握”被制造出来。[18][19]1, 10-20[20][21]203

自打担任美国“曼哈顿计划”总指挥的第一天起，格罗夫斯（Leslie R. Groves）少将就一直担心德国人会抢先于美国研制出核武器。1943年9月，英美联军在意大利半岛南部登陆。格罗夫斯感到这可能是了解纳粹核计划的一个难得机会，而万尼瓦尔·布什也对此表示完全赞同，并且愿意提供可能的帮助。[22]280[23]185

于是，格罗夫斯找到陆军分管情报的助理参谋长乔治·斯特朗（George V. Strong）少将，商量如何把这个机会变为现实。

陆军参谋部在一年半前进行了一次调整，陆军军事情报局被改编成机关，编制压缩到26人，其中军官只有16名，具体的情报业务由新组建的军事情报部（MIS）完成。从表面上看，这是一次剧烈的调整，但实际上军事情报局和军事

① 恩里科·费米于1945年当选美国国家科学院院士。
② 万尼瓦尔·布什于1934年当选美国国家科学院院士。

情报部的区分大多只落实在纸面上。同时兼任情报局长和情报部长的斯特朗少将，手里一直有两张组织结构图，一张用来哄参谋长乔治·马歇尔上将开心，另一张才是实际管用的机构安排。[22]280-281 [24]63-64

斯特朗很快和格罗夫斯商量妥当，组建一个由科研人员和军人构成的特种情报任务组进入意大利，对敌方尤其是纳粹德国开展的科研活动进行调研。这一计划当即获得了马歇尔将军的批准。不知道是不是一种故意，斯特朗挑选了一个希腊单词“树丛”（alsos）作为任务代号，而“格罗夫斯”这个姓氏的英文字面含义就是“树丛”。所以，当某个懂希腊语的同僚告诉格罗夫斯这个代号含义的时候，他不禁又气又恼，想让斯特朗改掉这个碍眼的代号，可又转念一想，更改代号看似小事，却可能成为安全隐患，于是他只能强压怒火，当作什么都没发生。[22]281 [23]190-191

格罗夫斯挑选了情报能力突出的帕什（Boris T. Pash）中校担任任务负责人，白宫科学研发处、陆军和海军一共选派了4名科研人员参与行动。12月下旬，任务组一行14人抵达意大利。他们在那不勒斯、塔兰托和布林迪西等地查看缴获的技术文献，并且与当地的科研人员面谈。[22]282

“树丛任务”的任务组（下简称“‘树丛’任务组”）很快发现，在意大利南部很难找到有关意大利北部以及德国科研情况的信息。他们料想也许到了罗马情况会好一些。可是盟军北上的战斗并不顺利，跟随美国第5集团军进入罗马看来遥遥无期，而从敌后把意大利重要的科学家带出来暂时也

不现实，于是任务陷入了停滞。[22] 281-282 [23] 193

任务组里的科学家们建议，等到盟军在欧洲开辟新战场后再作打算。在 1944 年 3 月初，绝大部分任务组成员回到了美国，帕什中校则去了英国，以为后面的行动作些准备。不过，他们提交的报告还是让格罗夫斯非常高兴。[23] 193-194 多年以后，他还在自己的回忆录中引用了报告的这样一句结论：

> 几乎所有获得的证据都显示，德国人在基于原子能的爆炸物方面，尚未开展特定的试验性活动。[23] 194

对于格罗夫斯来说，这是一个好消息。因为这意味着德国人的成果还停留在科学家的手中，如果对标美国，那就还处于 1942 年夏天前，当时美国陆军还没有从白宫科学研发处接手原子弹研制任务，换句话说，德国人仍处于原子能研究阶段，尚未进入技术开发和武器研制阶段。然而格罗夫斯十分清楚，“树丛任务”第一阶段得出的这个结论，还需要更为坚实的证据佐证才能让人放心。[22] 282 [23] 194

几乎在“树丛”任务组登陆意大利的同一时间，格罗夫斯在伦敦组建了一个办事处，办事处主任是他手下的安全主管霍瑞斯·卡尔弗特（Horace K. Calvert）上尉。在 1944 年的头几个月，伦敦办事处的主要任务是全面搜集德国原子能活动的背景信息，包括科研队伍情况、物理实验室和工业设施的具体情况，以及铀矿和钍矿的开采和储备情况，涵盖了研制原子弹的三大要素，是下一阶段“树丛任务”的三类情报目标。办事处的信息源主要有三个：一个是跟踪德国的物理学期刊，另一个是与流亡英国的科研人员进行座谈，再有就是利用定期航空侦察所拍摄的照片。等到这一年夏天重启“树丛任务”，卡尔弗特已经准备好了一份调查目标清单。据格罗夫斯回忆，情报人员每天都会对照这份目标清单扫描德国报纸，不久便掌握了目标清单上绝大多数重点人员的最新地址。[22] 282-283 [23] 194-198 [25] 658-659

在华盛顿方面，格罗夫斯做通了新上任的助理参谋长克雷顿·比斯尔（Clayton L. Bissell）少将的工作，一个新的任务组于 1944 年 4 月 4 日正式成立，组长依旧由帕什担任。军口和民口的科研人员分别由格罗夫斯和万尼瓦尔·布什来推荐，情报和管理人员则由比斯尔选派。任务组增设了一个科研组长，由来自密歇根大学的物理学家哥德斯密（Samuel A. Goudsmit）① 担任。[23] 207 [22] 285

哥德斯密出生在荷兰，大学生涯在欧洲度过，导师是带有悲剧色彩的物理学家艾伦费斯特（Paul Ehrenfest）。哥德斯密和同学乌伦贝克（George Uhlenbeck）于 1925 年共同提出了“电子自旋假说”。移民美国后他曾多次回访欧洲，对于那里顶尖的物理学家和科研中心都不陌生。哥德斯密的犹太人身份，使得人们普遍相信他反对纳粹的立场坚定，甚至他没有参与“曼哈顿计划”也被看作是参与“树丛任务”的一个优势——即便他不幸被敌人抓获，也不可能泄露美国核

① 哥德斯密于 1947 年当选美国国家科学院院士。

武器计划的任何秘密。[22]285 [26]3-14 [27]535-536

在“树丛任务”第二阶段正式开始之前，还发生了一个小插曲。正在伦敦的帕什突然听说，盟军将于6月4日进入罗马。他立即放下手上的其他事情，动身前往意大利。但调查的结果与上一次相差不多，证据依然不够充分。[22]282

哥德斯密周围聚集了三十多个科研人员。他们在雷恩大学的收获不大，在阿克威斯特（L'Arcouest）也没能找到约里奥-居里（Joliot-Curie）①。8月25日，“树丛”任务组跟随法国第2装甲师和美国军队，作为第一批解放者进入巴黎，帕什和卡尔弗特等人没费多大力气便在法兰西公学院的实验室里“发现”了这位大科学家。[28]725 [22]286 [29]62-64, 69-70

接下来任务组了解到有好几位德国科学家曾经使用过约里奥-居里实验室的回旋加速器和其他一些装置，但约里奥并不清楚德国人在原子能方面具体进展到了什么程度。这个消息让大家顿时紧张了起来。[22]286 [23]213-214 [17]34-35

不久，任务组从比利时的上卡坦加联合矿业公司那里获知，该公司曾经把铀矿石运往德国，此刻在比利时境内就有一批，另有一些铀矿石被运往了法国。顺着这条线索，任务组在比利时和法国分别查获了68吨和30吨铀矿石，这些矿石后来被辗转运回了美国。[22]286-287 [23]218-219

任务组知道，德国的核研究活动最早集中在柏林的威廉皇家研究院（KWI）物理研究所。从1943年开始，面对盟军

---

① 约里奥-居里于1935年获诺贝尔化学奖。

日益加重的轰炸压力，德国人把这些单位转移到了符腾堡地区。除此之外，德国战俘还交代说，柏林以北的奥兰宁堡可能也有一座处理钍和其他矿石的工厂。[22] 287

任务组首次见到来自德国的核科学家，是在德法边境的斯特拉斯堡，时间则是 1944 年 11 月。透过这些科学家的陈述以及缴获的文献资料，纳粹核计划的总体脉络才在任务组面前逐渐清晰了起来。[22] 287 [23] 221-223

事实上，纳粹德国的核研究计划始于 1942 年，但一直没有跨出研究阶段。也就是说，“树丛任务”第一阶段得出的基本结论是准确的。当纳粹首脑得知研制核武器存在可能，想要增加核计划的经费投入，研究人员们却以技术远不成熟为由婉言拒绝。到 1944 年，德国人已经能制造出反应堆所需的金属铀，但他们还没能找到有效实现铀浓缩的方法，也还没能实现核裂变链式反应。[22] 287

在常人看来，任务组在斯特拉斯堡获得的信息已经非常确凿，但格罗夫斯以及盟军的高级将领们却仍不放心，他们担心“树丛”任务组发现的这些“证据”可能是敌人故意施放的烟幕。为彻底消除后患，任务组里有军官提议干脆将符腾堡地区所有可疑地点统统炸掉，好在他们这个鲁莽的想法当即就被小组里的科研人员阻止了。[22] 287

根据在斯特拉斯堡掌握的情况，科研人员确信，之前怀疑过的奥兰宁堡核设施，的确是一座生产金属铀和金属钍的工厂，而按照协定，那一地区很快将被苏军控制，任务组不可能去那里开展实地调查。所以当格罗夫斯提出炸毁这座核

设施的时候，大家全都表示赞成。[22]287-288 [23]230 [30]509-602

格罗夫斯首先征得了参谋长马歇尔的同意，然后派人与美国驻欧洲战略航空军（USSTAF）司令斯帕兹将军联系。1945年3月15日下午，第8航空军出动612架轰炸机，在半个小时内投下了1300吨炸弹和燃烧弹，将奥兰宁堡核设施彻底摧毁。执行轰炸任务的官兵只知道那里是敌方一个铁路枢纽，旁边还有一个飞机制造厂。他们不知道的是，许多他们当年投下的炸弹，至今没有爆炸。[22]288 [23]230-231 [31] [32]743

进入德国以后，“树丛”任务组在海德堡获得了一次“大丰收”。他们查获了大量高价值的文献资料，缴获了一批重要的核设备，其中包括一台回旋加速器，更值得一提的是，他们俘获了瓦尔特·博特（Walther Bothe）①、理查德·库恩（Richard Kuhn）② 等一批顶尖科学家。库恩主动找到任务组，告诉他们德国化学学会把学会图书馆的藏书藏进了一座盐矿，令美国人惋惜的是这座盐矿位于苏军控制区内。从他们口中，任务组还打听到其他一些重要核科学家的下落，以及一个重要研究基地的具体位置，这些目标都位于符腾堡地区，但靠近法军控制区的中心。[22]288 [23]231-233

由于之前与法国科学家约里奥-居里发生过某种不愉快，格罗夫斯认定，只要是苏联人可能感兴趣的东西，就绝不能交给法国人——因为苏联人迟早会把法国人掌握的那些东西搞到手。格罗夫斯希望能由国务院出面，与法国人重新商量

---

① 瓦尔特·博特于1954年获诺贝尔物理学奖。

② 理查德·库恩于1938年获诺贝尔化学奖。

双方控制区的边界，把符腾堡地区的这些核设施所在地“悄悄”划归美国。没想到国务院方面一再坚持需要在谈判前掌握所有相关情况，而这是“曼哈顿计划”的保密要求所不允许的。就在双方争得不可开交的时候，“树丛”任务组并没有停下脚步。他们在斯塔蒂尔姆小城发现了威廉皇家研究院物理研究所的一部，起获了大批技术资料，并且缴获了低温反应堆和重水装置的部件，外加 8 吨铀矿石。尽管实验室里职位显赫的科学家已经被疏散，但任务组仍在这个城市里找到了许多中初级研究人员。[22]288-289 [23]233-235 [33]56-57

1945 年 4 月 5 日，军事部长史汀生和参谋长马歇尔批准了格罗夫斯的计划：“树丛”任务组要抢在法军到来之前进入符腾堡地区，在当地对德国核科学家进行讯问，把有用的文件资料带回来，在撤退前摧毁所有发现的核设施。这就是所谓的“避难所行动”(Operation HARBORAGE)。[22]289 [23]234-235

4 月下旬，“树丛”任务组在友军的配合下，相继占领了黑欣根、比辛根和泰尔芬根等所有疑点小镇。[22]290

任务组的科研组长哥德斯密后来这样描述他们当时在这些地区的发现：

> 德国核设施的规模实在小得有些荒唐。集中在黑欣根的那一组实验室，不过是一个小型的地下洞穴，外加一家小型纺织厂的一部分，以及一个老旧啤酒厂的几间屋子。当然，实验室里装备精良，但与美国的装置相比，(尺寸)实在太小了。我们有时候甚至怀疑，美国政府在

我们这个情报任务上花的钱，要比他们在整个核计划上花的钱还多。[22] 290 [17] 106,108

除了实验室和实验设备之外，任务组还找到了重水、金属铀立方等实验材料，以及许多重要的科研档案。不过所有这一切，相比于他们找到的科学家而言，都显得无足轻重。事实上，任务组在这里抓获了1938年发现核裂变现象的奥托·哈恩（Otto Hahn）①和弗里德里希·施特拉斯曼（Friedrich Strassmann），以及马克斯·冯·劳厄（Max von Laue）②、卡尔·沃茨（Karl Wirtz）、卡尔·冯·魏茨泽克（Carl von Weizsacker）等顶尖物理学家。利用符腾堡地区获得的线索，"树丛"任务组最终在巴伐利亚俘获了纳粹核计划的首席科学家沃纳·海森堡（Werner Heisenberg）③，以及管理负责人瓦尔特·格拉赫（Walther Gerlach）和科特·迪布纳（Kurt Diebner）。[22] 290 [17] 101 [23] 240-244

说起来，哥德斯密积极投身这次秘密任务，多半还有一点个人缘由：他的父母在德国入侵荷兰前几天刚刚拿到美国签证，但最终没能离开荷兰，双方断断续续的书信往来一直持续到1943年初，然后他的父母便音信杳无。1945年9月一个天色暗沉的周末，哥德斯密回到海牙，找到了他和父母曾经共同生活多年的地方，然而那儿却已是人去楼空，一片

① 奥托·哈恩于1944年获诺贝尔化学奖。
② 马克斯·冯·劳厄于1914年获诺贝尔物理学奖。
③ 沃纳·海森堡于1932年获诺贝尔物理学奖。

狼藉。直到后来，他才在纳粹集中营整齐有序的档案里找到了父母最终的下落。[26]14 [34]19-23 [35]320

T字部队

对于“树丛”任务组的行动模式，哥德斯密有过这样的总结：

> 科学家的任务是获取并分析所有与德国科学研究相关的信息。他们从这些信息当中推断出，在敌人的地盘上有哪些重要地点、重要机构、重要建筑物、重点人员，可为我们提供所需的信息。接下来便是帕什和他手下的任务了。他们要在其他人赶到之前，保证我们能到达那些地点和接触到那些人员。此外，他们还要把美军和英军其他单位搜集到的相关情报提供给我们。[33]58 [17]18

无独有偶，在一份题为《对德国研发情况开展调查》的报告当中，英军参谋长委员会（CSC）明确提出情报调查团队应该分为两类小组，其中“封存与掌控组”完成对敌方特定情报目标的控制和保护，“敌方技术调查组”则负责对已被控制的敌方目标展开彻底的调查。报告还指出，由于各种原因，原始调查计划很可能存在重大遗漏，这就需要“敌方技术调查组”根据现场发现的新线索对计划进行补充，并且由“封存与掌控组”迅速对这些新目标进行控制和保护。要

做到这一点，“敌方技术调查组”应由“能力突出的科学家和技术人员”组成。[33]71-72

种种迹象表明，英军的这份略显粗糙的报告后来成为欧洲盟军总司令部（SHAEF）实施技术情报调查行动的初始框架。诺曼底登陆行动开始后的第 7 天，也就是 1944 年 6 月 12 日，盟军总司令艾森豪威尔给英美参谋长联合委员会发去一份电报：

> 英美两军有必要组建一个联合机构来解决两军（共同面临）的技术情报问题，范围包括（敌方）具有军事意义的物资、人员和信息。它们或者对于盟军行动具有重大价值，或者会对未来构成潜在威胁，盟军应当立即采取行动把它们掌控住。[33]74

这个新机构负责编制情报目标清单，对清单上的目标实施封存和控制（这相当于“封存与掌控组”），同时派人去评估目标，最后把产生的情报调查报告分发给相关单位（这相当于“敌方技术调查组”）。这样一套流程让参谋长联合委员会想到了“树丛任务”。此时的“树丛”任务组刚刚完成重建，但他们的运行模式以及他们在意大利的初次表现，给许多人留下了深刻印象。[33]74

英美参谋长联合委员会注意到，经美军参联会正式批准重建的“树丛”任务组，其基本职责是全力获取“所有可以得到的敌方科学研发情报，尤其是与军事应用相关的研发情报”，这个范围其实相当宽泛。于是，他们向盟军总司令部建议说，可以请任务组为新机构提供美方代表名单，不料总司令部回复说，“树丛”任务组的权责范围太过狭窄，不堪使用。[33] 74 [22] 286

总司令部的主要将领知道，尽管文字表述非常宽泛，但实际上“树丛任务”的工作目标还是比较具体和明确的，那就是“发现和分析德国的核研发情况”。这个任务配置的人员不多，也在客观上使得他们不可能对其他领域进行更为深入的情报调查。事实上，任务组对于细菌战、导弹和近炸引信等领域也有所关注——后来有些学者热衷于讨论他们在这些领域的发现——但那些领域从来没有成为“树丛任务”的焦点。事实上，在任务组提交的近400份调查报告当中，只有一份报告的主题是生物战。“树丛任务”的目标非常明确并且任务范围比较合理，这可能是该任务获得成功的一个重要原因。[22] 286 [36] 2-5 [37] 509-510

最终，参谋长联合委员会扩充了新机构的代表组成，英国和美国各有七个政府部门和单位派出了代表。美国方面有国务院、白宫对外经济管理处（FEA）和科学研发处、战略勤务局，以及海军、陆军和陆军航空兵的情报单位。至此，情报首要任务联合委员会（CIPC）算是组建完毕，然而这个安排事后来看有点过于仓促。委员会成立还不到两个月，便在8月22日宣告结束使命，主要人员和绝大部分职责都被转入了英美情报联合委员会（CIC）新成立的情报目标联合分委员会（CIOS）。虽说是联合分委员会，但英美两个部分泾渭分明，其中英国小组在日后演变成为“英国情报目标分委员会”（BIOS），而美国小组则构成了日后“工业技术情报委员会”（TIIC）的主体。[33]74-75, 268 [38]4 [39]95 [40]79 [41]26

从“情报首要任务”到“情报目标”，从“委员会”到“分委员会”，英美参谋长联合委员会的这些动作乍看起来让人眼花缭乱，但其实主要都是在理顺对外组织关系，因此不论挂牌是叫“情报首要任务联合委员会”，还是叫“情报目标联合分委员会”，机构的内部结构一直保持相对稳定，主体均由相关政府部门和单位派出的代表构成，他们的主要任务是编制情报目标清单。此外，机构另设有一个负责完成事务性工作的秘书处，该处最初只有两名军官，后逐渐增加到 25 名军官，另配有士兵和速记人员 58 人。[33]75 [40]79

盟军总司令部知道，参谋长联合委员会所进行的这些调整，并不会对刚布置下去的任务带来实质性的影响——7 月 27 日，美军第 6、第 12 集团军群，以及英军第 21 集团军群等单位接到了命令，要求他们抽调力量组建自己的“情报目标”（Target）部队，简称“T 字部队”（T－Force）。这些部队大体相当于前面提到的“封存与掌控组”，队伍里除了战斗人员，还有情报人员、战俘审问人员、翻译、工程人员和拆弹人员。所有“T 字部队”人员的头盔上都印有一个鲜红的大写字母“T”，这样一旦上了战场，他们可以很容易被辨认出来。[33]72-73 [1]70 [42]435 [36]34

“T 字部队”并非总是单独行动。例如，在“避难所行动”期间，盟军总司令部就给“树丛任务”增派了一支“T

字部队”作为支援。队伍中有20多名美国和英国军官、15名士兵和8名反情报特工，此外还有5名科研人员。他们属于美军第6集团军群，但是在行动期间归“树丛任务”任务组组长帕什统一指挥。[22] 290

不过这类额外的增援任务并不太多，因为“T字部队”本身的任务就已经非常繁重。在1944年8月发布的“黑色目标清单”中，情报目标联合分委员会一共列出了1118个目标，其中一级优先目标有167个，二级和三级优先目标分别有271个和680个。这些目标除了标明所在的国家和地区，还给出了一个或多个类别，既有类似于“定向或遥控导弹”“化学战”这样的军事条目，也有类似于“冶金”“物理和光学仪器设备”这样的通用条目。此外，他们还标出了目标的类型，例如“文献和人员”或者“仪器和设备”。这样做的目的，只是为了更好地找到熟悉这些领域或者熟悉相关工作的调查专家。[33] 78

不过，对于某些目标，由于事先了解的情况不多，清单上的信息比较笼统和含糊，只能靠“T字部队”和调查专家到现场去摸索了。再加上随着战争形势越来越有利于盟军，德国人加快了转移重要科学和技术设施的步伐，原本准确的目标信息也可能已过时。总之，随着调查的展开和深入，这份清单一直处于不断变化和充实之中。[33] 77 [1] 81

1944年8月底，“T字部队”和情报目标联合分委员会在巴黎进行了一次“首秀”。负责这次行动的第12集团军群“T字部队”有15支目标小组（target team），他们在巴黎解放当天就到达了这里。但忙中总会出错，在这次行动中，60 位调查专家中有 8 位没能按时赶到事先指定的诺斯霍特空军基地，而那些上了飞机的专家，也有不少人懵懵懂懂，不知道自己为什么要去巴黎。等他们到了目的地，又花了好几个小时才跟自己所在的部门和单位联系上。[33] 80 [43] 7

三天后，行动正式开始。分在某支文献小组的战略勤务局人员发现，自己所在的这支队伍经常慢半拍，“（就算是）德国人没有带走的东西，也已经被法国人征用了”。不过，调查专家在进展报告中还是颇为乐观地总结说“总体而言，这次任务胜利完成”。巴黎“T 字部队”负责人哈罗德 · 利昂上校（Harold Lyon）也在总结报告里描绘说：经过十一天的行动，“搜集到的文献堆成了一座山”。为了应对这一情况，盟军总司令部情报局文献处在总部所在地凡尔赛快速搭建起了一个巨大的仓库，各路人马收缴的图书资料都被临时存放在那里。[1] 68, 77 [33] 80

战略勤务局稍后又派出了一支小分队，继续在巴黎上百个目标地点搜索文献出版物，这其中有许多地点已经被“T 字部队”造访过，但幸运的是“T 字部队”来去匆匆，把绝大多数主题较为宽泛但具有战略意义的文献“送”给了后来的战略勤务局小分队。[1] 77

经过几周的紧张工作，小分队的收获也十分惊人。他们获得了大量“德、法、日、俄文期刊”，搜集到大量德国人在过去四年里公开出版或者内部发行的文献资料，其中包括“地图、信函、资产清单、个人文件、军政密令、年鉴、厂商目录和电影胶片”。到11月底，小分队开始抱怨“人员不足”和“超负荷工作”，但眼看着自己搜集的资料一眼望不到边，他们的亢奋之情又溢于言表。[1] 77

战略勤务局小分队可能并没有注意到，他们此时正在做的许多事情，并不符合“对盟军行动具有重大价值”这一标准，也没有局限在“黑色目标清单”的范围之内。这种扩大搜集范围的倾向，同样反映在了情报目标联合分委员会正在酝酿的另外一份“灰色目标清单”当中。

所谓的“灰色目标”，按照情报目标分委员会的解释，与“黑色目标”相比，更具有经济、工业、商业或者政治意义，其“纯军事价值”可能反在其次。如果说“黑色目标”把重点更多地放在“新型坦克、雷达或者喷气式飞机等成形的产品”上，那么“灰色目标”则更看重“工业技术、方法和工艺诀窍”。并且，“为了打碎德国的军事机器”，图书馆和档案馆也都被列为重要目标。显然，“灰色目标”范围更为宽泛，数量成倍增加。据情报目标分委员会估计，“灰色目标”最终将超过1万个。不过，这份“灰色目标清单”最后并没有完成，而是在1945年5月与“黑色目标清单”合二为一。[33] 78-79 [44] 31 [38] 9

截止到1944年底，“T字部队”一共调查了115个锁定目标，情报目标联合分委员会为这些调查任务派出了197名专家。等到第二年夏天“T字部队”的行动大体结束，他们先后调查了3377个目标，共有1876名专家参加了行动。有专家估计，在“T字部队”完成的所有任务当中，有90%针对的是工业和技术目标。可能由于这个缘故，“T 字部队”和情报目标联合分委员会的成立初衷似乎变得不太清晰也不太重要了，有些人更愿意把他们描绘成一种单纯用于经济战的工具。[33] 86, 93 [44] 31

在“黑色目标清单”上，“合成燃料与润滑油”的排名十分靠前，可是由于种种原因，直到 1945 年 2 月，第一批调查专家才在威尔伯恩·施罗德（Wilburn C. Schroeder）的带领下踏上征途。所有人都临时套用陆军上校军衔，军装、证件一应俱全，而他们所承担的“石油技术任务”（TOM）也成为“T 字部队”最后完成的几项任务之一。[40] 82-83

专家们挤在一辆卡车里，心情就像这车一样，一路颠簸起伏。他们原本对鲁尔地区抱有很大希望，因为据说那里有鲁尔化学公司的好几家大型研究设施，还有威廉皇家研究院煤炭研究所，结果却扑了个空，这里的技术资料几乎全部消失了。直到后来他们才通过审讯获得线索，在巴伐利亚城堡中找回了成吨的失踪资料。[40] 85

4 月 28 日，“石油技术”任务组抵达法兰克福法本公司（I. G. Farbenindustrie）总部。园区内六座大楼通过飞廊连接成了一个圆弧状的整体，颇为神奇的是，这座庞然大物竟然逃过了战火，近乎完好无损。但专家们很快就发现，园区已经变成一万多名无家可归者的临时庇护所。这些可怜的人把胸中的怨气和怒气都释放在排列整齐的文件柜上，于是房间里、走廊上、楼梯间里到处都是散落的纸张。[40] 86 [45] 58

任务组好不容易才把这些文献资料收拾归拢到一起，但随后赶来的盟军最高司令部先遣队却宣布要征用这个园区，并且要把这里的资料统统销毁。万幸的是任务组争取到几天时间，“动用了两百多德军战俘、三百多法本公司的员工，以及两辆货车”，把三四百吨的资料搬到了隔壁一家银行的大楼里。[40]86-87 [45]59-60

在情报目标联合分委员会的最终报告里，他们把“石油技术任务”缴获的法本公司文献和专利，看作是与审讯纳粹德国装备和军工部长阿尔伯特·施佩尔（Albert Speer）同等重要的成绩。[40]87

从法本公司缴获的这些资料，以及其他被“T字部队”收缴的资料，统一经由盟军总司令部情报局文献处在现场粗略筛选，之后被运往伦敦，再经过英美联合军事情报研究处（MIRS）进行第二轮挑选，挑出重要资料拍成缩微胶卷运回美国。情报局文献处以及军事情报研究处对图书和报刊并不重视，他们通常会把这类资料转交给“国外出版物采访部际委员会”伦敦办事处。而对于部际委员会而言，“从盟军总司令部情报局文献处到军事情报研究处，已经有了一条顺畅的（文献搜集）渠道”。[40]88 [1]83 [44]22

充沛行动

“树丛任务”第一阶段的行动计划，是由美国陆军航空兵（AAF）分管情报的助理参谋长克雷顿·比斯尔具体拟制的。他请求航空兵司令阿诺德（Henry H. Arnold）将军派遣相关人员参与调查，但被阿诺德将军否决了。到了“树丛任务”的第二阶段，比斯尔已经升任陆军分管情报工作的助理参谋长，他向接替他陆军航空兵助理参谋长位置的托马斯·怀特（Thomas White）准将发出同一邀请，但也遭到了准将的回绝。[46]81-82 [47] [48]126

陆军航空兵拒绝参加“树丛任务”的背后原因很复杂。陆军参谋部在 1942 年 3 月进行结构大调整时，明确了航空兵情报单位的职责，要求他们“紧密围绕航空技术威胁和战术威胁开展研究”。一年多以后，为了协调盟军对轴心国的航空情报问题，英美参谋长联合委员会商定，欧洲战区的航空情报主要由英军负责，美军负责的是太平洋及远东地区的航空情报——实际上交给了美国海军。换句话说，无论在哪个战区，陆军航空兵都不是盟军航空情报的牵头单位。不仅如此，他们还要为海军即将组建的航空技术情报中心（TAIC）提供人力支撑。这样一个局面，至少可以从某个侧面反映出此时陆军航空兵情报力量在盟军以及美军内部情报体系中的位置。[24]63-64 [46]48-49 [49]173

在陆军航空兵的高级将领看来，以弱势身份参与“树丛任务”不是什么好主意，更何况这个任务的主题相当明确，他们即便积极参与也很难有大的作为和收获。[46]82

1945 年 3 月 31 日，德国试飞员汉斯·费伊（Hans Fay）驾驶一架 Me-262 飞机向美军投诚。这让美国驻欧洲战略航空军情报主管乔治·麦克唐纳（George McDonald）准将喜出望外。要知道 Me-262 是当时最先进的喷气式飞机，被陆军航空兵视为最重要的情报目标之一。就在3月3日，50多架Me-262和Me-163与美军轰炸机群相遇，结果在轻松击落美军3架轰炸机和6架护航的P-51战斗机后扬长而去。在几天后的另一场遭遇战中，39架Me-262又令美军损失了5架战斗机和24架轰炸机。在两次战斗中，德国人都只损失了1架Me-262飞机。因此，陆军航空兵司令阿诺德专门下了命令，要求一旦获得Me-262及其他德国喷气式飞机，不在英国中转，直接送回美国莱特机场。[46] 59-60, 75-76 [39] 20-21

麦克唐纳肯定没想到，自己刚收到上面的命令，德国人就送来了一架完整的Me-262飞机，这个成绩来得太突然也太轻松。他当即向自己的顶头上司、战略航空军司令斯帕兹以及阿诺德报告喜讯。4月15日，他收到斯帕兹发来的备忘录，要求他认真考虑一下如何改进情报搜集工作，尤其是当时欧洲战事即将结束，需要尽快对其后的技术情报搜集工作有所安排。[46] 60

麦克唐纳曾经担任过信息协调官办公室的军方代表，后来被调到斯帕兹手下工作，逐渐赢得了斯帕兹的信任。1944年1月，他跟随斯帕兹来到英国，参与组建美国驻欧洲战略航空军总部。不久，战略航空军总部从伦敦搬迁到巴黎。麦克唐纳抓住这个机会，竭力摆脱对于英军情报系统的过分依赖，同时在斯帕兹面前鼓吹“一体化的情报概念”，试图通过组建一个新的“航空技术情报司令部”，来实现相关业务的整合。[39] 54-55, 65-66 [50] [39] 98-99

斯帕兹被麦克唐纳的言语说服，同意对情报业务进行整合，但新建一个司令部的建议被搁置起来。1944 年年底，战略航空军航空勤务司令部的技术勤务部被转隶到麦克唐纳手下，他随后便组建了一个“技术情报处”，并分别任命埃里克·布莱德雷（Eric T. Bradley）上校和约翰·奥马拉（John O'Mara）中校担任正副处长。此后，布莱德雷来到战略航空军总部所在地的巴黎郊外圣日耳曼昂莱办公，奥马拉则留在了伦敦，继续代表陆军航空兵在情报目标联合分委员会处理相关事务。[46] 56 [51] 26 [39] 99-100

这时的麦克唐纳，手下有了一支 100 多人的队伍。除了技术勤务部以及新建的技术情报处，他还在办公室里设置了目标科、行动科、秘密情报科和照相侦察科，一眼望去颇有几分欣欣向荣的气象。[46] 54

从 1944 年夏天开始，敌方装备和文献搜集就已经成为美国陆军航空兵技术情报工作的一项主要任务，技术勤务部的相关人员经常作为“T 字部队”成员参与行动。他们带领的一支目标小组曾经在法国亨利·法尔芒（Henri Farman）工厂里搜集到了两台戴姆勒—奔驰航空增压发动机，还曾在布瓦·哥伦布斯（Bois Colombes）的高空测试仓里发现了一套涡轮增压器。经过 1944 年 12 月的这次调整，他们的任务并没有减少，但工作秩序得到加强，轻重缓急的节奏得到明显改善。可是麦克唐纳取得的这些成绩并不能让斯帕兹和阿诺德感到满意，他们依然认为航空兵的技术情报搜集组织不够有序、重点不够突出。[46] 57-58, 60

经常有人用“大刀阔斧”“大干快上”和“涡轮增压”这

样的词汇来形容阿诺德。此时他已经把目光投向了将来。阿诺德近乎狂热地相信，空中力量已经彻底改变了人类战争的特性，而作为最先与敌接触的一支力量，陆军航空兵“在战后以及为下一场战争开展的研发工作，应该有一个坚实而持久的基础”。[52] 3, 290阿诺德确信：

> 美国的安全从某种意义上来看，还将继续由我们知识渊博、专业精湛的科学家来决定。[52] 290

在阿诺德身边，就有这样一位被他信赖的科学家——加州理工学院的冯·卡门（Theodore H. von Kármán）教授①。1944 年 8 月，阿诺德请冯·卡门教授牵头，“组织一批科学家，来绘制航空研究未来二十年、三十年，甚至五十年的蓝图”。几个月后，陆军航空兵“科学咨询小组”（SAG）正式成立。[52] 128, 133

阿诺德十分清楚，他亲自部署的喷气式飞机 P-80 研制任务，此刻正面临着严峻的技术挑战。就在 1944 年 10 月，洛克希德公司的首席试飞员在一次 XP-80 试飞任务中机毁人亡。三个月后，另一架 YP-80 验证机坠毁，陆军航空兵的一名少校试飞员牺牲。[46] 79-80 [39] 129, 131

相比于喷气式飞机而言，纳粹德国所谓的“复仇武器”（Vergeltungswaffen）更是阿诺德的心头大患。在盟军成功实

① 冯·卡门于 1938 年当选美国国家科学院院士。

施诺曼底登陆后一周，德军便开始发射火箭。他们先后发射了 9782 枚 V－1 火箭和 1403 枚 V－2 火箭，导致近 4 万名军民被炸死炸伤，英国内阁甚至一度计划将 200 万居民撤离伦敦。而盟军直到战争结束，都没有研制与 V－1 和 V－2 火箭相似的武器的计划。[39]67-69 [46]71-73

阿诺德深知在航空科研方面，美国与德国还存在着巨大的差距。他希望冯・卡门领导的科学咨询小组彻底抛弃保守思想，多到美国以外开开眼界，了解最前沿的航空研发进展和动向，在此基础上“发挥想象和才智”，帮助航空兵看清未来和把握方向。[53]29 [54]72 [52]134-135 [55]5

科学咨询小组计划走访十一个国家，并把调研的重点放在欧洲已经解放的各个实验室。阿诺德的副手巴尼・贾尔斯（Barney Giles）中将几乎在第一时间向斯帕兹将军通报了这件事情，末了贾尔斯还不忘叮嘱一句：“鉴于此事重要，您最好亲自过问”。[52]135 [56]6

斯帕兹的情报主管麦克唐纳很快就知道，一批“长发飘逸的科学家”即将到自己的辖区开展技术情报调研。这段时间麦克唐纳和他的计划参谋沃尔特・普福尔茨海默（Walter Pforzheimer）上尉正在苦苦思索，应该如何回答斯帕兹将军提出的问题。[52]136 [46]82-83

既然没有更多更新的办法，普福尔茨海默便试着把所有已经开展和即将开展的情报搜集任务放在一起，使它们看上去都属于同一个行动。紧接着他又灵机一动，从“纳粹德国空军秘密技术”（Luftwaffe secret technology）的英文单词里抽取几个字母，凑成了“充沛”（LUSTY）一词。于是所有的情报搜集任务摇身一变，变成了一个似乎经过缜密策划的“新行动”的组成部分。同时，麦克唐纳还对他的办公室进行了微调，把“技术情报处”改名为“开发处”，改由亨廷顿·谢尔顿（Huntingdon D. Sheldon）上校担任处长，职能也进行了一些相应调整。1945 年 4 月 22 日，经斯帕兹正式批准，“充沛行动”重装面世。[46] 83-84 [39] 105

整个行动分为三个部分。第一部分人数最多，他们是数百个航空技术情报（ATI）小组，负责发现并获取与德国航空有关的装备、文献和人员。所有这些情报小组的人员都由开发处或者第 9 航空军缴械处派遣。每个小组通常包括 2 至 4 名技术人员，外加 1 名司机，全都会说德语。[46] 89-90

5 月初，希恩·奥布莱恩（Sean O'Brien）中校带领的一个小组，在贝希特斯加登接受了纳粹空军总参谋长的投降。根据德军交代的情况，奥布莱恩等人在一个防空洞里找到了成吨的文件。这些文件后来被证实是纳粹空军统帅部的全套档案。其中有一组文件显示，德国人曾在 1944 年 11 月把若干架 Me-262 和 Me-163 飞机送给了日本，而另外一些文件则披露了日本每家飞机生产厂的具体位置，其中许多信息从未被航空兵参谋部以及第 20 航空军掌握。[46] 91

不过，纳粹最重要的航空科研机构却并不是航空技术情报小组发现的——在它被发现之前，陆军航空兵从来不知道它的存在，因此也就没有把它列入搜寻目标清单。1945 年 4 月 13 日，美军第 1 步兵师在德国小城布伦瑞克西部发现了一个精心隐藏的大院，里面有70多座楼房，当地人把它称作“沃肯罗德”（Völkenrode）。就在斯帕兹发布“充沛行动”命令的当天，得到消息的唐纳德·帕特（Donald Putt）上校带领一个精干的技术情报小组，匆忙抵达了森林蔽日的“沃肯罗德”大院。[39] 147-148 [57] 113-114 [54] 73

帕特是1938年加州理工学院的航空工程硕士，而他的老师正是冯·卡门教授。他只在这个大院里走了一圈，就感觉到这个“沃肯罗德”非同寻常——院子里建有七座大大小小不同速度的风洞，为了达到最佳的隐蔽效果，德国人在建造这些风洞时，甚至连周围树木的高度这样的细小环节都考虑到了。[58] 219 [39] 147-150

所谓“沃肯罗德”的正式名称是“赫尔曼·戈林航空研究院”（LFA），下设空气动力、气动力、强度、发动机以及运动学五个研究所，其中气动力、强度和运动学研究所又被称作超音速、静力学和武器研究所。研究院的科研及辅助人员有近1500人。除了那些令人叹为观止的研究设施，帕特还找到了一些躲藏起来的德国研究人员。他惊奇地发现，在许多美国科学家还坚信有人驾驶飞机无法突破音障的当时，这里的科研人员却早就在研究马赫数0.8～1.2的临界区问题了，并且经过十年的摸索，他们已经能够运用干涉测量方法使风洞试验的结果直观可见，而这也是美国几乎无人涉足的空白领域。在暗自称奇之余，帕特意识到必须尽快把自己的老师请到这个地方来看一看。[39] 148-152 [56] 6 [46] 93 [59] 82-83

冯·卡门调研小组的活动构成了“充沛行动”的第二部

分。4 月 28 日，调研小组一行九人搭乘 C－54 运输机飞抵伦敦，其中包括冯·卡门教授的副手、来自美国国家标准局（NBS）的休·德雷顿（Hugh L. Dryden）①，麻省理工学院辐射实验室主任杜布里奇（Lee A. DuBridge）②，波音公司总气动师乔治·谢勒（George Schairer）③，以及来自加州理工学院的弗里茨·兹威基（Fritz Zwicky）和钱学森。与其他情报调研活动类似，调研小组成员全都临时套用上校军衔，但冯·卡门教授除外，他的临时军衔是少将。[39]126 [56]6 [52]136 [60]112 [61]22-24

在伦敦停留期间，冯·卡门调研小组碰到了二十多位参与“树丛任务”的美国企业界代表。阿诺德得知此事后，明确表态说自己不反对联合开展调研，但坚决反对将冯·卡门小组并入“树丛”任务组。[62]373 [61]23-24

刚到巴黎，冯·卡门就接到了帕特的电话。调研小组随即以最快的速度赶到“沃肯罗德”。这是 5 月 4 日的事情。帕特报告的一个情况引起了教授的注意：气动力研究所所长阿道夫·布塞曼（Adolf Busemann）④ 正在进行后掠翼模型的风洞试验。调研小组找到布塞曼讯问得知，德国人发现后掠翼明显优于当时普遍采用的平直翼。令在场的美国人哭笑不得的是，这个想法最初竟然源自冯·卡门在 1934 年伏打大会（Volta Conference）上发表的一篇论文，布塞曼从中受到

---

① 休·德雷顿于 1944 年当选美国国家科学院院士。
② 杜布里奇于 1943 年当选美国国家科学院院士。
③ 乔治·谢勒于 1967 年当选美国国家工程院院士。
④ 阿道夫·布塞曼于 1970 年当选美国国家工程院院士。

启发，沿着这一方向继续研究，在第二年的伏打大会上便发表了一篇有关后掠翼效应的文章。[46]93-94 [39]152-153 [63]183

冯·卡门与布塞曼一问一答，坐在一旁的谢勒听得非常仔细。会议结束后他所做的第一件事，便是给自己所在的波音公司拍去一封电报，要求他们暂停B-47轰炸机的设计工作，等他回国后再说。从此以后，只要是谢勒参与设计的新飞机，都采用了后掠翼型。[64]104 [39]153

美国人在“沃肯罗德”查获了上千吨的德国文献资料，总数大约有300万份之多。这让冯·卡门教授兴奋异常，他不由得萌发了利用这批德国科技文献建立“参考中心”的想法。[46]103 [65]201 在给阿诺德将军发去的电报中，教授这样写道：

> （据估计，美国）从这个研究院大致可以获得德国75％到90％的航空技术信息。假如没能（发现并）深入研究这些信息，那美国大概需要多花两年时间才能达到这个单位的研究水平……从这里拿到的有关喷气发动机的研发信息，可以为美国节省6到9个月的（航空技术）研发时间。[39]153-154

技术情报部

阿诺德听从冯·卡门教授的建议，下令组建陆军航空兵

"航空文献研究中心"（ADRC），同时启动"索引计划"，对搜集到的德国文献资料进行筛选、组织和编目。初步筛选的过程相对简单——工作人员直接剔除掉非技术性的资料，再把剩下的文献按照来源单位进行编排。据说他们每天能够处理 4～5 吨资料（也有说法是每天能处理 10 吨资料）。截至 1945 年 6 月底，文献研究中心从 1500 吨缴获资料中筛选出了 250 吨有用资料，并分批运往伦敦韦茅斯街 59 号——美国陆军信号队刚好准备腾出这栋六层大楼，于是有 2.5 万平方英尺①的面积可以用来堆放资料。[66]52 [67]10-12 [68]104 [69]9

情报主管乔治·麦克唐纳派其下属的开发处副处长霍华德·麦考伊（Howard M. McCoy）上校担任航空文献研究中心主任。看到资料如潮水般涌来，麦考伊赶紧向上司求援。不久之后，25 名优秀的民口科研人员来到伦敦。其中包括来自明尼苏达大学的气球发明家让·皮卡德（Jean Piccard）和约翰·阿克曼（John Akerman），来自加州理工学院的欧内斯特·罗比雄（Ernest Robischon），以及来自伦斯勒理工学院的航空工程教授保罗·汉基（Paul Hemke）。到这一年的 7 月中旬，中心工作人员超过了 400 人。名义上该中心是美国陆军航空兵、美国海军和英国空军三家单位合办，但实际上后两家单位提供的人员和设备非常少。[46]97-98 [69]9

文献研究中心完成的第一项任务，是翻译德国航空科学信息中心（ZWB）的目录卡片。这套卡片大约有 5200 张，

---

① 1 平方英尺≈0.093 平方米。

是全套的德国空军飞机和导弹技术指令。考虑到它们的重要性，文献研究中心用30天突击完成了这一任务。[67]12 [46]145

文献研究中心的工作人员发现，德国人使用的许多新概念词汇在英语中根本找不到对应的词汇，这个现象在喷气推进与火箭推进、超音速空气动力学等前沿领域尤为突出。他们只得自己动手，编撰一本新的德英对照航空词典。这个项目于1945年7月24日正式启动，由科特·莱德克（Kurt F. Leidecker）和爱德华·埃伯哈特（Edward A. Eberhardt）牵头，一年以后出版了第一版词典，大约350页，发行了1100多本。仅仅四个月后，更新版词典便增加到490多页，订户也增加了一倍。项目到这个时候已经结束，但词典词条的增补工作则一直持续到1947年6月，最终推出的词典一共收录了12.5万个词条，成为相关科研人员手中最为重要的工具书之一。[66]37-38 [67]12 [46]145-147

在决定启动“索引计划”的时候，阿诺德可能没想到缴获的德军文献资料会多到什么程度。直到他亲自到文献研究中心视察后，他才对这项工作有了新的认识，并立刻有了新的决定——航空文献研究中心必须搬回美国。他让自己的副手伊克尔将军召集相关人员讨论一下，应当把这个单位放在哪里，由哪个部门管理更为合适。[46]126

9月，伊克尔小组向阿诺德建议说，应当把这个航空文献研究中心搬到莱特基地，由陆军航空兵航空技术勤务司令部（ATSC）负责管理，并且由参谋部主管情报工作的助理参谋长提供政策协调。[46]126-127 [69]9

莱特基地位于美国俄亥俄州代顿市，那里是世界航空先驱莱特兄弟的出生地。在基地正式命名为“莱特”那天，莱特兄弟中的弟弟奥威尔·莱特（Orville Wright）作为嘉宾出席了庆典，并且亲手升起了基地的第一面旗帜。[68] 56-58

陆军航空兵许多重要的研究、试验和教学单位此时都驻扎在莱特基地。后来的空军系统司令部（AFSC）司令施里弗（Bernard A. Schriever）早年就毕业于这里，那时的学校名叫“美国陆军航空队（AAC）工程学校”。值得一提的是，1944年8月，位于莱特基地的器材司令部（MC）与隔壁帕特森基地的航空勤务司令部（ASC）合并，成立了航空技术勤务司令部，从此莱特基地成为航空技术勤务司令部的“祖庭”之一。综合上述原因，伊克尔等人认为，把航空文献研究中心搬到这里是一个相当合理的选择。[68] iv [70] 117-163, 249

眼看着自己手里的文献研究中心要被拿走，战略航空军情报主管麦克唐纳当然不太高兴。他给伊克尔小组的组长，也是时任陆军航空兵分管情报工作的少将助理参谋长奎萨达（Elwood Quesada）写信说：在战争中获得的经验表明，为确保相关任务正常完成，技术情报单位应当隶属于陆军航空兵情报部门，由分管情报的助理参谋长负责管理，英国人就是这么干的。文献研究中心可以放在莱特基地，但应当由情报机关对其进行“运行管控”。[46] 127 [71]

针对麦克唐纳的意见，奎萨达给出了他的反驳理由。他告诉麦克唐纳，之所以考虑让航空技术勤务司令部来管理文献研究中心，很重要的一个原因是他们已经广泛参与了相关工作。航空文献研究中心那批民口科研人员骨干，就是由他们选派的。并且，航空兵参谋部向来强烈反对总部参谋机关直接管理某个业务单位，因为这会把两种不同性质的职能混为一谈。[46] 128

然而，给伊克尔小组造成最大压力的，恐怕还是阿诺德本人。莱特基地的技术部门擅长于技术评估，在平时表现良好，但是到了战时，面对作战情报的紧迫性和时效性要求，他们的业务模式和工作节奏显得很不匹配，表现令人失望。阿诺德认为“应当由航空兵行动的策划者、实施者和管理者对缴获的德国文献进行评估，而不是把这些文献交给基地的技术人员”，因此把文献研究中心搬到“靠近首都的新英格兰地区更为合适”，应该在那里找个空闲的地方来安置这家单位。[46] 44-47, 127

最终，说服阿诺德将军的任务只能交给伊克尔小组的召集人，也就是伊克尔将军本人。在写给阿诺德的一封信里，他解释说，之所以考虑把文献研究中心放在莱特基地，最重要的一条理由是这样做更有利于开发缴获的德军装备，也便于利用德国科研人员为美军服务。[46] 128

伊克尔向阿诺德报告说，为了加强针对德国装备、文献和人员的相关情报工作，航空技术勤务司令部增设了一个分管技术情报工作的副司令，并且在原有技术数据实验室的基础上组建了一个“技术情报部”（T－2）。他还告诉阿诺德，莱特基地现有的设施空间，足以容纳文献研究中心成百上千吨的德国文献。把文献中心搬到莱特基地，相比于其他更靠近华盛顿的地点，经费方面的优势也非常明显。最终，阿诺德略带勉强地同意了伊克尔的意见。[46]125，128 [69]10

事后来看，这场争论能够快速平息，还有一个因素不能忽略——航空技术勤务司令部及时更换了技术情报部的负责人，并且争论各方对这个新负责人的印象都不错，他就是在“充沛行动”中表现突出的唐纳德·帕特上校。[46]129 [72]

其实到这个时候为止，帕特上校主要的职业生涯都是在莱特基地度过的，而他最难忘乃至最危险的记忆，可能也留在了这个基地。那是在 1935 年 10 月 30 日，莱特基地发生了一次 X-299 飞机坠毁事故，试飞长和波音公司首席试飞员不幸丧生，只有帕特侥幸捡回一条性命。等他伤好回到基地，便从试飞处调到计划处，主要从事各种型号飞机的工程评估工作，不再驾驶飞机实际飞行了。[58]219 [39]145-147

1945 年 1 月，当帕特被任命为战略航空军技术勤务部主任的时候，他惊奇地发现，这个单位似乎从一个装备部门变成了情报部门，而自己居然成了麦克唐纳的手下，开始越来越多地参与情报任务。之前的飞行经历和技术背景，都成为帕特的一种特质，使他对于眼前的任务有了一些更深入的思考。[39]143一年以后，在一个不太正式的场合，他回忆起自己在欧洲的这段经历，讲过这样一段话：

> 在火箭和导弹、喷气式发动机、喷气式飞机、合成燃料以及超音速飞行领域，德国人比我们领先少则两年，多则十五年。只要我们别那么骄傲，把这些源自德国的

信息利用好，我们就能从中获得非常多的好处——德国人停下脚步的地方有可能成为我们继续前进的起点。[39] 4

由于“沃肯罗德”被划入英军控制区，帕特便利用自己能够调动的一架 B-24 飞机和一架 B-17 飞机，趁着夜色把他认为最重要的一些仪器设备和文献资料悄悄运回美国。因为飞机来来回回了许多次，所以此事最终还是被英国人发现了，于是便有了波茨坦会议上英国人当面质问阿诺德的尴尬一幕。阿诺德虽然在当时被弄得有些难堪，但也从此记住了帕特的名字。[39] 155-156

帕特在“充沛行动”中不断收获惊喜，但他很快便从最初的兴奋中冷静下来。德国科学家告诉他，自己手上还有一些项目正在进行，还有许多新的想法正在酝酿。帕特突然想到，缴获德国先进的装备和设备固然重要，但它们只代表过去，更有价值的未来都装在创造这些硬件的人的头脑之中。于是他萌发出一个念头：除了搜集德国人散落各处的各种先进装备，还应该把顶尖的德国科学家带回美国，让他们为美国的未来发挥作用。[39] 7, 154

休·尼尔（Hugh J. Knerr）少将非常支持帕特的这个想法。尼尔此时担任战略航空军副司令，主抓管理工作，同时还兼任着战略航空军航空勤务司令部司令一职。[39] 155 在给其上司斯帕兹将军的一封信中，他这样写道：

在控制了德国的科学和工业设施后，我们看清了这样一个事实：我们在许多研究领域落后的程度令人吃惊。假如我们不能抓住（现在）这个机会，把（德国的）这些设备以及开发这些设备的大脑（同时）攥在手中，并且让这种组合尽快恢复工作，那么尽管我们奋力追赶，但在若干年内我们仍将处于落后状态。[39] 358

相比于帕特，尼尔想得更深也更具体。他相信“囚禁之中的科研人员很难有所作为”，所以“不能把那些德国科学家看作囚犯，更不能当作奴隶”，不要拆散他们的家庭，还要给他们一点报酬。[39] 358 [54] 74

其实除了陆军航空兵之外，美军其他军兵种也都有类似的想法。比如美国海军看上了位于巴伐利亚地区科赫尔的另一座风洞，以及负责这座风洞的鲁道夫·赫尔曼（Rudolph Hermann），此外他们还盯上了德国亨舍尔公司（Henschel Company）反舰导弹的首席设计师赫伯特·瓦格纳（Herbert Wagner）。陆军技术勤务兵（ASF）则锁定了设计 V-2 火箭的冯·布劳恩（Wernher von Braun）① 团队，希望把这批德国科学家连同100 多枚 V-2 火箭一并带回美国。最终，几个军兵种把这些想法变成了一个计划，并且冲破重重阻碍，经美军参联会批准得以实施。这便是“多云行动”（Operation OVERCAST）。[39] 158-160, 357-360 [54] 74

“多云行动”的核心任务是延揽德国科学家为美国军队

① 冯·布劳恩于 1967 年当选美国国家工程院院士。

服务。在美军感兴趣的这些科学家当中，有些人政治立场反动，还有一些人很可能犯下了严重的战争罪行，美国人对此心知肚明。他们深知这是一项极具争议的计划，因此只能在极为秘密的状态下进行。不久，为了避免行动暴露，美国人更换了这个计划的代号，改称其为“回形针行动”（Operation PAPERCLIP）。[36]199-208 [73]16-18

1945年10月13日，一场大型公共展会在莱特基地隆重开幕，展会中有项重要内容就是向公众展示缴获的各种武器装备。在此之前，陆军航空兵陆续搜集到的德军新型飞机和火箭，以及先进的试验设备和重要的零部件，大部分都被运到这里，准备作进一步的研究。这是一次喜气洋洋、盛况空前的展览，开幕后头两天就有50万人前来参观。据说由于观众太多，组委会临时决定把展览延长一周时间。在“充沛行动”中负责第三部分的任务，专门搜集敌人飞机的哈罗德·沃森（Harold E. Watson）上校，更是驾驶一架Ju-290直接从德国飞到了展会现场，出尽了风头。[70]165-166 [46]90 [54]73

参观基地展会的普通观众并不知道，有好几位设计和制造这些武器的德国科学家，此刻就住在莱特基地一个名为希尔托普的秘密营地里。而这也正是“多云行动”的一个组成部分。[36]176-179

1945年7月，尼尔升任陆航航空技术勤务司令部司令。在他的举荐下，帕特成为新的技术情报部主任，于同年9月回到莱特基地。两个月后，哈罗德·沃森上校被调到帕特手下担任情报搜集处处长。而霍华德·麦考伊上校也带领航空文献研究中心从伦敦搬到莱特基地，并改称“航空文献处”（ADD）。截至此时，他们已经完成了50万份德国文献的编目工作，并且对其中的部分文献进行了翻译。除了领导航空文献处，麦考伊还兼任新成立的情报分析处代理处长，这个职位直到1946年3月才由迈尔斯·谷尔（Miles E. Goll）中校接手。[74] [39] 361-362 [75] 13 [46] 98, 129 [69] 10-11, 13

技术情报部摄像处的力量主要来自先前的技术数据实验室。由于陆军航空兵拍摄的所有胶卷一律不允许交由商业机构处理，这里便成为整个陆军航空兵系统最主要的胶卷冲印单位，日常工作异常繁重。仅在技术情报部成立的第一年，他们就翻拍、晒印了36.5万张照片，完成了200多个活动影像的拍摄任务。[69] 15 [46] 133

从1945年12月开始，帕特召集沃森、麦考伊等几名骨干，研究起草技术情报部新的职能使命。经过几个月的反复讨论，他们提出技术情报部应当在“预防战术突袭、战略突袭和技术突袭”方面发挥关键作用。一方面要为行动规划计划人员提供他们所需要的飞机速度、航程和载重等各种技术数据，协助他们完成预防战略突袭和战术突袭的任务，另一方面还要为飞机开发研制人员深入开展工程研究，帮助他们阻止技术突袭。帕特等人一致认为：对技术情报部而言，这两类用户同等重要。[46] 131 [69] 11

战场技术信息局

美国政府高层的某些人相信，美国战后经济能否繁荣，取决于整个社会能否广泛享受科技成果。而作为其第一步，美国政府应该把在战争期间美国和德国科学界为各自的战争机器所创造的科技成果整理出来，经过评估和解密后向工业界开放。[76]44当时，曾有一位学者用生动的笔触写下了这样的文字：

> 几乎没有人会怀疑，如果真的能找到“人人有工作”的方法之源，那这个源头一定存在于过去五年当中，在紧急的重压之下所产生的规模惊人的有用知识里。
>
> 战争期间美国开展的科研活动，不可避免地处于保密状态。这就使得“人人有工作”的水库，被一道“保密”堤坝围挡，而可以成为新兴产业源泉的科技知识就被拦在了大坝里面。在这个库区旁边还有一个库区，里面储存着美国以及盟国军队缴获的敌方科研信息，但是战争破坏的（科学）交流碎石砌成了大坝，并且有一套复杂的堤坝系统截断了水流。[77]105

1945年6月8日，杜鲁门总统发布了“第9568号”行政令，下令组建出版理事会（PB）。该理事会负责审查美国政府在战争期间开发或者资助开发的所有涉密或者受限使用的科学和技术信息，对其中适宜的部分进行解密并公开发布，以图“这些信息能够最大程度地让公众获益”。两个多月后，杜鲁门又发布了“第9604号”行政令，进一步扩大出版理事会的职责范围，要求其“迅速、公开、免费、广泛地传播”从敌方获得的各种“科学和工业信息”，所有涉及“科学、工业或技术的过程、发明、方法、设备、改进以及进展的信息”都被包含在内。[77]105 [78]317 [79] [80]

出版理事会由商务部负责运作，主席由白宫战争动员与恢复处（OWMR）处长担任，商务部长亨利·华莱士担任理事会副主席，成员包括司法部长、内务部长、农业部长和劳动部长。此外，战争部、海军部、白宫科学研发处和战时信息处，以及美国航空咨询委员会（NACA）派联络员列席相关会议。[76]47 [77]105 [79]

华莱士的职业是植物遗传学家，曾经在杂交玉米的培育方面做过一些重要工作，经营着一家效益不错的杂交玉米公司。赞许他的人说他思维严谨、极富魅力，而批评他的人说他既缺乏政治才干，也缺乏对政治的真正兴趣。不过，作为罗斯福“新政”的坚定支持者，华莱士是罗斯福第一个和第二个总统任期内的农业部长，在他第三个总统任期内还曾担任副总统一职。[81]335 [76]47

在1945年年初，华莱士出版了一本题为《让6000万人就业》的新书，鼓吹工商业与政府齐心协力，在和平年代创造繁荣。担任商务部长后，华莱士积极出台政策，试图推动那些曾与军事相关的科技信息为私营公司所用。他认为此类

政策对于缺少研发资源的小微企业尤其重要。[36]175 [76]47

华莱士选派约翰·格林（John C. Green）担任出版理事会秘书长，负责理事会的日常事务。时年36岁的格林一直担任美国发明家委员会的总工程师，组织能力和沟通协调能力都比较强。针对解密问题，格林原本打算成立一个工作委员会，先挑选出可以解密的技术报告，再由战争部和海军部最终决定哪些信息可以发布。但委员会这样的组织形式无法胜任信息挑选和解密的巨大工作量，于是华莱士决定，在商务部内部组建一个“解密与技术服务办公室”（ODTS）来作为科技信息的集散地，一方面开展美国国内科技信息的收集、编辑和出版发行工作，另一方面针对搜集到的敌方科学、技术和工业情报进行筛选、评估和处理，并在美国国内传播。经过几个月的运行，华莱士认识到自己的这个办公室无法在“解密”方面扮演重要角色，便将其调整为“技术服务办公室”（OTS）。[76]47-48, 56 [82]

根据总统在8月25日颁布的第二项行政令，出版理事会需要与德国境内，更准确地说是在美军控制区内执行技术情报搜集任务的单位进行对接。这个单位便是战场技术信息局美国分局。[76]47

早在1945年年初，战争部长史汀生就预见到在德国境内的大规模军事行动即将结束，在那以后，无论军方还是民间对那里的兴趣都会出现爆炸式增长。于是他安排自己的顾问爱德华·鲍尔斯（Edward L. Bowles）前往欧洲，尝试建立一个高级别的科学技术情报机构。到了美军内部，战争部长

布置的这项任务被交给了陆军中将卢修斯·克雷（Lucius D. Clay）。[78] 315-316

克雷在3月底被突然任命为美军控制区军事副总督，4月7日刚到欧洲盟军总司令部上任，手上暂时还没有什么具体工作。他知道，只要新机构还隶属于盟军总司令部，那它就只能是一个英美联合的单位。而盟军总司令部情报部（G-2）特种处不仅负责针对情报目标开展调查和开发，还负责协调情报部其他各处的行动，把新机构放在这个部门最为合适。于是克雷邀请特种处处长、英军的芒塞尔（Raymond J. Maunsell）准将担任新机构的主官，副官则是美军的奥斯本（Ralph M. Osborne）上校，他曾经担任过陆军技术勤务兵研发处处长。考虑到它的主要职能，克雷把这个新机构命名为“战场信息局”，芒塞尔在这个名字里插入了“技术”一词，使得机构名称的缩写（FIAT）可以被念作“费亚特”，更加朗朗上口。[78] 224, 314, 316 [83] 127-128 [84] 431 [85] 16-17

克雷、鲍尔斯和芒塞尔都幻想着让战场技术信息局“独享对敌方科学和工业人员、文献和装备进行行动的控制权和处理权”，但他们很快就发现，在盟军总司令部的现行体制内，新设一个机构掌握如此“巨大”的权力根本不可能。几个人只能退而求其次，明确其职责只是“协调、整合、指导各任务和单位”与科学技术相关的活动，并不能自行搜集和开发这些信息。这意味着，对相关行动的直接控制权仍然掌握在之前组建的那些任务组以及相关机构手里，凌乱的局面并没有因为战场技术信息局的成立而有太大的改观。克雷等人的这种退让，还意味着可以用技术信息局取代情报部特种处。当然，除了继承特种处的军事任务职能，技术信息局的工作重心在战事平息后必将转向民用信息搜集。[78]316

似乎没有哪个军兵种会喜欢这个新单位，而对于盟军总司令部而言，富兰克林·罗斯福总统去世，总司令部从法国搬到德国，都是远比战场技术信息局重大的事情。技术信息局的组建过程由此变得非常缓慢。事实上，直到5月31日，技术信息局才正式建立，它隶属于盟军总司令部情报部。两天后，情报部特种处解散，相关职能并入技术信息局。艾森豪威尔随后向战争部报告说：情报目标联合分委员会以及美英两军其他单位，在战争期间开展了为数众多的情报调查活动，既有军事的，也有非军事的，涉及经济、财政、科学、工业和技术诸多领域，亟需加强协调，因此在盟军总司令部情报部之下组建了战场技术信息局。[38]60 [41]26

然而仅仅过了一个多月，欧洲盟军总司令部宣布解散，整个英美联合参谋长委员会系统随之解体，这其中也包括情报联合委员会以及情报目标联合分委员会。而原本就相对独立的“英国情报目标分委员会”和美国“工业技术情报委员会”，终于可以名正言顺地各行其是。刚刚成立的战场技术信息局也被一分为二，分裂成美国和英国两个部分。经克雷的反复坚持，技术信息局美国分局被划归盟国对德管制委员会美国小组（USGCC），以及后来的美国驻德军政府办公室（OMGUS），这样，实际上就把这家单位牢牢控制在了自己手中。[78]317-318 [38]60 [41]26-27

出人意料的是，美国分局的命运却因为这次分裂而发生了转机。在1945年7月14日，也就是盟军总司令部解散的当天，克雷发布了指令，正式建立战场技术信息局美国分局［FIAT (US)］。指令要求美国分局对美军控制区的技术信息搜集工作进行全面管控，重点管控的对象是开展相关搜集工作的主体，以及搜集到的“具有重要价值的人员、文献和装备”。也就是说，克雷等人最初希望技术信息局独享情报调查权的梦想终于变成了现实，只是这种权力行使的范围被局限在美军控制区内。到8月1日，原本直接隶属于总司令部情报部的第6800“T字部队”也划归美国分局，这支部队的人数最多时超过了2000人。[38]60 [78]314, 316

刚开始的时候，技术信息局美国分局的任务并不饱满。工业技术情报委员会派出大量情报调查人员前往欧洲，从塑料行业到造船行业，从建筑材料到化学原料，全面梳理德国的工厂和实验室信息。美国分局主要负责打理调查人员的资格认定、后勤保障等各类杂事。1945年夏末，原先执行技术情报任务的军事单位开始重新部署，他们搜集的文献和装备经常委托美国分局派人保管。[38]60 [78]316-317

除此之外，战场技术信息局美国分局也会偶尔为出版理事会提供帮助。但直到1945年12月美国分局接到战争部的命令，双方的合作关系才正式确定下来。根据之前情报目标联合分委员会以及“T字部队”完成的调研评估报告，美国分局整理出近2万个工业情报目标，他们准备对这些地点的所有文献进行缩微拍摄。在美国分局内部，这被称作“文献

计划”。[78]317 [38]61

1946年1月中旬，美国分局派出一批特别侦察小组，对目标地点的文献情况进行盘点，梳理文献的类型、数量、完好情况和储存位置。随后跟进的便是文献筛选小组和缩微拍摄小组。商务部技术服务办公室则抓紧时间招募文献筛选人员，要求会说德语，受过正规的科学技术教育，来源单位不限，在高等院校、研究单位、公司企业、甚至政府机构工作的人员都可以报名参加。[38]62

至于哪些文献需要被缩微拍摄，美国分局划定的范围相当宽泛。他们先是要求文献筛选人员寻找具有较高军事和工业密级的文献和涉密的专利申请文件，然后逐步扩大到以手稿形式保存的文献，以及涉及未被美国掌握的工艺过程、配方和技术的文献。最后，就连层次较高的研究委员会或者规划计划委员会的会议记录、参考资料和决议文件都被一并拍摄。缩微小组有时会在一个地方忙上好几周，然后把拍好的胶卷交给美国分局。[38]62

美国分局里还有一批人负责冲扩胶卷、编写文摘、准备目录卡片，等到这些工作全部完成，再把制成的缩微胶卷、文摘以及卡片等全部发往美国。在约翰·格林的技术服务办公室，工作人员会把新搜集到的文献文摘汇编成一份名为《科学与工业报告书目》的刊物，每周出版一期。刊物中包含的所有文献都由国会图书馆收藏，只有医学类和农学类文献除外，这两类文献被分别收藏进陆军医学图书馆和农业部图书馆。但几年以后，这两个图书馆收藏的相关文献也都被

转存到国会图书馆①，这是后话。[38]62 [76]48-49

经过两个月的试运行，战场技术信息局美国分局对包含2万个目标的工作计划重新进行了评估。他们根据67家德国企业的文献规模进行了一番估计，竟然发现要完成2万个工业情报目标，需要从30亿页文献中挑选出3300万页进行缩微拍摄，仅是筛选过程就大约需要7年时间，然后再用4年才能完成缩微拍摄。简而言之，包含2万个目标的工作计划是不可能实现的。于是，在经过一番修改之后，美国分局的工作计划里只保留了400个最为重要的目标。[38]62-63

即便经过了如此巨幅的缩减，“文献计划”的工作量依然十分惊人。1946年5月的《商业周刊》报道说，在美国分局的缩微团队里有600多个德国人在100多个美国人的监督下开展工作。美国分局则在一份报告中描述了德国专利局里的工作场景：8名文献筛选人员加上70多名缩微人员，面对着3.4万份已授权的专利申请文件和14万份待授权的德国、奥地利、意大利和日本专利申请文件，估计缩微拍摄量将超过100万页，使用的胶卷将长达17英里。[38]63 [86]7

在美国本土，一场喧闹的公关活动正在展开，商务部技术服务办公室这个名字频频见诸大众媒体。美国公众得知，有赖于德国科学家的发明，美国的饮料厂无须加热就可为果汁消毒，女士们可以穿上永不褪色的针织内衣，工人们可以用每小时1500磅②的速度生产黄油。1946年10月的《哈波

① 国内的科研人员习惯上把这些文献统称为“PB报告”。
② 1磅≈0.45千克。

斯杂志》更是宣称，“成千上万项纳粹德国创造的秘密”正通过技术服务办公室惠及美国民众，有商家利用出版理事会发布的报告节省了好几十万美元。[36]175 [76]49-50 [87]

战场技术信息局美国分局的情报搜集工作持续到 1947 年 6 月 30 日才告结束，这也是分局解散的日子，但相关的缩微拍摄工作持续到这一年的 9 月 30 日。[38]132 [78]317

尽管造势活动热热闹闹，但技术服务办公室的日子却一直不太好过。由于跟杜鲁门总统的关系越来越糟，华莱士辞去了商务部长的职务，格林失去了最为有力的靠山。而且一有风吹草动，就会有一些国会议员拿技术服务办公室说事。在 1947 财年的预算案中，商务部遭受重创，技术服务办公室更是深陷严重的经费困境当中。1948 年 6 月 30 日，德国文献搜集计划被迫中止。[38]73 [76]56-59

不过技术服务办公室还是顽强地活了下来，如今它被称为美国“国家技术信息服务局”（NTIS）。

参考文献

[1] PEISS K. Information Hunters: When Librarians, Soldiers, and Spies Banded Together in World War II Europe [M]. Oxford University Press, 2020.

[2] RICHARDS P S. Gathering Enemy Scientific Information in Wartime: The OSS and the Periodical Republication Program [J]. The Journal of Library History (1974 - 1987), 1981,16(2): 253 - 264.

[3] War Report, Office of Strategic Services (OSS), Volume 1 [R]. United States War Department. Strategic Services Unit. History Project, 1949.

[4] MUTH R. Harold D. Lasswell: A Biographical Profile [M]// Muth R, Finley M M, Muth M F. Harold D. Lasswell: An Annotated Bibliography.

New Heaven Press. 1990: 1 - 48.
[5] Frederick Gridley Kilgour [J]. NextSpace: the OCLC Newsletter, 2006, (3): 2 - 7.
[6] KILGOUR F G. Typography in Celluloid [M]// Becker P A, Dodson A T, Yoakam L L. Collected papers of Frederick G. Kilgour: Early Years. OCLC Online Computer Library Center, Inc. 1940.
[7] CADY S A. Microfilm Technology and Information Systems [C]. 1998 Conference on the History and Heritage of Science Information Systems, 1999: 177 - 186.
[8] POWER E B. University Microfilms—A Microfilming Service for Scholars [J]. Journal of Documentation, 1946,2(1): 23 - 31.
[9] POWER E B. The Manuscript Copying Program in England [J]. The American Archivist, 1944,7(1): 28 - 32.
[10] RICHARDS P S. ASLIB at War: The Brief but Intrepid Career of a Library Organization as a Hub of Allied Scientific Intelligence 1942 - 1945 [J]. Journal of Education for Library and Information Science, 1989, 29(4): 279 - 296.
[11] MOHOLY L. The ASLIB Microfilm Service: The Story of its Wartime Activities [J]. Journal of Documentation, 1946,2(3): 147 - 173.
[12] RICHARDS P S. Great Britain and Allied Scientific Information: 1939 - 1945 [J]. Minerva, 1988, 26(2): 177 - 198.
[13] POWELL B E. Association of College and Reference Libraries [J]. ALA Bulletin, 1941, 35(8): 41 - 44.
[14] WHEATLEY B. British Intelligence and Hitler's Empire in the Soviet Union, 1941 - 1945 [M]. Bloomsbury Academic, 2017.
[15] PEISS K. My Uncle, The Librarian-Spy. CrimeReads [EB/OL]. [2020 - 04 - 02]. https://crimereads.com/librarian-spy/.
[16] BURKE C B. Information and Intrigue: From Index Cards to Dewey Decimals to Alger Hiss [M]. The MIT Press, 2014.
[17] GOUDSMIT S A. ALSOS[M]. American Institute of Physics, 1996.
[18] The "Last Universal Scientist" Takes Charge. Argonne National Laboratory [EB/OL]. (2013 - 09 - 26)[2017 - 01 - 14]. http://www.ne.anl.gov/About/legacy/unisci.shtml.
[19] ALLARDICE C, TRAPNELL E R. The First Pile [M]// The First Reactor. U.S. Department of Energy. 1982.
[20] FERMI L. Of Secrecy and the Pile [M]// The First Reactor. U.S. Department of Energy. 1982.
[21] ZACHARY G P. Endless Frontier: Vannevar Bush [M]. The Free Press, 1997.
[22] JONES V C. Manhattan: the Army and the Atomic Bomb [M]. Center of Military History, U. S. Army, 1985.
[23] GROVES L R. Now It Can Be Told: The Story Of The Manhattan Project [M]. Harper & Brothers, 1962.

[24] FINNEGAN J P, DANYSH R. Military Intelligence [M]. Center of Military History, U. S. Army, 1998.
[25] BUKHARIN O. US Atomic Energy Intelligence Against the Soviet Target, 1945 - 1970 [J]. Intelligence and National Security, 2004, 19 (4): 655 - 679.
[26] BEDERSON B. Samuel Abraham Goudsmit: 1902 - 1978 [M]// Biographical Memoir. Washington D. C.: The National Academies Press. 2008.
[27] 傅海辉．电子自旋假说的提出及其历史经验[J]. 物理，2002，31(8)：534 - 539.
[28] 斯塔夫里阿诺斯．全球通史：从史前史到21世纪(下册)[M]. 吴象婴，梁赤民，董书慧，王昶，译．北京大学出版社，2006.
[29] PASH B T. The Alsos Mission [M]. Award House, 1969.
[30] MOSELY P E. The Occupation of Germany: New Light on How the Zones Were Drawn [J]. Foreign Affairs, 1950, 28(4): 580 - 604.
[31] HIGGINBOTHAM A. There Are Still Thousands of Tons of Unexploded Bombs in Germany, Left Over From World War II [J]. Smithsonian Magazine, 2016, (January).
[32] FAGG J E. The Climax of Strategic Operations [M]// Craven W F, Gate J L. The Army Air Forces in World War II: Volume Three Europe: Argument to V - E Day, January 1944 To May 1945. Office of Air Force History, U. S. Air Force. 1983: 715 - 755.
[33] HALL C. British Exploitation of German Science and Technology from War to Post-War, 1943 - 1948 [D]. University of Kent, 2016.
[34] CALMTHOUT M V. Sam Goudsmit and the Hunt for Hitler's Atom Bomb [M]. Horn M, 译. Prometheus, 2018.
[35] CASTELVECCHI D. The forgotten quantum pioneer who turned wartime spy [J]. Nature, 2018, 563(7731): 320 - 321.
[36] 安妮·雅各布森．回形针行动："二战"后期美国招揽纳粹科学家的绝密计划[M]. 王祖宁，译．重庆出版社，2015.
[37] HART J D. The ALSOS Mission, 1943 - 1945: A Secret U. S. Scientific Intelligence Unit [J]. International Journal of Intelligence and CounterIntelligence, 2005, 18(3): 508 - 537.
[38] GIMBEL J. Science, Technology, and Reparations: Exploitation and Plunder in Postwar Germany [M]. Stanford University Press, 1990.
[39] SAMUEL W W E. American Raiders: The Race to Capture the Luftwaffe's Secrets [M]. University Press of Mississippi, 2004.
[40] KRAMMER A. Technology Transfer as War Booty: The U. S. Technical Oil Mission to Europe, 1945 [J]. Technology and Culture, 1981, 22(1): 68 - 103.
[41] O'REAGAN D M. Taking Nazi technology: Allied exploitation of German science after the Second World War [M]. Johns Hopkins University Press, 2019.

[42] GIMBEL J. U. S. Policy and German Scientists: The Early Cold War [J]. Political Science Quarterly, 1986, 101(3): 433 - 451.
[43] BELL R E. Forward in the Saddle: Unique World War II Missions of Mechanized Cavalry [J]. Armor, 2008, CXVII(3): 6 - 10.
[44] ECKERT A M. The Struggle for the Files: The Western Allies and the Return of German Archives after the Second World War [M]. Cambridge University Press, 2012.
[45] MARTIN J S. All Honorable Men [M]. Little, Brown, and Company, 1950.
[46] CHRISTENSEN C R. A History of the Development of Technical Intelligence in the Air Force, 1917 - 1947: Operation Lusty [M]. The Edwin Mellen Press, 2002.
[47] MAJOR GENERAL CLAYTON LAWRENCE BISSELL. U. S. Air Force [EB/OL]. (1950 - 10 - 31)[2020 - 04 - 11]. https://www.af.mil/About-Us/Biographies/Display/Article/107747/major-general-clayton-lawrence-bissell/.
[48] WATSON G M. Gen. Thomas Dresser White [M]// Secretaries and Chiefs of Staff of the United States Air Force: Biographical Sketches and Portraits. Air Force History and Museums Program, U. S. Air Force. 2001: 123 - 128.
[49] PACKARD W H. A Century of U. S. Naval Intelligence [M]. Office of Naval Intelligence and The Naval Historical Center, 1994.
[50] MAJOR GENERAL GEORGE C. MCDONALD. U. S. Air Force [EB/OL]. (1950 - 07 - 10)[2020 - 04 - 11]. https://www.af.mil/About-Us/Biographies/Display/Article/106278/major-general-george-c-mcdonald/.
[51] ANDERSON B J. Army Air Forces Stations: A Guide to the Stations Where U. S. Army Air Forces Personnel Served in the United Kingdom During World War II [M]. Research Division, USAF Historical Research Center, 1985.
[52] DASO D A. Architects of American Air Supremacy: Gen. Hap Arnold and Dr. Theodore von Kármán [M]. Air University Press, 1997.
[53] DASO D A. Operation LUSTY: The US Army Air Forces' Exploitation of the Luftwaffe's Secret Aeronautical Technology, 1944 - 45 [J]. Aerospace Power Journal, 2002, XVI(1): 28 - 40.
[54] GRANT R. Our German Scientists [J]. Air Force Magazine, 2017, 99(12): 71 - 75.
[55] STURM T A. The USAF Scientific Advisory Board: Its First Twenty Years, 1944 - 1964 [M]. Office of Air Force History, U. S. Air Force, 1986.
[56] GORN M H. Introduction: The Marriage of Science to Air Power [M]// Gorn M H. Prophecy Fulfilled: "Toward New Horizons" and Its Legacy. Air Force History and Museums Program. 1994: 1 - 16.
[57] SIMONS G M. Operation LUSTY: The Race for Hitler's Secret Technology

[M]. Pen and Sword Aviation, 2016.
[58] CONVERSE E V. Rearming for the Cold War, 1945 - 1960 [M]. Vol. 1. History Office, Office of the Secretary of Defense, 2012.
[59] HIRSCHEL E H. The High Rating of Aeronautical Research During the Third Reich [M]// Hirschel E H, Prem H, Madelung G. Aeronautical Research in Germany: From Lilienthal until Today. Springer, Berlin, Heidelberg. 2004: 71 - 98.
[60] CHANG I. Thread of the Silkworm [M]. BasicBooks, A Subsidiary of Perseus Books, L. L. C. , 1995.
[61] GORN M H. Harnessing the Genie: Science and Technology Forecasting for the Air Force, 1944 - 1986 [M]. Office of Air Force History, U. S. Air Force, 1988.
[62] KREIS J F. Planning the Defeat of Japan: The A - 2 in Washington, 1943 - 1945 [M]// Kreis J F. Piercing the fog: intelligence and Army Air Forces operations in World War II. Air Force History and Museums Program. 1996: 349 - 392.
[63] HIRSCHEL E H, MEIER H U. Aerodynamics—The Key to Successful Flight [M]// Hirschel E H, Prem H, Madelung G. Aeronautical Research in Germany: From Lilienthal until Today. Springer, Berlin, Heidelberg. 2004: 172 - 202.
[64] MANDELES M D. The Development of the B - 52 and Jet Propulsion: A Case Study in Organizational Innovation [M]. Maxwell Air Force Base, Alabama: Air University Press, 1998.
[65] CRIM B E. Our Germans: Project Paperclip and the National Security State [M]. Johns Hopkins University Press, 2018.
[66] Proceedings of the Conference on Problems of Centralized Documentation [C], 1949.
[67] WALLACE L E. The Story of the Defense Technical Information Center, 1945 - 1995 [M]. Defense Technical Information Center, 1995.
[68] Splendid Vision, Unswerving Purpose: Developing Air Power for the United States Air Force During the First Century of Powered Flight [M]. U. S. Air Force, 2002.
[69] The Beginning of Scientific and Technical Intelligence [M]// The History of NASIC.
[70] WALKER L E, WICKAM S E. From Huffman Prairie To The Moon: The History of Wright-Patterson Air force Base [M]. Air Force Logistics Command, 1986.
[71] LIEUTENANT GENERAL ELWOOD R. QUESADA. U. S. Air Force [EB/OL]. [2020 - 04 - 16]. https://www.af.mil/About-Us/Biographies/Display/Article/106101/lieutenant-general-elwood-r-quesada/.
[72] LIEUTENANT GENERAL DONALD LEANDER PUTT. U. S. Air Force [EB/OL]. [2020 - 07 - 15]. https://www.af.mil/About-Us/Biographies/Display/Article/105883/lieutenant-general-donald-leander-putt/.

[73] FTD 50 Years, 1917 - 1967 [M]. Foreign Technology Division of the Air Force Systems Command, 1967.
[74] MAJOR GENERAL HUGH J. KNERR. U.S. Air Force [EB/OL]. (1968 - 10 - 04) [2020 - 04 - 17]. https://www.af.mil/About-Us/Biographies/Display/Article/106505/major-general-hugh-j-knerr/.
[75] RAVENSTEIN C A. The Organization and Lineage of the United States Air Force [M]. Office of Air Force History, U.S. Air Force, 1986.
[76] STEWART R K. The Office of Technical Services: A New Deal Idea in the Cold War [J]. Knowledge, 1993,15(1): 44 - 77.
[77] SHAW R R. The Publication Board [J]. College & Research Libraries, 1946,7(2): 105 - 108.
[78] ZIEMKE E F. The U.S. Army in the Occupation of Germany, 1944 - 1946 [M]. Center of Military History, U.S. Army, 1975.
[79] TRUMAN H S. Executive Order 9568: Providing for the Release of Scientific Information. Gerhard Peters and John T. Woolley, The American Presidency Project [EB/OL]. [2020 - 04 - 19]. https://www.presidency.ucsb.edu/node/231427.
[80] TRUMAN H S. Executive Order 9604: Providing for the Release of Scientific Information (Extension and Amendment of Executive Order No. 9568). Gerhard Peters and John T. Woolley, The American Presidency Project [EB/OL]. [2020 - 04 - 19]. https://www.presidency.ucsb.edu/node/231400.
[81] 大卫·麦可洛夫．杜鲁门：在历史的拐点[M]．王秋海，李豫生，罗毅，胡国成，译．新世纪出版社，2015.
[82] Administrative History of the National Inventors Council [M]. National Inventors Council, U.S. Department of Commerce, 1947.
[83] SMITH J E. Selection of a Proconsul for Germany: The Appointment of Gen. Lucius D. Clay, 1945 [J]. Military Affairs, 1976, 40(3): 123 - 129.
[84] MILLET J D. The Organization and Role of the Army Service Forces [M]. Center of Military History, U.S. Army, 1987.
[85] SCHOW R A, CLAYBROOK J H, CLAIR H B S, et al. Organization and Operations of the Theater Intelligence Service in the European Theater of Operations [R]. General Board, U.S. Forces, European Theater, 1945.
[86] 姚馨．被激活的情报——美国“知识索赔”计划的启示[J]．竞争情报，2018，14(2)：4 - 10.
[87] WALKER C L. Secrets by the Thousands [J]. Harper's Magazine, 1946: 329 - 336.

第三章　新的机构，新的对手

1945 年 4 月 13 日上午，法国巴黎里茨酒店。

战略勤务局局长多诺万少将正在和亲信凯西（William J. Casey）共进早餐。此时，绰号“狂野比尔”的多诺万不像平常那样意气风发，而是有些无精打采，虽然他是在头一天的晚上刚从伦敦飞到这里，但他的这种颓然多半不是因为旅途劳顿所致。[1]286 [2]34

就在几个小时前，多诺万突然得到了富兰克林·罗斯福总统去世的消息。闻听此讯，他来不及刮完胡子便冲出洗手间，让人马上连线华盛顿。给总统夫人发完唁电后，他一个人呆坐床边，一坐就是三个小时。另一种说法则是说他坐在床沿，跟几个手下大讲特讲罗斯福之死将对战略勤务局和他本人造成多大的损失，一讲就是三个钟头。[1]287 [3]327

凯西问：你觉得这对战略勤务局会有什么影响？

多诺万答：我担心这个局很可能要完了。[2] 34 [4] 6

事后来看，多诺万的感觉是非常正确的。此时的他肯定不知道，就在这一天，新上任的杜鲁门总统从理查德·帕克（Richard Park Jr.）上校那里拿到了一份绝密报告，这份直到冷战结束才完全解密的报告只有一个主题：彻底拆解战略勤务局。[4] 6

在报告中，帕克痛斥多诺万领导的战略勤务局"对美国民众、美国的商业利益和国家利益造成了严重伤害"。为了证明自己言之有据，他列举了发生在战略勤务局以及多诺万本人身上的各种糗事，林林总总竟然有 120 多条。例如，战略勤务局试图从日本驻葡萄牙大使馆窃取密码，结果事情败露，日本人更换了密码，这据说造成了美军在 1943 年夏"重大军事情报完全中断"。再例如，多诺万在布加勒斯特的一次鸡尾酒会上纵酒忘形，竟然遗失了公文包，结果公文包被纳粹盖世太保拿到，造成的损失难以估量。[2] 34-35 [5]

在报告的最后，帕克给战略勤务局作出了如下"判决"：那些只受过"粗糙而散漫"训练的工作人员，必须从"秘密情报"的队伍中清除出去。除此之外，这个机构有几个部门还值得"挽救"，尤其是研究分析部"表现不凡"，帕克因此建议应该把它转交给国务院。[2] 34-35 [5] [6] 112-113

研究与情报过渡处

对于战略勤务局在战后将何去何从这个问题，多诺万已经思考了相当长的时间。早在1943年9月，他就给盟军总司令艾森豪威尔的参谋长沃尔特·史密斯（Walter B. Smith）递交过一份材料，题目是《论在美国建立一个永久性的长期战略情报机构的必要性——该机构应当成为军事体系不可或缺的组成部分，兼具“颠覆”和“迷惑敌人”的职能》。如此超长的标题，除了让人记忆深刻，还有一个好处是据说史密斯立刻就明白了多诺万的意图。值得注意的是，此时在多诺万的头脑中，这个机构就如同此时的战略勤务局，是放在参联会之下，而非由总统直接掌控。[3]271 [7]218 [8]60-61

战略勤务局必须从一个战争期间的临时机构变为和平时期的常设机构。以此为出发点，多诺万逐渐形成了一套比较清晰的想法。一年以后，围绕这些想法，战略勤务局先后起草了两份文字材料，随后引发了激烈程度前所未有的大讨论和大争吵。

这两份文件中的第一份大致完成于1944年的10月，其标题为《美国永久性的对外情报机构的基础》。在这份文件当中，多诺万勾勒出未来美国情报体系的大致模样：已有的各部门的情报机构继续从事各自专门的工作，在此之外，再建立一个“集中式和综合性的对外情报机构”，其主官由总统任命，并“在总统的指挥下”对机构进行管理，面向整个联邦政府开展服务。最后，再由国务院和各军兵种选派代表组成一个专门委员会，为这个机构提供建议和帮助。不难看出，跟一年前相比，多诺万对新机构的构想已经发生了很大的变化。[3] 274-275 [7] 220-221 [9]

这个“对外情报机构”主要从事国家战略情报的搜集、分析和发布工作，因而它应当设有一个研究分析部门。除此之外，它还负责诸如“秘密情报、反间谍、密码分析和秘密颠覆”等各种秘密活动。多诺万强调，这个情报机构“不在美国国内开展秘密情报活动”，并且“无论在美国国内还是国外，它都不具有警察职能，也不应被看作执法部门”。简而言之，这个机构基本上就是战略勤务局，是现成的，无需花力气另建。[7] 221 [3] 275

在11月中旬完成的第二份文件里，多诺万为总统准备了一份命令草案。草案中明确提出：“新机构”隶属于总统办公厅，是一个独立于其他行政部门的中央情报机构，肩负协调这些部门情报机构的职能，同时承担搜集和生产情报的任务。为履行这些职责，这个机构有权控制自己的人员和掌握自己的预算，其主官接受“总统的指挥和监督”。[3] 280-281 [7] 227-228 [10]

多诺万的这两份文件在白宫官员、国务院等部门领导、参联会的高级将领以及军方情报机构首脑当中广泛传阅。鉴于之前曾经发生过冲突，多诺万对可能遭到的反对和阻力一点也不意外。由于一直被陆军军事情报局和海军情报局视为对手，多诺万并不指望能获得这些部门的支持。按照他的设想，最后也是最重要的争斗将发生在更高层。他需要同参联

会以及行政部门的部长们进行斗争，甚至在必要时同总统进行斗争也是可能的。[3]276-284, 285

然而，在1945年2月9日，出乎多诺万意料的事件突然发生了。同属于帕特森—麦考密克（Patterson-McCormick）报系的《华盛顿时代先驱报》《纽约每日新闻报》和《芝加哥论坛报》三家报纸一齐发难。除了全文刊登多诺万起草的文件之外，这几种报纸还都编发了知名记者特罗安（Walter Trohan）撰写的文章，并配以惊悚的标题：《机密备忘录爆出美国超级间谍计划》《“新政派”策划建立超级间谍系统，命令已经起草完毕，密探将监视美国和全球》《“新政派”计划在国内外派遣间谍》《超级盖世太保机构正在酝酿》。细心的人后来发现，这些文章里的某些段落，竟然和帕克报告里某些章节的内容非常相似。[7]255, 282 [3]352-353

接下来的几天里，多诺万和他的那个“计划”成为舆论焦点，这让原本就处于苦斗之中的多诺万更加难以招架。而等他稳住阵脚，试图再次推进自己的计划时，却传来了罗斯福去世的消息。[3]314-316, 322-326

关于这次泄密事件的爆料人，多诺万一直认为最有可能是自己的宿敌联邦调查局局长胡佛，他和那个记者特罗安关系很熟。但综合各方线索，中央情报局（CIA）官方历史学者托马斯·特罗伊（Thomas F. Troy）认为陆军情报部门的嫌疑也不小。然而，让特罗伊无论如何不敢相信的是，多年以后他从当事人特罗安口中听到的，竟然是无论如何也想不到的另一个名字——富兰克林·罗斯福。特罗安所说的是真的吗？如果是真的，那罗斯福总统为什么要这么做呢？不仅特罗伊无法回答这些问题，就连多诺万本人很可能也回答不上来。[7] vi [11] 76 [12]

2 月 11 日，这几家报纸又刊登了参联会提出的情报机构计划（JIC 239/5），同样配以负面的标题——对军方情报机构的杀伤也不小。因此，特罗伊对陆军的怀疑似乎不太能站得住脚——陆军没有必要干这种两败俱伤的事情，而多诺万和参联会这两份针锋相对的计划多半是同时交到相关记者手中的。[7] 256 [13]

有一件事是肯定的。多诺万以及他领导的战略勤务局，并没有成为罗斯福总统持续稳定的情报源。由于各种原因，罗斯福在作决策时并不习惯跟情报机构打交道，而是更依赖于非正式的交谈和他的私人助手，这使得他的决策过程经常显得无章可循和难以捉摸。从这个角度来看，多诺万已经失败了。[14] 5

只当了三个月副总统的杜鲁门成为新总统，他和多诺万的关系生分。直到 5 月 14 日，他才在百忙之中抽空接见了多诺万，两个人只谈了不到 15 分钟。相比之下，杜鲁门对白宫预算局局长史密斯的印象极好，还称赞其“办事高效并且十分忠诚”。所以，当多诺万提醒他，美国的“情报系统缺乏协调，这种状况的缺点和危险人所共知”，总统需要选择是洞察一切还是被蒙在鼓里时，杜鲁门多半没有听进去。非但如此，他可能更相信史密斯所说的，要对“鼓吹立即行动”的多诺万等人保持警觉。[2] 35 [7] 265-266 [3] 335 [1] 290 [15] 61-63

在总统眼中，美国战后对外情报系统应该如何建设，只是联邦政府战后重组这个全局性问题当中的一个局部问题。1944 年 9 月，罗斯福把整桩事情交给白宫预算局，让他们把问题和措施都研究清楚。史密斯局长随后作出安排，把“情报和安全”整体打包成一个“217 号计划”，由乔治·施瓦茨沃尔德（George F. Schwarzwalder）负责。[7]305 [6]119

因为已经准备多时，所以在与杜鲁门第一次会面仅两天后的 4 月 20 日，史密斯局长就交给杜鲁门一份篇幅很长的，专门汇报情报工作问题的备忘录。他告诉总统，预算局围绕这件事情作了全面而深入的调查研究，完全能够胜任战后情报机构的重组工作，并且他已让人着手研究“战后情报工作组织与协调的方向”这一重大问题，会把参联会、战略勤务局等单位提出的意见建议全都考虑进去，不会重犯“仓促草率”的旧错。杜鲁门对此完全支持。[7]266 [3]328 [15]110-111

帕克上校在他的秘密报告里猛烈抨击战略勤务局是“美国政府中最昂贵最浪费的一个单位”，这在一个非常重视政府预算的新总统那里可能就成了最具杀伤力的一个评价。再加上多诺万原本属于“只要场上还有球没被对方控制”，就可以不顾规则“抱着就跑”的那种人，而杜鲁门急于恢复某种秩序，把国家从战时状态恢复到平时状态，战争结束当然就成了多诺万等人下课的最佳时间。1945 年 8 月，亚洲战火平息，白宫预算局立即着手准备战略勤务局以及其他战时机构的清理（liquidation）计划。

当时，很多人认为应该给清理计划预留一段比较充裕的准备时间，好让战略勤务局能够相对从容地清理那些和平时期不再需要的部门和人员，同时把相对最有价值的资产保留下来。[1] 302-303 [6] 113 [16] 133 可杜鲁门并不这么想。8 月还没过完，他就让白宫预算局局长、战争动员与恢复处处长等人组成一个特别班子，专门解决战时机构的清理问题。31 日，他签署了“第 9608 号”行政令，宣布解散应急管理局战时信息处和美洲事务处（OIAA），并要求半个月后落实到位。随后，预算局牵头的这个小班子便按照这个节奏，快速拟制出了战略勤务局的清理计划。[7] 287 [17] [6] 113 [18] 2

9 月 13 日，预算局长史密斯派人向多诺万通报清理计划的内容。在多诺万的一再追问下，史密斯派去的代表透露说整件事尚未征求参联会的意见，一切都还“只是暂定”。这让多诺万产生了一丝错觉，他当即给总统写去一封信，希望他三思而后行。可惜他并不知道杜鲁门此时已经下定决心。史密斯在这一天的工作日志上记录了总统的旨意：“哪怕多诺万不愿意，也要把他的机构解散掉”。[7] 297 [6] 113, 119 [19]

一周后的 9 月 20 日 15 时，史密斯局长把命令文本送到了总统手上，杜鲁门总统匆匆看了一遍便在上面签下了自己的名字。这一道“第 9621 号”行政令再明确不过：解散战略勤务局；研究分析部和呈现部转隶到国务院，合称为“研究与情报过渡处”（IRIS）；其余的部门（主要是秘密情报部门和反情报部门）交给战争部，由战争部长决定这些部门的去留；所有事项应于 10 月 1 日落实到位。命令同时明确：研究与情报过渡处只是一个临时机构，12 月 31 日以前相关业务必须理顺，届时该机构将被撤销。后来，深得杜鲁门信任的克里福德（Clark M. Clifford）在自己的回忆录里写道，杜鲁门此举“贸然”“猝然”“不明智”，这算是一句比较中肯的评论了。[6]113 [20] [7]301-302 [18]3 [21]165 [14]6

就在同一天，杜鲁门还签下另外两份文件。一份是给多诺万的感谢信，在高度肯定了他的工作能力和成绩之后，他略带挑衅地告诉这位即将失去权势的战略勤务局局长：研究分析部等部门移交给国务院，标志着“在美国政府永久性框架之下，一个协调的对外情报系统开始形成”，而“美国政府和平时期的情报机构，将矗立在战争期间通过战略勤务局动员起来的设施和资源基础之上”。[22] [6]113 [7]303

另外一份文件是给国务卿詹姆斯·贝尔纳斯（James F. Byrnes）的。杜鲁门让贝尔纳斯牵头组建一个跨部门的工作组，把“全面和协调的对外情报计划”制定出来。此时的贝尔纳斯正在伦敦。等他回到国务院，发现手下猛增了4000多人，不禁大吃一惊。仅短短几周时间，总统接连解散了白宫战时信息处、美洲事务处、对外经济管理处和参联会战略勤务局，许多相关工作人员被安排到了国务院——当然，这些“人事安排”大多仅停留在纸面，很多人仍然在原来的办公地点上班。[7]302, 309 [18]3 [23]

贝尔纳斯在情报工作方面毫无经验，因而在出国前把有关工作交给了副国务卿迪安·艾奇逊（Dean Acheson），而艾奇逊很快选中了一个合适的人选作为自己的帮手，这个人就是在陆军军事情报部任职的阿尔弗雷德·麦考迈克（Alfred

McCormack）上校。麦考迈克早年毕业于普林斯顿大学，后来是哥伦比亚大学法学院的优等生，他入伍前曾在纽约做律师，是一位公认的“优秀组织者”，在情报工作方面“业绩突出”。[7]311 [24]64

9 月 27 日，麦考迈克办妥了调动手续，正式担任国务卿的研究与情报特别助理，同时兼任研究与情报过渡处处长。显然，他的首要任务就是落实总统的指令，在年底前把应急性的研究与情报过渡处改造成一个常设单位。这个任务一点也不轻松。除了研究分析部和呈现部的 1300 多人，国务院还从其他部门转过来 100 多人，而麦考迈克还打算从原先所在的军事情报部调过来一批骨干，另外还有按计划将转隶到战争部战略勤务处（SSU）的 250 名前战略勤务局的人员，也被临时安置在过渡处，暂时请他代为管理。这些各种来路的人员加到一起，竟然有 1600 人之多。[7]311 [25]181 [26]2

直到 10 月底，麦考迈克才从这一大堆乱麻中整理出一些眉目。可就在这时，他却突然听说，国会砍掉了国务院下一个财年的情报工作预算。这意味着他分管的这一部分工作将失去经费来源，那么研究与情报过渡处到年底就只能关门大吉。事不宜迟，麦考迈克立即着手起草申请材料，力争拿到追加预算。[7]312

材料写好，麦考迈克首先要过分管行政事务的助理国务卿唐纳德·罗素（Donald S. Russell）这一关。尽管麦考迈克的级别与助理国务卿相当，但对方却很不客气，接连给麦考迈克提了两个问题：国务院为什么要建立一个集中的情报机构？为什么不能把情报研究人员分到地区局和职能局里去？在罗素看来，如果他的这种分散策略切实可行，追加预算就完全没有必要了。[7]312

看来，罗素和麦考迈克的思路完全不同。按照麦考迈克的设想，过渡处将作为一个整体“转正”，它的业务将分为三个部分：研究与情报、搜集与分发、安全与保卫。其中，研究与情报部分将根据国务院的业务局设置，平行地组建若干个研究处室，与业务局紧密合作但相对独立，力求做到不偏不倚、客观中立。但是在国务院，地区局和职能局等业务局一直处于强势地位，他们无法理解也更无法容忍麦考迈克的这种想法，他们认为只有自己才是相关领域的研究权威，情报研究人员与他们业务相近，应该被分散到各个局里充当配角，而不是集中在一个地方跟他们对着干。助理国务卿罗素所代表的正是这些业务局。[7]311-312 [25]182 [26]2

麦考迈克此时的支持者只有副国务卿迪安·艾奇逊。他们势单力薄，敌不过罗素以及他所代表的业务局，更何况罗素的身后还站立着他过去生意上的合作伙伴——国务卿贝尔纳斯。[25]182-183 [26]2

事情就这么拖过了年底。1946 年 1 月 5 日，贝尔纳斯又要去伦敦出差，临行前他授意罗素，先按麦考迈克的想法把新机构建起来，不过要事先声明这只是为期两个月的临时举措，到 3 月 1 日前再作最后的决定。[25]184-185 [7]341 [27]

于是研究与情报过渡处更名为“研究情报部”（ORI），实际上也就只是改名而已，单位的过渡性质并未改变。时间很快到了2月底，罗素提醒贝尔纳斯截止日期眼看快到了，没想到贝尔纳斯让他再等等。到了4月中旬，国务院办事拖拖拉拉被媒体曝光，让国务卿有点挂不住面子。于是罗素等人火速组织业务局投票，是支持麦考迈克的集中式方案还是支持他的分散式方案。结果可想而知。[25] 185 [26] 2-3

4月22日，贝尔纳斯发布指令，公布了罗素的方案。来自战略勤务局研究分析部的研究人员被分散到国务院的各个业务局，研究情报部就此彻底解散。第二天，麦考迈克便辞职离去，接替他的是兰格尔教授。仅过了四个月，兰格尔也离开了这里。[25] 185 [28] 199-200 [29]

后来有人评论说，国务院业务局对待那些分派来的情报研究人员，就像对待难民一般。这话可能有点夸张，但战略勤务局的研究分析骨干们此后纷纷选择离去，却是不争的事实。先后被提拔为研究情报部副主任和代理主任的谢尔曼·肯特，可能还没有来得及感受一丝喜悦，便切换到深深的沮丧和失望之中。[4] 13 [28] 199 [30] 92 关于那段岁月，肯特在自己的回忆录里写了这么一句：

> 在我的一生中，我之前从未经历过，也从未想象过，比这更凄惨、更痛苦的日子。[4] 13

与许多人相比，肯特无疑又是幸运的，因为他的这一段人生低谷期相对而言并不算太长。1946年5月，海军中将哈里·希尔（Harry W. Hill）和陆军少将阿尔弗雷德·格伦瑟

（Alfred Gruenther）先后与他取得了联系。[31] 106

希尔和格伦瑟此时分别担任国家战争学院的院长和副院长，他们都希望肯特能到这所新创办的学校里来工作。不久前刚离开国务院的凯南（George F. Kennan），以及因为一部《绝对武器》而声名鹊起的布罗迪（Bernard Brodie），都已经在他们的感召下进入了国家战争学院。这无疑更增加了这所学校对肯特的吸引力。于是，肯特调整了计划，向耶鲁大学申请延长一年的假期，接受邀请前往国家战争学院，并幸运地申请到一笔古根海姆奖学金，开始着手撰写他的传世之作——《战略情报：为美国世界政策服务》。[31] 106 [30] 92 [32]

中央情报组

公平地讲，白宫预算局在战后美国对外情报系统建设方面是下了一番功夫的。负责“217 号计划”的施瓦茨沃尔德等人在他们的报告里，用了相当篇幅来澄清相关基本概念，这部分的工作时至今日依然可圈可点。他们认为，对于“情报”有三种流行观点：有人把它视为“充斥着间谍和阴谋的肮脏词汇”，有人认为它“只能被用于军事和战时”，还有人认为它“只适用于高层战略性问题或者国家安全问题”。这些错误观点都应被抛弃。[3] 386 [7] 307 [33] 7-8

在施瓦茨沃尔德等人看来，战后的对外情报，不应当被局限于“特殊的或者‘秘密’的国外信息”，也不能被简单地归入几个彼此孤立的，诸如“军事信息”“经济信息”或者“政治信息”等类别。决策者需要掌握国外所有的相关情况，并且搞清楚事情背后的动机，才有可能制定出明智的政策和行动计划。对于各层次的决策者而言，情况都是如此。因此既不可能让某个情报单位承担所有情报任务，也不可能指望几个情报单位简单地分分工就能完成好任务。一言以蔽之，情报单位协调一致才是正道。[33] 8 [3] 386-387 [7] 307

至于如何操作，预算局给出的方案可以归结为两点，一是在国务院内部建立“情报研究部”以“集中、协调和生产情报”；二是赋予国务院一个“领导者”的地位，让其牵头制定“整体性的”联邦政府对外情报及研究计划。所以杜鲁门才在宣布解散战略勤务局的当天专门附上一封信件，连同行政令一并发给国务卿，敦促他组建一个部际工作小组，尽快把对外情报规划拿出来。[3] 384 [7] 305-306 [23] [18] 3

然而事情并没有按照预算局事先编排的“剧本”向前发展——国务院无论是在思想认识层面，还是在组织管理层面上都没有对此做好准备。副国务卿迪安·艾奇逊和麦考迈克试图在推进国务院内设情报机构建设的同时，联合各部门的情报单位制定出部际情报工作规划，结果遭到军方的强烈抵制。战争部长帕特森在 12 月的某次会议上总结说，“只有等国务院确实建立起自己的中央情报机构”，才有可能同意他们的计划。如此看来，预算局的方案想要落地，在国务院内部建立一个坚强有力的情报机构已不仅是一个关键，而且更成为一个前置条件。但此时此刻，主动权已经从国务院手中丢失了。[3] 384-385, 410-418 [7] 329-336

原因也很简单——国务卿贝尔纳斯几个月前才刚从白宫战争动员处（OWM）调到国务院，完全是仓促上阵，全靠预算局和总统的支持才得以涉足情报工作。而他的对手之一海军部长福雷斯托从1940年就开始担任海军次长，另一个对手战争部长帕特森的情况与福雷斯托类似，这两个人都已经在自己的部门深耕多年，对情报工作的认识相对贝尔纳斯而言更深刻也更到位。[34] [35] [36]

1945年6月，福雷斯托邀请比较熟悉情况的投资银行家埃博斯塔特（Ferdinand Eberstadt），围绕战后国家安全和军事部门改组问题开展研究，对外情报系统建设是其中一个重要议题。9月25日，埃博斯塔特等人拿出了一份长达253页的报告。他们在报告中提出，美国政府应当成立一个“国家安全委员会”（NSC），委员会主席由总统担任，成员包括国务院、军兵种以及相关其他部门首脑；在这个委员会之下再组建一个“中央情报局”，负责对各部门的“信息搜集”，以及“汇编、分析、评估和分发”等工作进行协调，并为国家安全委员会提供“权威信息”，使其能洞悉“外部世界的当前状况和发展态势”。[37]7, 12 [7]315 [16]136 [14]8

帕特森也紧随其后组织了一个类似的班子，并由助理部长洛维特（Robert A. Lovett）牵头，在11月3日完成了报告。与埃博斯塔特报告相似，洛维特报告也提出要建立一个“中央情报局”，情报局之上也有一个委员会，委员会的组成与“国家安全委员会”大体相同，只是总统不再参加，洛维特等人把它称作“国家情报领导小组”（NIA）。此外，洛维特报告还主张成立一个由军兵种情报部门代表组成的“情报咨询理事会”，来决定“中央情报局”的人事安排等具体事项。[16]136 [7]317-318

有这两份报告撑腰，海军部和战争部在与国务院和预算局的争论中逐渐取得了优势。1945 年 11 月上旬，杜鲁门改变初衷，不再强调国务院的牵头地位，改由国务院、海军部和战争部三方联合制定对外情报系统的“整体性”框架，而海军部和战争部也相应作了许多妥协。[7]320

1946 年 1 月 22 日，杜鲁门总统签署命令，成立“国家情报领导小组”并组建“中央情报组”（CIG）。与之前战争部的方案相比，领导小组里增设了一名总统的代表，这一点比较容易理解。令人费解的是这个中央情报组，以及用了相当多篇幅来规定其职能的“中央情报总监”（DCI）。中央情报局官方历史学者托马斯·特罗伊曾评论说，中央情报组是“没有头脑的躯体”，而中央情报总监则是“没有躯体的头脑”。这是海军部和战争部妥协的结果。除此之外，还有一个扼住中央情报组命脉的“情报咨询理事会”（IAB），掌控着情报组的人事权、经费权和财产权。相关部门希望借助于这样一种设计，维护各自独立的情报能力，以及直接为总统提供情报服务的职能。[7]346 [38]464 [14]9

中央情报组与先前的那两份报告中所提到的“中央情报局”最大的区别还在于，它并不是一个实体机构，而只是从相关部门抽调人员组成的临时团队。因此，尽管这些被“派来”，或者说被“借来”的人员要在中央情报总监的指挥下开展工作，但情报总监并不是他们的真正“首脑”（head）。总之，中央情报组真的只是一个极为松散的“组”（group）而已。这便是国务院和预算局绞尽脑汁发明出来的一个新奇事物。[7]346

按照设计，中央情报总监将指挥这支临时队伍“对与国家安全相关的情报进行整理和评估”，然后再以适当的方式“进行分发”，并且“编制配套的协调计划”和“为国家情报领导小组制定整体性的政策和目标提供意见建议”。[38]464

多诺万已经回到纽约重拾他的律师生意。对于杜鲁门解散战略勤务局之后建立的这样一个“系统”，他认为是漏洞百出和十分荒唐的。比如说，对于把中央情报总监放在国家情报领导小组之下这样一种架构，他批评说这是一种权力和责任分离的架构，位于上层的领导小组有权无责，而处于下面的情报总监有责无权。领导小组里每个部长都负责一个大部门，成天公务缠身，很难兼顾“全日制”的情报工作，并且这些部长位高权重，他们对信息的理解和判断势必对情报总监造成干扰。所以多诺万依然坚持“为保证情报机构发挥效能，它应该被赋予与其他部门相同的地位，应该同这些部门一样，向同一个最高权威负责”。[7]349

多诺万头脑中之前幻想的中央情报机构，与现实中需要借人、借钱、借设备的中央情报组和中央情报总监，有着天壤之别。杜鲁门曾对哈罗德·史密斯透露，他所设想的是一个“完全不同以往的情报系统”。从某种意义上来说，到此时为止杜鲁门的确做到了这一点，至于这个“系统”能不能用和好不好用，杜鲁门好像并不担心，似乎这只有在把中央情报总监确定下来，并让总监把这个“系统”运转起来之后才会知道。[7] 272, 349

海军上将李海（William D. Leahy）是杜鲁门总统在国家情报领导小组的私人代表，他一直是以“美国陆海军总司令参谋长”的名义担任参联会的主持人，因此被后人称作“事实上的参联会主席”。李海向杜鲁门推荐说，海军情报副总长索尔斯（Sidney W. Souers）少将是中央情报总监的合适人选。说起来，杜鲁门最初听到“索尔斯”这个名字，也出自李海之口。他告诉杜鲁门，自己遵照罗斯福总统的指示，把多诺万关于战后对外情报工作的计划转给参联会，海军后来拿出来一个反建议，索尔斯在其中做了大量工作。这以后，索尔斯还参加了埃博斯塔特小组，负责具体撰写小组报告中的“情报”一节。[39] 4-6 [40] 178 [7] 321-322 [37] 45

据说，向杜鲁门推荐索尔斯的，可能还有他的亲信克里福德和海军部长福雷斯托等人。他们甚至打出亲情牌，把索尔斯吹嘘成“密苏里州圣路易斯市民主党的柱石”，希望以此赢得同样是来自密苏里的民主党人的杜鲁门更多的好感。最终，杜鲁门总统决定把中央情报总监这个位置交给索尔斯少将。[7] 339-340 [14] 10 [41] 367

索尔斯早年凭借全美第一家自选超市成为百万富翁，此刻一心想着尽快返回家乡重操旧业，听说总统打算让自己担任中央情报总监，他不禁有些惶恐——有传言说这将是一个“终身制的位置”，而他并不打算在这里常驻。或许是为了缓解一下紧张气氛，杜鲁门总统把首任中央情报总监的任命仪式改编成了一部轻喜剧。[42] [4] 13 [43] 317 在李海的工作日志上，记录下了1月24日发生的这一幕：

> 今天在白宫的午餐，只有（国家情报领导小组）成员参加。索尔斯少将和我披着黑斗篷，戴着黑帽子，佩挂着木短剑。总统向我们宣读了一份搞笑的指令，宣布了我们在“斗篷短剑密探组”，也就是中央情报组中的职务。[44] [4] 13-14

索尔斯本人就是前期对外情报系统问题激烈争吵的亲历者之一。他十分清楚自己所处的是个什么样的位置，也深知哪些问题可能会引起争论，加上他个人的行事风格，因此他采取的策略是小心谨慎前进，尽量避免冲突。[43] 317

作为情报总监，索尔斯的首要任务是把中央情报组组建起来，而在此之前，他必须先草拟出这个情报组的相关工作章程，然后经国家情报领导小组批准，以“领导小组指令”的形式对外发布。然而，尽管索尔斯精心斟酌措辞，该文件最终还是有意无意地埋下了日后争论的种子。[43] 317 [45]

这份工作章程的第二条提出，中央情报组将为总统、国务院、战争部、海军部以及其他相关部门“提供战略及国家政策情报”。这段条文阐述了中央情报组的应有之义，当然是正确的。没有人会预料到，就连这竟然也会演变成一场持续争论的起点。只要承认“国家情报预估”是“战略及国家政策情报”当中的重要一环，就必须要回答这样一个问题：为了完成好预估（estimate）任务，中央情报组是应该把自己发展成为一个大型研究分析机构，还是把分析工作交给相关部门的情报机构，自己仅保持一个较小规模的专家预估队伍就足够了。[43] 317

相对而言，第三条可能更为敏感。索尔斯提出，中央情报组提出的“所有建议，在递交领导小组之前，应当征求情报咨询理事会的意见……哪怕理事会中只有一名成员有不同意见，其意见都应当和情报组的建议一并递交领导小组”。这个条款反映出在整个系统当中，领导小组和咨询理事会相对于情报组和情报总监的强势地位，领导小组和咨询理事会当然乐于接受。但二者当中较为薄弱的咨询理事会，后来却成为情报总监首先质疑的对象：咨询理事会是应该被看作一个由各部门情报机构首脑组成的小型领导小组，还是应该被看作一个性质更加单纯的专家咨询组？[43] 317-318

不久，索尔斯又起草好了领导小组“第 2 号”指令。他想通过这份文件给中央情报组布置两项任务：对各部门对外情报的搜集情况进行摸底；利用各部门搜集到的重要情报以及重要行动进展，摘编成每日简报供总统阅读使用。但是这份指令草案在领导小组会议上遭到了国务卿贝尔纳斯的反对——他坚持认为用简报形式为白宫提供国外消息是国务院的分内职责。直到杜鲁门亲自澄清说他要的简报“只有事实信息”，不需要对这些信息进行分析、解释并提供政策建议，这件事情才算消停。1946 年 2 月 15 日（也有说法是 13 日或

14 日），中央情报组出品的第一份《每日摘要》送到了总统的办公桌上。[43] 318-319 [16] 137 [46] 309 [47] [48] [7] 355 [49] [50] 5

负责编写《每日摘要》的是新近组建的“中央报告处”（CRS），由来自国务院的蒙塔古（Ludwell L. Montague）临时负责。蒙塔古曾是参联会联合情报部（JIS）的资深成员，从 1941 年就开始担任陆海军联合情报委员会（JANIC）及后来的参联会联合情报委员会（JIC）的秘书，这也是他被索尔斯选中并从国务院借来的主要原因。[7] 355 [43] 319 [51] 58

中央报告处在名义上有 61 人，但此时只有 17 人已经到位——5 人来自国务院，8 人来自战争部，其余 4 人来自海军部，几个月后战争部才又增派了 2 个人过来。不久，人们便在《纽约时报》上看到了消息：杜鲁门总统在每个工作日的早晨 8 点 15 分会准时收到一份最新的《每日摘要》。据蒙塔古回忆，为了能让杜鲁门总统看到当天来自东半球的消息，他请索尔斯出面劝说杜鲁门，把阅读《每日摘要》的时间改到了中午。[7] 355 [52] 25 [53] 359 [54] 43

确定了总统拿到《每日摘要》的时间，相关工作便依序展开。每天上午 9 点，国务院以及各军兵种接收到的电报会送到中央情报组，一名编辑从这些电报当中挑选出他认为值得报道的内容。紧接着，研究人员用一个小时的时间起草好稿件，编辑再用一个小时定稿，经过审核、印刷、装订，最后装进蓝色的文件夹，通常在下午 1 点，送到总统以及其他几位高级官员的手中。[54] 32-33

杜鲁门在回忆录中提到，中央情报组成立之后，自己每天都会收到国外情报的摘报，他对此十分满意。

> 我们终于有了一套协调办法，走出了一条可行的路子，使得总统能够了解到哪些情况已经掌握，以及哪些事情正在发生。[55] 58 [56] 71

除了中央情报组送来的单纯事实性的《每日摘要》，总统每天还会收到国务院发来的带有些分析性的国外情况汇总，这可能就是他所理解的“协调办法”吧。[57] 2 [52] 25

不久，中央报告处试着创办了《每周摘要》，并在里面悄悄加入了一些解释性的内容。兰格尔教授此时也接替了辞职的麦考迈克，代表国务院参加情报咨询理事会。几年前在战略勤务局主持研究分析部工作的时候，兰格尔教授曾创办过《每周战情》刊物，后来研究分析部组建“动态情报处”（CIS），还编办了《每日情报摘要》和《政治情报周报》等多份刊物，因此他对《每周摘要》这样的动态期刊再熟悉不过了。他从维护国务院地位和利益的角度，质疑中央情报组是否有资格撰写解释性的文章。他的意见没有获得理事会其他成员的响应，兰格尔也只得作罢。其实，就连蒙塔古也因为手下借来的这些分析人员整体水平不高，《每周摘要》并“没有什么特色”，而动过停办这份刊物的念头，但最后却没能停下来。[7] 356 [58] 51, 172-173

索尔斯原本希望中央报告处能够开展一点预估工作——这个处原本是根据蒙塔古起草的“国家预估处”方案来组建

的，可惜为了与中央情报组新设的“中央计划处”（CPS）名称相配，该处被命名为“中央报告处”，使得设想中的“预估”职能几乎被人遗忘。令情报总监有些失望的是，报告处在完成简报后已没有更多力量去做其他事情，而他自己也没有拿定主意，是建立一支独立研究力量，还是只保留几个专家，主要借助其他部门的力量来完成任务。[43]319 [59]119-120

后面这种“借智”模式，是当初设计中央情报组时被众人认可的“主流”想法，这种设想既可以避免各部门情报机构的重复工作，又能弥补他们偏狭的研究和分析视角，貌似非常合理，可等到设想落地时索尔斯才发现，缺少一支稳定而有力的团队作为后盾，所谓的“协调”工作会寸步难行。但是，想要在更为强大的其他部门尤其是军兵种的眼皮底下建立一支独立的研究队伍，为总统以及其他高层决策者提供及时的动态情报和客观的预估情报，其困难程度足以让索尔斯望而却步。[14]12

等到他卸任的时候，中央情报组一共从国务院、战争部和海军部借调了165人，实际到位的不过71人。这就是首任中央情报总监的全部家底。[7]355, 358 [53]359

报告预估部

1946年3月4日，一名被借调到中央情报组的上校突然想出一个点子：如果能把军兵种和国务院掌握的有关苏联的材料汇总到一起，就可“用最快的速度”编出一部涵盖“苏联各种事实性战略情报”的“百科全书”。这正好是一个可以发挥中央情报组“协调”职能的工作，当即得到了索尔斯的支持。论证工作于4月29日完成。5月9日，经情报咨询理事会一致同意，项目正式启动。该项目的代号是“国防计划”（Project DEFENSE），相关要求被以中央情报组“第9号”指令的形式发送给各参加单位。[51]63 [60] [61] [14]13

不过，中央情报总监以及中央情报组在这个项目中的作用相当有限。按照最初的策划，项目组将分为计划小组和工作小组两个部分，可是让中央情报组十分尴尬的是，他们既不是计划小组成员，也不是工作小组成员。

计划小组设有组长和秘书各一人，只有在出现争议的时候才由中央情报组的协调员出面，把问题提交给情报总监定夺。在承担具体任务的工作小组层面，情报组派出的这位协调员只充当顾问的角色。最初提出这个想法的陆军军官属于陆军军事情报部，他们更愿意把“国防计划”看作自己一家的事情，而不是一个联合项目，中央情报组以及中央情报总监则近乎一个纯粹的协调者，最多再承担一些文字编辑工作而已。[60]346-347 [51]63-64 [57]6 [14]13

“国防计划”的最终成果（也就是所谓“百科全书”）后来定名为《战略情报文摘（苏联卷）》。对参与项目的成员单位而言，将来或许可以在《战略情报文摘》（SID）的基础上编写出《战略情报预估》（SIE）报告，这可能是这个项目对他们的吸引力所在。当然，此时还没有哪家单位仔细考虑编写预估报告这件事情。[51]64 [57]6

到6月初，工作小组把参联会联合情报部有关苏联的报告通读了一遍，讨论出一份《战略情报文摘》大纲，然后就根据这份大纲把相关工作分配了下去。但索尔斯本人并没有等到《情报文摘》正式成稿的那一天。他在6月10日把中央情报总监一职移交给了陆军分管情报工作的助理参谋长范登堡（Hoyt S. Vandenberg）中将，此时距离他宣誓就职不到140天。[51]64 [62] [7]356, 358 [63]365

索尔斯一直笃信“平行设置的，彼此竞争甚至时有冲突的业务体系”可能具有某种优势。在他参与起草的各种文件当中，总是刻意强调中央情报组和中央情报总监的“协调”作用，无论是组建情报组的那道总统令，还是国家情报领导小组“第1号”指令，莫不如此。但短短几个月下来，他对“协调”一词背后的沉重和艰辛有了更为深切的体会。所以当他得知陆军参谋长艾森豪威尔准备推荐61岁的邦斯蒂尔（Charles H. Bonesteel）少将接替自己的时候，他通过李海转告总统，为了更有效地开展协调工作，他推荐更为年轻也更了解情报工作的范登堡。尤其引人注目的是，他先是强调中央情报总监必须作风强硬，紧接着便称赞范登堡执掌陆军情报的工作表现堪称“果断而硬朗”。[51]56 [64] [65]

和索尔斯参加过海军部长组织的埃博斯塔特小组有些类似，范登堡是陆军部长组织的洛维特小组成员。索尔斯称赞他的硬朗，其实与他在情报方面的经历关系不大——范登堡被任命为分管相关业务的助理参谋长是1946年1月的事情。这个调令来得非常突然，令范登堡颇为不满，毕竟在战争期间他主要是作为参谋军官和指挥军官出场的。1943 年，他的职务是第 12 航空军以及驻西北非战略航空军参谋长，而为他赢得更多声誉的，是他从 1944 年 8 月到欧洲战事平息期间作为陆军航空兵第 9 航空军司令的经历，当时他指挥近 2 万名官兵为奥马尔·布莱德雷（Omar N. Bradley）将军的第 12 集团军群提供空中支援。[66] 755-757 [67] 465 [62]

索尔斯力挺范登堡还有其他原因。众所周知，范登堡的叔叔是一个很有地位的参议员，因此如果希望中央情报组和中央情报总监在国会方面获得更加有力的支持，范登堡具备情报咨询理事会其他成员无法比拟的优势。索尔斯也知道，范登堡盯着空军参谋长的位置，对于担任中央情报总监并没有什么兴趣，于是他安慰范登堡说，这份工作能让他跟总统及总统的几位阁员频繁接触，对他未来的升迁大有帮助。据说，索尔斯曾经非常直白地调侃范登堡：是不是以为只凭相貌英俊，总统就会让他去当参谋长。[7] 359, 546 [66] 758, 764

相比于索尔斯的老派和柔韧，47 岁的范登堡无论形象还是做派确实更为“少壮”。他从五角大楼浩浩荡荡地带来了自己的一班人马，一到中央情报组就“封闭在一间僻静的办公室里”起草文件，设想着把中央情报组变成一个“在各方面都自给自足的”情报机构，这正是一年多前多诺万拼尽全力希望做成的那件事情，而在当时激烈反对的人群里就有范登堡的身影。这真是“此一时彼一时”。[7] 361

上任刚十天，范登堡便把一份领导小组指令草案摆到了情报咨询理事会的面前。范登堡提出，中央情报总监应当有权集中开展跨部门的情报研究和分析工作，应当“作为领导小组的执行代理，对联邦政府所有对外情报活动进行协调和监督”，此外，“搜集对外情报的所有间谍及反间谍行动”也应当由中央情报总监负责实施。总之，范登堡希望“重新界定中央情报总监的职能”，并以此为突破口“使得情报总监有权扩大中央情报组的规模”。当然，所有这一切都有一个相当冠冕堂皇的理由——为了“更好地履行情报总监的使命任务”。[63]366 [68] [7]361

面对这样一份咄咄逼人的指令草案，代表国务院参加咨询理事会的兰格尔教授表示强烈反对。在他的带领下，理事会其他成员也纷纷对着草案开火。曾经在理事会里待过近半年时间的范登堡，对理事会的这套游戏规则再熟悉不过了。事实上，在他眼里，索尔斯表现得太过谨小慎微——就在几个月前，他曾和理事会的海军代表一同提议，把调入国务院的研究分析部拿到中央情报组，不料索尔斯竟然担心这会引起其他部门的不满，就是按兵不动，任由这支有生力量在那里凋零。这件小事可能也让范登堡对自己的这位前任有些许的不屑。[63]366 [59]31 [7]361

在情报咨询理事会军方代表中，海军情报总长托马斯·英格力斯（Thomas B. Inglis）是一名少将，而陆军航空兵分管情报工作的助理参谋长乔治·麦克唐纳只是一名准将。在这些“纯”情报军官面前，西点毕业且拥有作战指挥经历的范登堡中将，具有明显的优势，气势夺人。[14]10

几个回合下来，从表面上看范登堡在节节退却，但其实他的让步十分有限，甚至还在某些地方取得了进展。7月8日，国家情报领导小组发布了“第5号”指令：中央情报总监有权对“国家安全情报领域相关职能”的履行情况进行摸底，对于那些“只有通过集中模式才能更有效、更高效地开展的情报研究和分析活动”，可以由中央情报组采用集中模式开展起来。简而言之，范登堡为中央情报组争取到了开展情报研究和分析工作的职能，而这恰恰是各部门情报机构最不愿意看到的局面。要知道，在当初起草总统命令时，他们曾千方百计剪除了中央情报组的“研究和分析”这对羽翼，因为他们知道，一旦情报组插上这对羽翼，他们强加给情报组的许多钳制和限制迟早会被消除掉。[63]366 [69] [7]361-362

7月19日范登堡下令，以中央报告处为基础组建“研究评估部”（ORE），该部暂时由蒙塔古代为负责。除了生产动态情报，研究评估部还要对“战略及国家政策情报”进行协调，其中既包括科学、技术和经济情报，也包括国家预估情报，预期员额从原先的60人一跃而为2000人。在范登堡的努力下，这个部门的人数截至1946年底超过了300人——当然，要实现“2000人”这个宏伟目标仍然还需努力。就在19日当天，范登堡还给蒙塔古下达了另外一道命令，要求他完成一份有关“苏联外交与军事政策”的预估报告，交稿时间定在三天以后，也就是下一周的周二早晨，据他说这是总统急需。[70]130 [59]29, 120 [14]14

按照范登堡的重组计划，研究评估部下面将设有一个预估组，但此时此刻这个组连影子都还没有。蒙塔古知道，完成眼前这个任务只能靠他自己了，好在他并不需要从零开始撰写报告。[70]130

尽管中央情报组之前在“国防计划”中没能发挥太大的作用，但通过这个渠道，他们可以从其他部门获得许多重要的报告和论文。蒙塔古心里清楚，只要把这些已有的研究成果利用好，按期完成预估报告还是比较有把握的。[70]130-131

于是，从周六早上 9 点到周一凌晨 3 点，蒙塔古用了两个整天，把各种有用的材料通读了一遍，重点是联合情报部的报告以及从莫斯科传回的电报。接下来他仅用大半天时间就整理出一份草稿，并在下午 2 点送到参联会和其他部门代表那里，征求他们对草稿的意见。根据陆续反馈回来的意见，蒙塔古又把文稿仔细修改了一番，再经过编辑排版，等到最后把报告（ORE－1）① 交到范登堡手中，这时已经是周二的下午。范登堡随后把报告直接送到了白宫，没有征求情报咨询理事会其他成员的意见。[70]131 [71]435 [72] [59]29-30

蒙塔古的这次经历几乎成为他个人的一段传奇。不过，这样一种单打独斗并非他所预想的正常运作模式。他希望研究评估部能够像联合情报部那样，从其他部门情报机构借来称职的研究人员，不仅作为他的助手分担任务，还应该在整合各方情报的基础上，代表他们所在的部门发表意见，这样才能拿出更高层、更全面的预估报告。[70]131-132

蒙塔古当时可能未必知道，自己这是代表中央情报组和

---

① ORE－1《苏联的外交与军事政策》，1992 年解密。

中央情报总监参加了一场竞赛，竞赛对手是参联会联合战略调查委员会（JSSC）（也有人说是参联会联合情报委员会）。7月16日，杜鲁门的助手克里福德找到参联会，希望他们为总统提供苏联的最新动向和当前军事政策，并对苏联未来的军事政策作出预估。大约十天后，参联会把相关报告（JCS 1696）① 送到了白宫，克里福德又在此基础上进行了一些扩充，但没有改变参联会的基本判断。[73] 48-50 [74] 72-73 [59] 30

> 尽管苏联领导人公开表示，资本主义和共产主义之间的冲突不可避免，并将以后者的胜利而宣告结束，我们仍然希望他们能够认清（形势）：我们非常强大不可能被打败，非常坚定不可能被吓倒，希望他们由此改变想法，与我们合作，公平合理地处理争端。[73] 50 [75] 60

据说，读完克里福德递交的材料，杜鲁门情不自禁地感叹道："太麻烦了……我们正试图和苏联发展某种关系，这会对整件事情造成极为不利的影响。"相关文件随后被全部封存。至于杜鲁门有没有读到蒙塔古撰写的报告，至今无从得知。[73] 50

其实范登堡最为看中的，很可能并不是蒙塔古这份报告的观点和水平，只要他交出了这份报告，就算挑战成功——因为这意味着中央情报组已经在预估性的成品情报阵地上抢

---

① JCS 1696《总统所需的有关苏联的某些事实和信息》，解密时间不详。

占了一处位置，而一旦进入这个领地，将来有的是机会证明自己的实力。[57]6-7

在蒙塔古看来，中央情报组此刻经历的这一幕，似乎是几年前联合情报委员会以及联合情报部的旧戏重演。根据最初为联合情报委员会制定的章程，它只能为参联会和英美参谋长联合委员会中的美方代表提供动态情报，并不能提供预估情报。当然，联合情报委员会的成员都是高级军官，不能指望他们亲自动手生产情报。这些具体工作，以及各类繁杂的文字性工作，都交给了蒙塔古所在的联合情报部来完成。刚开始的时候，蒙塔古主要负责起草备忘录、编写动态情报摘要，后来，撰写预估报告成为他的日常工作。此时他已经明白，先前强加给联合情报委员会的有关预估情报的种种不合理限制，已经被突破了。[74]67-68

相对而言，此时蒙塔古更关注的，是如何从其他部门借来研究人员，把自己理想中的预估工作模式变成现实。10 月 27 日，范登堡宣布将研究评估部正式改名为“报告预估部”（ORE）——这据说是为了避免国务院特别敏感的“研究”一词。虽然单位全称改了，但缩写保持不变。四天后范登堡便带着蒙塔古起草的预估模式计划再次走进了情报咨询理事会的会场。[70]133 [76]3 [59]29

经过冗长而琐碎的讨论，理事会成员最终同意派人参与中央情报组的预估工作。但蒙塔古很快便发现，自己的愿望还是落空了。这些理事会成员派来的全都是些名副其实的联络员，并不参与实际的预估工作，他们只负责在理事会成员

和预估团队之间传递消息而已。[51] 133 [71]

手下缺少高素质的研究人员，成为困扰蒙塔古的一个难题。在给范登堡的一封信中，他这样写道：

> 要建立起能够生产出高水平“战略及国家政策情报”的机构，引进关键人才自始至终都是一个决定性的问题。这些人才兼具禀赋和经验，能够预见情报需求，能够利用手中的材料作出重要判断，能够看清尚未明朗的趋势。但这样的人才也确实罕见，很难碰上，招募的进展必然缓慢，然而要实现我们的使命任务，必须要把他们吸引进来。[54] 31 [77] 85

其实，此时的蒙塔古已经不再是报告预估部的负责人。为了获得国务院的支持，范登堡请他们选派合适的人员来担任报告预估部主任一职——尽管蒙塔古也来自国务院，可他被认为属于已经失势的麦考迈克那个派系，不能继续代表国务院。更具讽刺意味的是，正是因为他来自国务院，连报告预估部的副主任也无法担任——让国务院的人员同时担任这个部门的正副主任，同样也是不合适的。[70] 129

被正式任命的报告预估部主任克拉尔·赫德尔（J. Klahr Huddle）倒是很看重蒙塔古，请他继续担任情报处（也就是之前的中央报告处）处长，并且向蒙塔古保证他就是事实上的副主任。但这种名不正言不顺的安排，反而给蒙塔古惹来不少麻烦，可能是由于这个原因，蒙塔古后来对赫德尔评价

不高。[70] 129 [59] 121

从这一年的 12 月开始，报告预估部开始小心翼翼地在他们负责的《每日摘要》里加入一些分析性内容。因为他们发现，一旦某天在《每日摘要》上报道了苏军动向，紧跟着往往就会收到不同的消息，甚至到第二天会从其他来源拿到完全相反的消息。如果不补充一些评论，或者让研究人员先对这些信息的真实性和可靠性作一些判断，写进《每日摘要》的信息必然前后矛盾、真伪莫辨，这样的情报只能让总统更加糊涂。从此以后，带有分析性内容的《每日摘要》逐渐成为一种常态。[54] 28

科学情报部

1946 年 8 月 1 日，杜鲁门签署了《原子能法案》，宣布成立美国“原子能委员会”（AEC），同时明确在 5 个月后的 1947 年年初，将原本由陆军管理的“曼哈顿计划”移交给原子能委员会。[78] 596

8 月 13 日，范登堡向情报咨询理事会报告说，“曼哈顿计划”办公室下面有一个“国外情报科”（FIS），由该计划总指挥格罗夫斯将军直接管理，一直负责搜集和评估国外的核情报。他认为由中央情报组接管国外情报科的人员和资料更为合适，并且应当尽快完成交接。咨询理事会一致赞成他的意见。[79] [70] 161-162

随后，范登堡便把代拟的国家情报领导小组指令传给了领导小组成员，希望获得他们的支持。代理国务卿迪安·艾奇逊读完这份文件，感觉很不妥当，于是赶紧向总统汇报。杜鲁门也认为最好是等到原子能委员会组建起来以后再作决定，他授权艾奇逊"无论如何叫停此事"。既然有"尚方宝剑"在手，艾奇逊便在21日召开的第六次领导小组会议上牢牢控制住了方向。尽管范登堡在会上竭力推动，但领导小组还是决定把此事留给总统亲自定夺。作为总统私人代表参加会议的李海将军当即给杜鲁门发去电报，请杜鲁门明示相关意见。杜鲁门并没有改变之前的决定，而是再次按下了此事的暂停键。两个月后，他正式宣布了原子能委员会的组成，其中主席的名字叫利连索尔（David Lilienthal）。这对格罗夫斯来说无疑是个坏消息，因为他与利连索尔的关系很紧张，并且利连索尔还放出话来说核情报也应当由原子能委员会来管理。[79]394 [80] [81] [78]597 [70]162 [82]6

由于主张不同，格罗夫斯与利连索尔原本就有些隔阂，到1946年3月更因为所谓的"艾奇逊—利连索尔报告"而变得势同水火。这份报告的实际起草人是艾奇逊组建的一个专家顾问小组，由利连索尔担任组长。小组里有三个人参加过"曼哈顿计划"，其中奥本海默（J. Robert Oppenheimer）① 和查尔斯·托马斯（Charles A. Thomas）② 是发挥过关键作用的科学家，而哈里·韦恩（Harry A. Winne）则是经验丰富的管理人员。他们在报告中强烈呼吁美国政府在核能方面开展国际

---

① 奥本海默于1941年当选美国科学院院士。

② 查尔斯·托马斯于1948年当选美国科学院院士。

合作，格罗夫斯则一直公开鼓吹“核保密”，试图对相关信息完全封锁，双方的观点无法调和。[83]32-33 [84]217-222 [85]

1946 年 10 月 31 日，中央情报组报告预估部完成了第一份有关“苏联武器装备开发和生产能力”的预估报告（ORE 3/1）①，其中预测了苏联原子弹从开发阶段进入生产阶段的时间很可能是“1950 年至 1953 年之间的某个时间”。事后来看，这当然是个错误的结论。情报研究人员能得出这些结论，靠的是所谓“有根有据的猜测”（educated guess），这其实比“胡乱猜测”好不了多少，因为他们的所谓“根据”，不过是“苏联科学家以及被苏联人控制的那些德国科学家过去的表现”，以及美国人制造第一枚原子弹的经验罢了。曾有人说，参联会对苏联原子弹情况的预估是“5％的信息加上 95％的编造”，中央情报组的预估又何尝不是如此。其实格罗夫斯的情报机构掌握了一些苏联核科学家、核设施以及铀矿的情报，但并没有提供给中央情报组，在他看来，“核保密”对美国国内其他情报机构也不能例外，即使他本人因此饱受批评也在所不惜。事实上，范登堡就曾把格罗夫斯掌管的情报单位比作“单行道”——外面的信息可以流进，里面的信息绝不允许输出。[86] [80]397 [87] [88]19

外国情报，一直被格罗夫斯看得很紧，也看得很重。战争结束时，他曾经希望把“树丛”任务组转隶到陆军军事情报局之下，并在稍加调整后转变成一个永久性的科学情报机

---

① ORE 3/1《苏联开发和制造某种类型武器装备的能力》，1992 年解密。

构。但他的建议未被采纳，他只能眼睁睁地看着这支100多人的队伍流失殆尽。[89] 248-249

1945年10月15日“树丛”任务组正式解散之后，格罗夫斯手里只剩一个规模不大的国外情报科，但核情报的有关任务仍然落到他的头上。根据战争部的情报工作指令，格罗夫斯需要负责与“原子能（核物理）”相关的14个领域，可能是考虑到他的人手不多，这份指令明确指出情报调查“仅限于情报线索层面”即可。[86]

说起来，格罗夫斯与范登堡在战争期间就曾有些交往。1944年深秋，范登堡指挥第9航空军移师欧洲后，曾经接受过格罗夫斯的请求，派出装载着特殊探测设备的A-26中型轰炸机，深入德国腹地开展航空侦察。而范登堡在1946年8月的情报咨询委员会以及情报领导小组会议上的“表演”，很可能是他与格罗夫斯合作的一出“双簧”，因为在李海会后发给杜鲁门的电报上明明白白地写着：对于范登堡提出的由中央情报组接管“曼哈顿计划”国外情报科的想法，“格罗夫斯将军表示同意”。[90] 1-2, 7-8 [81] 401

11月21日，格罗夫斯给原子能委员会发去了一封专门信件，先是煞有介事地说国外情报科1945年才正式成立，主要负责相关信息的汇总、整理和诠释工作，并没有情报搜集能力，然后说自己一直认为中央情报组拥有最强的情报搜集和分发力量，所以应当把国外情报科转入中央情报组。这算是最后的摊牌了。后来，经战争部长帕特森从中斡旋，格罗夫斯与利连索尔各退一步，原子能委员会将作为成员参与协

调核情报工作。[91] [86] [82] 8

事后来看，对于国外情报科的处置，杜鲁门按下的也只是暂停键而已。1947 年 2 月 12 日，情报领导小组的第九次会议决定，授权范登堡按照几个月前代拟的领导小组指令，与原子能委员会主席利连索尔商谈接管“曼哈顿计划”情报部门人员和资料的具体事宜。18 日（也有说法是 25 日），国外情报科被正式移交给中央情报组，并于 3 月 28 日成为报告预估部科学情报室下的核能研究组，该研究组的职责是“对国外的核能力及其动机开展预估工作”。[92] [76] 3-4 [93] 72-73 [70] 165 [94] 9

后来，一位中央情报局的资深官员如此评价这次移交：

> 在技术情报最初延展到冷战的那一时期，美国围绕苏联核武器开发所开展的情报工作扮演着非常重要的角色。从这一点来看，正是在……转隶过来的“曼哈顿计划”情报部门的基础上，新成立的中央情报组形成了自己的科学技术情报能力。苏联核武器计划技术结构的复杂性，以及许多新的、独特的可观察对象，为美国的情报分析人员提供了近乎理想的，同时也是非常经典的技术情报挑战。[95] 659 [96] 106

2 月 26 日，蒙塔古到白宫办事，他从杜鲁门的海军助理口中听说，国家情报领导小组已经选好了海军少将希伦科特作为范登堡的接班人。他第一次了解到有一个陆军和海军轮流派人担任中央情报总监的不成文规则，并且这个人必须是个将军。然而他所知道的还不够准确。所谓的不成文规则还包括第三家单位——美国国务院。他们推荐的艾伦·杜勒斯（Allen W. Dulles）是本次竞争总监位置的有力人选。作为战略勤务局伯尔尼办事处负责人，杜勒斯曾经在中立国瑞士工作多年，因业绩突出而深受多诺万赏识。可是由于种种原因，他没能获得杜鲁门和国会方面的支持，军方趁虚而入将他排挤出局。[97] 746 [98] 34-35 [99] [100] viii-ix

5月1日，范登堡回到陆军航空兵担任航空兵副司令。又过了几个月，美国《国家安全法案》通过，陆军航空兵由陆军旗下的一个兵种升格为一个新的军种——空军，范登堡毫无悬念地成为美国空军首任副参谋长，后来还如愿以偿当上了参谋长。[63] 369

希伦科特到任后不久，联合研发理事会（JRDB）主席万尼瓦尔·布什便找到他，敦促他继续推进先前商定的“科学情报领域合作”事宜。早在1946年下半年，报告预估部便成立了一个科学情报组，主要是作为预估部各地区情报组的助手，帮助解决他们越来越经常碰到的科学技术方面的问题。由于手下缺乏合用的科学情报研究人员，范登堡不得不在这一年年底向联合研发理事会寻求帮助，而理事会此时也正在考虑如何及时准确地对国外科研现状和趋势进行分析评估，双方一拍即合，在1947年1月10日签署了合作协议，1月23日范登堡便在报告预估部下面正式组建了科学情报室。他还与布什约定，科学情报室主任将成为中央情报组与联合研发理事会之间的联络员，同时担任研发理事会主席的情报顾问。接下来，便是要找一个合适的人选来担任这个情报室的主任了。[101]61-63 [76]3 [102] [103] [70]164-165 [59]173-174

这件貌似简单的事情竟然用了很长时间，以至于范登堡无奈之下让约翰·惠特里（John F. Whiteley Jr.）上校当了一段时间的代理主任，而正式主任人选，直到希伦科特接替他担任中央情报总监，也还没有着落。[103] [70]165

科学情报室主任这件事情难就难在预设的“称职标准”过于理想化了。范登堡和万尼瓦尔·布什等人都认为这个主任应该是他所在的那个领域的顶尖人才，同时还必须能理解情报需求，而更为重要的是，他还得愿意用双重身份开展工作。也就是说，在表面上他还需要有一个在其他科研机构工作的掩护身份，这个机构的名气越大越好。可惜的是，布什没能在他自己管理的卡耐基研究院里找到这样的人才。中央情报组的科学顾问、普林斯顿大学的物理学家霍华德·罗伯逊（Howard P. Robertson）① 也表示，不愿中断自己的学术生涯去隐姓埋名地在中央情报组从事全职工作——就在几个月前，他刚刚结束战场技术信息局的工作，从法国回到普林斯顿。[101]62 [104]359-360

好在布什和联合研发理事会几番努力之后还是找到了一个“称职”的人物，他是海军军械试验站科学部主任布罗德（Wallace R. Brode）②。布罗德出生在一个教授家庭，兄弟三人日后全都是学者。布罗德本人在1925年获得伊利诺伊大

---

① 霍华德·罗伯逊于1951年当选美国国家科学院院士。

② 布罗德于1954年当选美国国家科学院院士。

学博士学位后，由古根海姆奖学金资助赴欧洲游学，在应用光谱学方面颇有造诣。战争期间，他曾被布什领导的白宫科学研发处派驻巴黎。让布罗德获得布什加分的，还有他为军械试验站制定的科学情报搜集计划。在 7 月底的时候，霍华德·罗伯逊给中央情报总监打去电话，告诉他布罗德愿意承担这份工作，只是还有几个研究生需要指导，可能偶尔要请个假。[101] 62-63 [105] 65-66 [106]

为了解决布罗德的掩护身份问题，希伦科特联系上了美国国家标准局局长爱德华·康顿（Edward U. Condon）①。很快，康顿便任命布罗德担任标准局副局长，并特许他立即处于离职状态，同时授权他以此身份作为掩护，参与各种情报活动。但布罗德还有一件烦心事需要解决：由于他是从俄亥俄州立大学终身教授的位置上请假离职，然后在海军军械试验站工作，此时假期已经逾期，如果不回学校就只能放弃自己的教授位置。作为一种补偿，康顿答应一年后把标准局局长的位置让给他。[101] 63

1947 年 10 月，布罗德正式担任科学情报室主任。此时国家情报领导小组和中央情报组分别被国家安全委员会和中央情报局取代，中央情报局名义上还拥有了独立人事权和经费权，但距离《中央情报局法案》通过还有两年时间。希伦科特正竭力将情报咨询理事会改造成中央情报总监的“顾问团”——“情报咨询委员会”（IAC）。[98] 53-56 [50] 17 [107] [108]

---

① 爱德华·康顿于 1944 年当选美国国家科学院院士。

布罗德上任之后做的第一件事，便是彻底调整科学情报室的业务结构。在他到任之前，这个室被分为航空航天、核能、生物战、化学战、通信与电子、导弹六个研究组，几乎与联合研发理事会以及后来的研发理事会（RDB）的技术委员会设置完全相同。布罗德承认，这些的确都是关乎国家安全的重点领域，但他认为，科学情报室还是应该遵从化学、物理学、生物学这样的学科框架，按照“大学模式”来设置业务组，情报分析人员才有可能不受“领域”的局限，察觉到潜在的威胁。并且，相对于那些重点领域，科研人员更为熟悉这样的学科结构，可以更为顺利地把新毕业的学科博士招募进来。[101] 64

1948 年 1 月，布罗德设计的业务结构获得批准。但让他始料未及的是，中央情报局和研发理事会之间的关系却突然变得紧张起来，而最受伤害的就是夹在两个机构之间的科学情报室和他本人。在这件事情上，中央情报总监希伦科特的责任可能最大。[101] 64

3 月 5 日，希伦科特下令将原本属于科学情报室的核能研究组调整到特种行动部（OSO），该组原有职能任务保持不变，但升格为核能研究室。这让布什以及他领导的研发理事会非常不满。他们认为情报总监此举违反了前任总监与研发理事会之间的合作协议，而更令他们恼火的是希伦科特竟然暗示那份合作协议多半已经失效。于是布什写信提醒希伦科特说，研发理事会“很可能是中央情报局最重要的科学情报客户”，但“从未获得足够的科学情报支撑”。两天后，布什通知中央情报总监，他与范登堡一年前签署的相关合作协议作废。[93] 73 [101] 65 [76] 6 [82] 15

接触核情报，需要有绝密级别的安全许可。中央情报局有些高级官员质疑布罗德的安全许可级别不足，这是希伦科特将核能研究组调走的一个理由。而紧接着发生在布罗德身上的另一桩事情，则迫使他不得不选择离开。[101] 65

1948 年夏天，标准局局长康顿计划出席在巴黎举办的国际计量大会（CGPM），他想请布罗德在他外出期间当几天代理局长。站在康顿的角度而言，这是一个很合理的请求。但希伦科特了解到康顿此时正被“众议院非美活动委员会”（HUAC）调查，并且委员会主席向他施压，要求中央情报局的官员绝不能与康顿发生关联。于是希伦科特断然拒绝让布罗德请假去标准局，布罗德则争辩说这样做会使他副局长的掩护身份败露，但希伦科特依旧不肯让步。事情发展到这个地步，布罗德只得辞去科学情报室主任的职务，转而担任名副其实的标准局副局长。几年后，他成功当选美国国家科学院（NAS）院士。[101] 65 [105] 68-69

就在布罗德离开中央情报局的那个月，布什向国防部长福雷斯托报告说，中央情报局依旧非常无能，在科技领域尤其如此。布什的计划主管拉尔夫·克拉克（Ralph Clark）则在一旁添油加醋地抨击说：“研发理事会需要中央情报局提供科学情报，但实际上一无所获。”[101] 63

相比于胡佛委员会的埃博斯塔特小组①，以及国家安全委员会的艾伦·杜勒斯小组，研发理事会的这些意见充其量只能算是“和风细雨”。对希伦科特而言，这两个高层次调查小组不约而同地对中央情报局的科学情报工作现状表示不满，这才是真正的“暴风骤雨”。[109]7-11 [76]6-8

埃博斯塔特报告这样写道：

> 如果不能对敌国的科学进展程度作出准确评价，由此所产生的后果，将比其他领域的情报失败更为直接也更具灾难性。[110]1012 [101]66

埃博斯塔特小组指出，中央情报局需要“集中”建设一个“权威部门”，以便在“全面吸纳国外科学领域各种进展信息”的基础上，完成“相关进展的重要性评估任务”。[111]3-4

可能直到此时，希伦科特才回想起布罗德曾经提出的忠告：需要采取相对比较“剧烈”的动作，将科学情报室升格为“科学情报部”（OSI），与报告预估部平起平坐，局面才有可能改观。情报总监于是决定抢在这些调查报告正式发布之前先行整改，以争取主动。他下令，以报告预估部的科学情报室和特种行动部的核能研究室为主体组建科学情报部，

---

① 1947年7月美国国会委托前总统赫伯特·胡佛组建一个调查委员会，专门研究美国政府行政部门的组织和管理问题，其中国家安全部门相关问题的研究由埃博斯塔特牵头完成。这里提到的埃博斯塔特小组与前文提到的1945年海军部长福雷斯托成立的埃博斯塔特小组不同。

编配员额100人，命令于第二天生效。这是1948年12月31日发生的事情。[101]65-66 [76]7-8, 10 [94] [59]174 [111]4

担任科学情报部主任一职的是医学教授威拉德·马赫尔（Willard Machle），他曾经是美国陆军装甲兵医学研究实验室（AMRL）的负责人。埃博斯塔特小组在报告中批评中央情报局的医学情报工作极为薄弱，希伦科特挑选马赫尔来领导科学情报部，本身就可以被看作是一种改正措施。按照中央情报局此时的管理制度，马赫尔和其他研究部主任一样，又被称作情报局助理局长。[76]9 [111]4 [101]66-67

布罗德曾经举过一个例子来说明他对“科学情报”的理解。他认为，情报研究人员如果想要理解导弹的“科学的战斗序列”，就必须研究国外导弹“从科学研发直到其生产”的所有情况。马赫尔对此表示完全赞成。在马赫尔的强烈呼吁下，希伦科特于1949年10月28日发布“第3/3号”中央情报总监指令（DCID），宣布正式成立“科学情报委员会”（SIC），协调相关情报机构生产科学情报。此外，虽然指令在字面上并没有明确说明，但马赫尔利用自己委员会主席的身份，把基础科学情报以及新式武器装备系统情报统统纳入了协调的范围。[101]63, 67 [59]174 [111]5 [112] [76]18-19

《战略情报：为美国世界政策服务》

由于新成立的军兵种参谋学院放在了弗吉尼亚州的诺福克海军基地，按照海军陆军轮流的规则，陆军参谋长艾森豪威尔将军下令在陆军战争学院的校址上组建国家战争学院。该学院从1946年开始，面向具有20年履职经历的军官和外交官提供为期10个月的培训。培训课程分成两个学期，春季课程由军官来讲授，秋季课程则交给了凯南、阿诺德·沃尔夫斯（Arnold Wolfers）、布罗迪和谢尔曼·肯特等知名学者来讲授。[113] 11-13 [114] 61-62

利用教学间隙，肯特苦苦思索了美国国家层面情报体系所面临的问题。此时，原子弹的巨大威力已经为世人所知，而曾经的盟友苏联，则已被视为对美国的威胁，这使得美国人眼中的未来世界存在着极大的不确定性。

> 可被控制的原子能（也就是原子弹）已经是一种现实存在，并且除了我们，其他人也很快就会掌握这些技术秘密，这是确定无疑的事情。仅凭这一点，就足以迫使我们用前所未有的重视程度来看待情报，因为它是决定我们生死的最为重要的因素之一。[31] 100

然而，美国对外情报工作的现状，又让亲历其中的肯特忧心忡忡。在他看来，美国一流的学者原本与国家安全紧密地联结在一起，但此时他们之间的这种纽带关系正在加速磨损，有可能会消失殆尽。[30] 92

> 从一开始，（情报系统的）管理问题就在高层频现，其中多数问题本可以避免。人事方面动作频繁——任命

新的人员，取代旧的人员，以及（对优秀人员）迟到的提拔，这些可能是因为笨重迟缓的（高层）“冰川移动”所导致的结果，也可能与之毫无关系。远离政府的生活方式，越来越强烈地吸引着那些无可替代的专业人士。他们开始排着队离开，越重要的人走得越早，而能够代替他们的人没有出现，（情报机构）士气低落。[4] 522

1947年1月，圣诞节假期结束，布罗迪在国家战争学院作了一次演讲，主题是他最拿手的“大战略”。出乎所有人预料的是，他并没有去讲战略问题，而是就美国对战略问题的研究现状发表了自己的看法。布罗迪认为，如果只采用文献发表量这一种尺度进行衡量，那么美国研究战略问题的专家就寥寥无几。他不禁感叹道：“既然战略问题是你们的事业，那为什么不能把围绕这个问题的各种思考进行一番系统化梳理，并且通过专业文献这种形式沉淀下来呢？”[115] 21-22

这让肯特眼前一亮。布罗迪有关战略问题研究的这些议论，对情报工作领域来讲也是适用的。此时的肯特正打算静下心来写一部有关情报工作的专著，布罗迪的演讲坚定了他的决心，而与那些曾经在研究分析部共过事的“战友们”交流得越多，就越发让肯特认识到情报事业需要一部严肃的著作。这种感觉越来越强烈，几乎成为一种无法停息的冲动，在他的头脑中“野马奔腾”“挥之不去”。[115] 22 [116] 3

为了写好这本书，肯特经常与耶鲁大学和战争学院的新旧同事写信交流，他还会不时召集各种各样的人一起闲聊，学院图书馆里所有有关情报的著作以及学员们所撰写的“生涩”的情报论文，他几乎全读了一遍。不过，肯特写作灵感的主要源泉还是他自己作为历史学者和情报分析人员的直接体验。1947 年下半年，肯特结束了战争学院的工作回到耶鲁大学，此时他已经写好了第三版（也是最后一版）书稿。不过在另一个场合，肯特又说完成最后一稿的时间还要再晚几个月，说那是 1948 年 3 月的事情。[30] 92 [117] viii [115] 22

肯特的这本经典著作题为《战略情报：为美国世界政策服务》。这个主题非常明确，他身边的许多人对此都非常熟悉，但“主要是在非正式的场合讨论”，想要形成文字供人仔细阅读，则需要克服许多障碍，因此说它具有开创性和探索性并非溢美之词。[30] 91

首先就是“情报”这个最基本的概念。肯特发现，在不同的语境之下，大家口中的“情报”（intelligence）一词有着不同的含义①。为了说明这种多义性，肯特精心挑选了三个例子。“关于哥伦比亚局势，你有什么情报？”这句话当中的“情报”讲的是一种知识。“情报（机构）能够给行动人员准确地提供他们想要的东西”，这里的“情报”后面需要补充“机构”一词才能看出本意，但在英语中通常只使用“情报”这一个单词就足以表达出“情报机构”的含义。第三个例子，“规划工作的背后一定有紧张激烈的情报（活动）”，

---

① 由于翻译的缘故，在汉语语境中，许多时候需要适当增词才能准确表达出“情报”一词在英语中的真正含义，这无疑会使得肯特观察到的“情报”的一词多义现象更难被国内读者理解。

这里又需要补充“活动”一词，英语当中既可以只使用“情报”这个单词，也可以使用“情报活动”这个短语，来表达出“情报活动”的意思。肯特所关注的“情报”一词的三重含义，正好对应了《战略情报：为美国世界政策服务》这部著作的三重命题：情报、情报机构和情报活动。①[117] xxiii

接下来，肯特便对“战略情报”这一核心概念进行了阐述。他说，战略情报是一种“高层次的、对外的、主动的情报”，与之相对的是行动（operational）情报、战术情报、作战（combat）情报、国内情报以及反情报——这些都不属于他这本书的讨论范围。肯特强调说，的确会有一部分战略情报需要通过某些秘密手段获得，但大量的战略情报来自“没有丝毫浪漫色彩的、公开的、可以在台面上进行的观察和研究”。[117] 3-4 [118] 3-4

“战略情报”是肯特在战略勤务局工作期间的主要工作对象。他发现情报用户首先关注的通常是情报的时间属性：这些情报所反映的是过去，还是现在或者将来。因此他根据时间维度，把“战略情报”分为三种主要类型。对应于过去的状态和情况的，称作“基础描述类”（basic descriptive）情报，它描述的对象既可以是那些基本保持不变的事物，例如地形、水文和气候，也可以是一些不那么固定的事物，比如

---

① 肯特所举的这三个例子的原文分别是：
What intelligence have you turned up on the situation in Colombia?
Intelligence was able to give the operating people exactly what they wanted.
The intelligence（work）behind that planning must have been intense.

人口，甚至是短暂的人为现象，例如政府架构和经济结构。对于处于或快或慢变化当中的事物来说，基础描述类情报更像是一种“快照”（snapshot），情报内容不能及时反映现实的情况时有发生，为了弥补这一缺点，需要随时提供“动态报告类”（current reportorial）情报，这类情报所对应的就是现时的状态和情况。[117] 7-8, 29 [31] 107

只是掌握了这两类情报还不够，接下来才是战略情报机构可能面临的最严峻的挑战。为了避免决策人员在事件突发时手足无措，情报机构需要对未来作出必要的预见（requisite foresight），这种预见高度依赖于情报研究人员的评估和推断（reasoned extrapolation）能力，其成果形式就是“预测评估类”（speculative-evaluative）情报。肯特强调，这类情报提供的，只是最为深入、客观并经仔细思考的一种预估，指望这些预言都能应验是不切实际的。[117] 39-40, 59

基于上述认识，肯特明确指出，战略情报是国家对外关系的知识基础，既能引导外交之盾，也能指引军事之剑，无论战时还是平时，概莫如此。由于战略情报事关国家生死存亡，非常重要也非常特殊，因此只能交由一批具有专业技能的专家来处理，而且必须是依靠专家的集体力量而不是某一个人的力量来处理。随之而来的就是人事、组织、管理和人际关系等诸多问题，这使得情报机构天然带有企业的某些特质，应当讲求效率，及时把握情报用户的需求，并保证情报产品达到一定的质量标准。与此同时，情报机构还应该像一个大型科研机构，保证其下属的专家学者们享有充分的学术自由，原创性的思想和不同意见不被压制。除此之外，情报机构还应该像大型报社那样行动迅速，确保情报产品的时效性，甚至偶尔因为要确保这种时效性而牺牲一点准确性也是可以的。[117] xxii, 74-76 [119] 95-97

肯特把情报机构开展的情报活动划分为两大类：一类是“监视”（surveillance），也被称为“观察”（observation）；一类是“跟踪”（follow up），也被称为“研究”。他认为，战略情报的主题大多属于社会科学范畴，研究者可以利用社会科学的研究方法，把情报研究的一般过程分为七个阶段或者步骤：[117] 152-158

1. 发现问题；

2. 分析问题——把问题分解若干重要的方面，并且找出可能有用的方法路线；

3. 搜集数据——不仅要摸清手中已经掌握的数据，还要查阅图书馆中的文献资料，也可能需要努力获得新数据来填补空白；

4. 对搜集到的数据进行批判性的评估；

5. 对经过评估的数据进行研究，发现其中蕴含的意义，提出假设；

6. 沿着最有希望的假设，进一步搜集数据，证实或者证伪假设；

7. 确立一个或者多个较为真实的假设，并且明确陈述，目前认定这些假设最为接近真实情况。[117] 157-158 [118] 128-129 [119] 98

后人可能想象不到，这样一本日后产生深远影响的经典著作，其出版之路却并不平坦。不止一个编辑劝肯特放弃此书，因为书名虽有“情报”一词抓人眼球，书里却既没有漂亮的间谍，也没有刺激的情节，发行量太少，出版社可能连成本都收不回来。最后，多亏普林斯顿大学出版社社长达图斯·史密斯（Datus Smith）慧眼识珠，才让这部经典之作得以在 1949 年面世，并在两年后再版。[116] 4

有人评论说，肯特的这本书虽然想面向普通读者，但内容过于抽象，术语晦涩难懂，让人望而却步。类似这样的批评并未出乎肯特的预料，他对此多半也是一笑了之，相对而言，他更为重视来自同事和朋友的评论，这其中就有耶鲁大学国际研究所新办的期刊《世界政治》上刊登的一篇评论文章。[120] [30] 101

文章作者名叫威尔默·肯德尔（Willmoore Kendall），此时是耶鲁大学政治学系副教授，战争期间曾经在白宫美洲事务处供职。战后美洲事务处解散，肯德尔也和肯特一样调入了国务院。在 1947 年秋天进入耶鲁大学之前，他还曾在中央情报组研究评估部和报告预估部工作过一年时间。[30] 94

肯德尔对肯特这本情报学专著的意见不少，其中最重要的有两条。

首先他对书中所言的“情报预估”颇有些看法，乃至批评肯特“对预言情有独钟，寄希望于消除对外事务中的‘突袭’（事件）”。[30] 95

> 珍珠港的阴影被投射到波哥大的薄雾之中。情报机构面带愧色，因为他们没能告诉国务卿乔治·马歇尔哥伦比亚发生革命的日期和时间。事件的发生不再是情报机构试图去影响的结果，而只是机器里打印好的纸带，他们的工作只剩下告诉那些（政策）规划者，怎样把纸带上的内容读出来。[30] 95 [121] 549

其实，肯特从没有将情报预估描述为一种绝对准确和精确的结论，所以肯德尔的这一批评是非常牵强的，多半站不住脚。但他的这番描述，恰恰反映了许多人，尤其是处于政府高层的决策群体，对于“预言”或者“预见”朴素但却错误的认识，这种认识根深蒂固、极难改变。

肯德尔对《战略情报：为美国世界政策服务》一书的另一条意见涉及到情报与决策的关系，后来被人反复提及。

肯特在他的书中提出：

> 情报生产者与情报用户之间怎样的关系才算恰当，这是一个极为微妙的问题。情报机构必须紧贴政策、规划和行动，以获得最大限度的指导，但又绝不能靠得太近，以免丧失判断的客观性和公正性。[117]180 [118]148 [119] 116

公允地说，他的这种“中庸”之道是很难被反对的。紧接着，肯特明确指出：

> 情报机构不是目标的设计者和政策的起草者，也不是计划的制定者和行动的执行者。情报机构在这些活动中只扮演辅助角色。用一句老生常谈的话来说，情报机构履行的是一种服务职能。[117] 182 [118] 149-150 [119] 117

基于此，肯特认为情报机构应该根据用户的要求，分析事态发展的各种可能性，但为决策者“指明路线”并非他们的分内之事，因为他们多半并不清楚国内情况。肯德尔则批评说，情报机构将自己隔离于国内事务之外是一种“自我挫败”的过时做法。需要说明的是，肯特在第一章就开宗明义地将此著作的主题限定为一种“对外情报”，因为他非常清楚，在当时美国的社会环境下，公然倡导对外情报机构去插手国内事务，只能让事情变得更糟——事实证明，即使在半个多世纪以后，肯特的做法仍是明智之举。[30] 96 [117] 182

在写作这本专著期间，肯特曾经与肯德尔多次交流，定稿前还请他以及其他一些朋友审读书稿和提出意见——在肯特的鸣谢清单里可以找到肯德尔的名字。但肯德尔竟然以评论文章的方式表达不同看法，这可能让肯特多少有些意外。不过，在反复阅读肯德尔的批评文章后，肯特并没有改变自己的看法，无论是这本专著，还是他后来发表的其他著作，都是如此。只是私底下，他对肯德尔自称“情报官员”略表嘲笑——在他看来，肯德尔过去的经历主要是行动官员，而不是情报分析人员。[30] 96, 102

《战略情报：为美国世界政策服务》面世后不久，一个名叫威廉·杰克逊（William H. Jackson）的人突然找到了肯特，言辞恳切地说自己正在为《纽约时报》撰写一篇有关这本书的评论文章，希望肯特无论如何来纽约一趟，在书评发表之前当面聊聊。说起来，这位杰克逊先生还曾在战略勤务局的行动部门工作过，但肯特之前只跟他见过两面，彼此并不熟悉。[122] 153

杰克逊告诉肯特，自己刚拿到这本书的时候是有一点成见的，以为不过是一个教授的学术著作，并没有过多考虑肯特曾经在战略勤务局实际工作多年这一事实，然而让他惊喜的是书中“几乎闻不到那种纯学术的味道”。肯特笔下的内容让杰克逊深受触动，因此他对这位耶鲁大学历史学教授有了极佳的印象。[59] 131-132 [122] 153 在后来发表的评论文章中，杰克逊盛赞肯特的这部著作是有关情报的最佳读物：

> 所有在国家安全方面负有责任的高级官员，以及在情报领域工作的人员，都应该读一读这本书。[116] 3

国家预估部

据肯特回忆，他再次接到威廉·杰克逊的电话，大约是在1950年10月。尽管他在系里新开了一门近现代历史课，但肯特并不认为自己将来应该只干教书这一件事情。他满怀期待，准备随时听从召唤回归情报机构。[122] 153

此时的杰克逊暂时放下了纽约投资银行家的身份和财务

自由的奋斗目标，再次踏入情报界，并担任中央情报副总监（DDCI）一职。此前他曾作为国家安全委员会调查小组的核心成员，与艾伦·杜勒斯和马蒂亚斯·科雷亚（Mathias F. Correa）两人一道，对中央情报局进行了一次“全面、公正而客观”的调研，结果发现主要问题出在“情报协调以及情报预估产品的生产方面”。这导致国家安全委员会下达了专文，责令中央情报总监对中情局进行改革和重组，而希伦科特等一批高级官员随后辞职。[123] [59]12, 41-48 [124] [125]909 [126]

接替希伦科特的人是陆军中将沃尔特·史密斯，这个人选早在 1950 年 5 月就已经确定，只是因为他正处于胃病手术的恢复期，所以把上任时间拖延到了这一年的 10 月 7 日。私底下，史密斯对国家安全委员会执行秘书索尔斯说，由于自己不懂情报业务，“需要一个懂行的副手”。[59]55-56

史密斯其实过谦了。当年，他作为参联会的专职秘书，曾在将总统信息协调官办公室改造为参联会战略勤务局的过程中发挥关键枢纽作用。在美军高级将领当中，像他这样熟悉情报业务的并不多见。[59]55-56 [7]134-137

之前，索尔斯曾离开中央情报总监的位置回到密苏里重拾生意，但不过一年，他便接受总统的邀约进入新成立的国家安全委员会工作，而他所担任的“执行秘书”一职，大致相当于后来的总统国家安全事务助理。他向新任中央情报总监推荐的副手，就是威廉·杰克逊。[42] [14]10 [127]273

索尔斯可能未必知道，史密斯和杰克逊之间关系微妙。他们两人在战争期间就相当熟悉，但绝非友好。史密斯当时是盟军总司令艾森豪威尔的参谋长，而杰克逊则在奥马尔·布莱德雷手下担任情报处副处长，同时负责打理美国陆军第12集团军群与盟军总司令部的关系。由于布莱德雷对史密斯颇有不满，杰克逊也就把史密斯视作“盟军总司令部里的食人魔”。[59]10，56

时间似乎改变了一切。杰克逊惊奇地发现，“食人魔”史密斯在私下里竟也有幽默的一面。当他说自己不愿忍受史密斯咆哮的时候，这位丘吉尔口中的“美国斗牛犬”大笑着安慰他说，自己只是叫得凶，其实并不怎么咬人。两个人在餐桌上议定，与总统、国家安全委员会和情报咨询委员会有关的外部事务，均由史密斯负责，中央情报局内部的重组和管理问题则全部交给了杰克逊。但杰克逊实在放不下自己的财富梦想，这个副总监的位置他只答应待半年。[59]57 [14]11

杰克逊非常熟悉国家安全委员会下发的整改文件，因为其中的整改要求几乎都来自他主笔的杜勒斯小组报告。文件明确指出，中央情报局需要将情报预估与其他情报研究工作区分开，要在“研究与报告部门”之外，另建一个“规模不大、层次较高”的预估部门。在1949年，中央情报局内部曾有人提议，在报告预估部下面增设一个专门生产国家预估报告的单位，但这个意见遭到了地区研究室的阻挠，最后无果而终。[59]125 [14]16

此时的报告预估部，在主体上由若干个地区研究室外加一个出版室构成。他们把上报总统的《每日摘要》和《每周摘要》当作部门的首要任务，地区室的研究人员都渴望自己的稿件能够被这两种刊物登载，对于需要长期付出才能见到效果，并且需要经常与其他情报机构进行协调的预估工作，则兴趣不高、动力不足。报告预估部一共编辑出版了 11 种刊物，只有《特种预估报告》这一种刊物属于经过协调的预估成果。有一位资深研究人员不无担心地写道，报告预估部的产品重点，已经从面向“宏大的、长远的问题”转向了针对“狭隘的、近期的问题”，从“预测性的”转向了“非预测性的”。[14] 16-17

新上任的史密斯总监很清楚预估部门的极端重要性。他断言，这个部门不仅“将成为中央情报局的心脏，也将成为整个国家情报机器的心脏”。因此，他和杰克逊首先着手理顺《国家情报预估报告》（NIE）的外部关系。这一年的 10 月 20 日，他们提出的协商机制在情报咨询委员会获得通过。这种协商机制被认为设计得“非常成功，此后几十年基本保持不变”。[128] 64-65 [129] 50 [130] 48-55

1. 中央情报局根据情报咨询委员会的计划，并经咨询委员会讨论批准预估报告的内容要求（TR）后，完成报告第一稿的起草工作。其他情报机构针对该报告提出评论意见和修改意见；

2. 中央情报局根据上述意见，撰写预估报告第二稿，然后与其他情报机构负责人讨论并获得他们的认可；

3. 各情报机构提出的不同意见应尽量得到解决，如果确实无法解决，最终出版的预估报告应包含这些不同意见并且附上理由；

4. 如局势危急，没有足够的时间完成上述过程，中央情报局可准备“快速（crash）预估报告”，但应召开情报咨询委员会特别会议进行商议。[128] 65 [129] 51,64

接下来要解决的，便是这个计划增设的预估部门的结构问题了。史密斯为此四处寻求帮助。他先后从约翰·布罗斯（John Bross）、杰克逊、蒙塔古和多诺万等人那里获得了多份书面材料，并最终决定采纳多诺万和布罗斯的建议，采用一种“上有理事会，下设若干研究处室”的复合结构来组建国家预估部，由预估部主任兼任预估理事会主席。由于采用这种复合结构，国家预估部与战略勤务局早期的研究分析部颇有几分相似。人们似乎都忘记了，当初在研究分析部内部设立的研究理事会实际效果并不太好，因而在“火炬行动”后不久便取消了这一层组织。[59] 123-130

史密斯非常重视国家预估理事会（BNE）的人员组成。经过一番慎重考虑，他选中了兰格尔教授担任理事会主席一职，这一选择也获得了多诺万的支持。说起来，史密斯与兰格尔的接触始于1942年，两个人相处得十分愉快。史密斯对兰格尔领导的研究分析部赞不绝口，但同时提醒他说，军方对民口研究人员存在着严重的偏见，并且极难克服。这番话语让兰格尔对这位年轻帅气的高级军官印象深刻。面对史密斯的盛情邀请，兰格尔实在无法回绝，他只能如实讲清自己的难处。原来，兰格尔离开哈佛大学已经九年，刚回到学校就又要请假，校方对此必定很不高兴。史密斯只得亲自出面向校长申请，但也只是将兰格尔的假期再延长一年，之后他就必须回哈佛大学，否则将被视为主动放弃自己的哈佛教授身份。[59] 130-131 [28] 185, 220

在杰克逊看来，这反倒是一个好消息。因为他并不喜欢兰格尔，而更看好谢尔曼·肯特。于是他便劝说肯特与兰格尔搭档，参与情报预估工作。其实不需要杰克逊多说，肯特早就在等待这样的机会。他和杰克逊商量好，暂时先以顾问身份开展工作，等新学期开学再回耶鲁大学把课上完，也算对校方有个交代，随后便返回中央情报局，全心全意地干下去，将来再从兰格尔手里接管国家预估部门。当然，这一切都需要史密斯点头才行。[59] 131-132 [122] 153

二十年后回忆这段往事的时候，肯特依然清楚地记得，自己赶了一夜的火车去拜见中央情报总监，到站的时候发现杰克逊竟然亲自来车站接他。不仅如此，杰克逊还帮他买好了早餐，并且郑重其事地告诉他，史密斯只是“叫得凶，其实不怎么咬人”。然后杰克逊又亲自开车，和肯特一起来到中央情报总监和中央情报局的办公地点——还是原先战略勤务局总部所在的那个园区，这里的一切景物在肯特眼里都再熟悉不过。[59] 154

面对讲话率直的史密斯，肯特难免有些不安。他对史密斯说，自己在研究分析部从事的是情报研究工作，与情报预估完全不同，并且最近三年主要钻研上两个世纪的历史，对于国际上当前的大事小情知之甚少，因此对能否胜任情报预估工作一点把握也没有。肯特的话还没说完，史密斯便忍不住插话进来说，如果对某个人不认可，自己就不可能在周末的早晨跑来面试他。他告诉肯特，自己已经跟过去的同事阿尔弗雷德·格伦瑟联系过，格伦瑟将军对肯特在国家战争学院的表现称赞有加。事情就这么定了。[122] 154 [32]

1950 年 11 月 13 日，国家预估部（ONE）和研究报告部（ORR）正式宣告成立。蒙塔古领导的报告预估部全球调查组（GSG）整体调入国家预估部，并且他和他的副手范·斯莱克（DeForest Van Slyck）都进入了国家预估理事会。兰格尔获得了一项特殊授权，可以从报告预估部下属的各研究室抽调任何一个他想要的研究人员。很快一批精兵强将就被调进了国家预估部。[59] 136-137, 268

随后，史密斯和杰克逊又采用了一种快捷的办法，来应对国家安全委员会提出的“研究与报告部门”组建要求。为了体现他们对整改文件的重视程度，这个“新建”的部门被命名为“研究报告部”，暂时仍由原来的报告预估部主任西奥多·巴比特（Theodore Babbitt）负责。[59] 149-151

分流和裁减研究人员也是必要的，根据国家安全委员会“第 3 号”情报指令的要求，国务院主要负责“政治、文化和社会情报”的生产，因此从事政治研究的一些人去了国务院。报告预估部剩余的研究力量整合进了研究报告部，主要开展基础性情报以及经济情报研究。杰克逊听从谢尔曼·肯特的建议，向情报总监推荐了麻省理工学院经济学副教授马克斯·米利肯（Max Millikan），由他代替巴比特负责研究报告部。米利肯于 1951 年 1 月走马上任。几乎与此同时，在杰克逊的直接推动下，动态情报部（OCI）成立。至此，范登堡组建的研究评估部和报告预估部结束了它们的历史使命。后来有人把它们称作中情局的“第一个情报分析中心”。考虑到它们曾经发挥的作用，以及对后来的深远影响，这个评语还是有一定道理的。[59]149-151，160 [54]40 [131]

此时,中央情报局的情报研究部门包括组建不久的国家预估部和研究报告部，以及基本未变的科学情报部，这些部门与肯特在《战略情报：为美国世界政策服务》一书中阐述的基础描述类、动态报告类和预测评估类这三类情报，明显存在着某种对应关系。据说不仅是杰克逊，就连史密斯本人也是肯特这部著作的忠实读者。在肯特的笔下，理想中的中央情报局并不应该自行开展“描述性和评估性的研究工作”，因为过分专注于此类“具体工作”会使中央情报局逐渐偏离其“协调”的首要职责，被迫与海陆空三军和国务院情报机构展开竞争，沦为“第五家研究与监视机构”。这当然是肯特身上的“书卷气”使然。现实中的中央情报局，并不能通过“协调”机制从其他情报机构获得所需要的情报，只能依靠自己，形成全面覆盖基础描述类、动态报告类和预测评估类这三类情报的生产能力，而这正是几年前多诺万试图实现的梦想。[59]160 [31]107 [132] [117]94-95，101 [133]14

在其他人看来，此时的肯特只是中央情报局聘请的众多顾问之一，他们未必知道，这仅仅是为了符合制度要求而采取的变通措施而已。1951 年 1 月，中央情报局的办公楼里突然贴出一则告示，宣布从即日起由肯特担任兰格尔教授的副手。兰格尔如同被黄蜂狠螫了一下，立即作出了反应——他当然明白给自己安排副手意味着什么，若干年前他就是这样对待某个不顺眼的手下的——于是在某次早会上，兰格尔话里有话地议论说，不知道上面是出于什么考虑，要给自己安排一个副手。[122] 155

其实在国家预估理事会里，最了解和熟悉兰格尔的应该就是肯特了——甚至诸如兰格尔吐字发音特点这样的细节他都能说得清清楚楚。肯特知道，兰格尔对人对己都极为严苛，他总是希望下属尽心竭力，并且他还练就了一双“火眼金睛”，总能一下就识破手下是不是背着他耍小聪明，但凡发生这种情况，这些下属就会陷入极为糟糕的境地。在肯特看来，兰格尔偶尔也会表现得和蔼而亲切，但在更多的时间里他会以完全不同的另一副面目示人。[122] 143-144

在理事会的首批成员里，除了兰格尔、肯特、蒙塔古和范·斯莱克，还有开尔文·胡佛和加州大学伯克利分校的历史学教授桑塔格（Raymond Sontag），后面这两位都曾在兰格尔领导的研究分析部里工作多年，对他知根知底。除了这群学者，史密斯和杰克逊还把自己的好友陆续安插进来。史密斯请来了陆军中将休伯纳（Clarence Huebner）。他和史密斯一样，都是从普通列兵一路走来，直到带领美国第 1 步兵师登陆诺曼底，快人快语也时常雷人雷语，但作为理事会的“保护神”他非常称职。杰克逊则推荐了波士顿的律师麦克斯韦·福斯特（Maxwell Foster），他精通语义学，口才与文

笔俱佳。[122] 145, 149-150, 152 [134] 497 [59] 133-134

在强势而粗暴的兰格尔面前，即便学术背景接近且彼此非常熟悉，桑塔格也感受到了巨大的压力。虽然在公开场合他们从没有发生过激烈争吵，但私底下多半是有的。而对于兰格尔的“蛮横”，福斯特则采用公开方式进行反抗，兰格尔也毫不掩饰对福斯特“业余”背景的蔑视。这两个人的关系很快恶化到人所共知的地步，最后的结果是福斯特被迫在1951年6月辞职离开。杰克逊对此当然非常不满，福斯特是他的朋友固然是一部分原因，更重要的是他所设想的理事会不是一个只有教授的纯学术机构，而是引入若干成功生意人的“混合”组织。杰克逊希望通过这样一种安排，使得理事会出手的预估报告能视角更为全面、看法更为深刻。在这一点上，肯特是他的知音。所以他私下里告诉肯特，自己期待着他能尽早替换掉兰格尔。[122] 145-147, 152-153, 155

按照最初的设计，国家预估部可以设几个研究处室，但兰格尔则希望他领导的国家预估部“小而灵活”。据说，史密斯曾给国家预估部预留了200个员额，不料兰格尔却回应他说，有25个人就足够了。这多半只是一个不真实的故事而已，因为时隔不久国家预估部里就有了50多人。除了理事会成员，其他人都被放在一起，既不分地域，也不分专业，只是根据预估任务由兰格尔一手指派，临时组成研究小组。这些人员被兰格尔归为三类：若干美其名曰“通才”的高级人员，一批被称作“专才”的初级人员，此外还有一些文秘人员。后来，为了应付中央情报局的管理要求，兰格尔被迫把

“通才”放进了“预估处”，而把“专才”和文秘人员归入“支撑处”，这两个处只是一个名义，兰格尔并没有设置相应的负责人。[59]137 [14]18-19 [135]

对于这样的安排，几乎没人会感到满意。很快，在32岁情报“老兵”雷·克莱恩（Ray S. Cline）的带领下，预估处的研究人员自发组织起来，向理事会表达不满。战争期间，克莱恩曾在海军担任过密码分析员，后来进入战略勤务局研究分析部，并长期担任动态情报处处长。他可能是预估处这一次争斗的最大赢家，因为争斗的结果是他被正式任命为预估处处长，并且“专才”们也被悉数转入预估处，支撑处只剩下了一个空壳。[59]138 [136]4

1952年1月，兰格尔教授重回哈佛校园，肯特接管了国家预估部。就在这个月的月初，中央情报总监宣布由国家预估部、动态情报部、研究报告部、科学情报部、搜集分发部（OCD）、行动部（OO）和情报协调部（OIC）七个部门，共同组成中央情报局情报分局（DI），分局局长（DDI）由他的执行助理、年轻律师洛夫塔斯·贝克尔（Loftus Becker）担任。据肯特说，兰格尔可能在事先听到了风声，他是不愿意向一个“业余”背景的领导汇报工作的，即便是哈佛大学法学院毕业的优等生也不行。[122]155 [137]B1 [138]18 [139] [140] [141]

到1953年年底，情报分局的人数超过了3300人。[14]23

国外文献室

在情报分局的七个下属部门当中，“行动部”的名字可能是最让人困惑的。说起来，这个部门是在中央情报局经由这次结构微调组建情报分局时，才从计划分局转隶过来的。

行动部的核心任务是搜集公开情报，而仍旧留在计划分局的特种行动部则主要负责秘密情报的搜集以及其他隐蔽行动。显然，这两个部门是中央情报局情报搜集的黑白两翼。

第二次世界大战后期，盟军在欧洲战区缴获了大批轴心国的文献资料。为了筛选、处理和存放这些资料，美国和英国联合组建了一个“军事情报研究处”，在伦敦和华盛顿各建了一个分部。1945 年春，伦敦分部改名为“伦敦军事文献处”（LMDS），主要完成“文件管理和传输”任务；华盛顿分部则改名为“德国军事文献处”（GMDS），负责资料的收存，这个处的处长名叫埃里克·伯利（Eric B. Birley）①，是一个英国中校。[142] 384-385 [143] 221 [144] 94-95

而此时的亚太战场上，日军还在负隅顽抗，战事仍在激烈进行。美军陆陆续续建起若干个资料收缴和处理单位，主要针对作战需要提供战术情报。为了加强这些单位的协调，更是为了给战争部以及其他政府部门提供战略情报服务，陆军军事情报部在马里兰州组建起“太平洋军事情报研究处”（PACMIRS）。几个月后，海军情报局也在华盛顿地区组建了一个功能类似的单位，该单位没有名称，只有编号“OP-32F141”。1945 年 2 月，经过首次“华盛顿文献会议”，两个军种决定联合组建一个“华盛顿文献中心”（WDC）。双

① 埃里克·伯利于 1969 年当选英国国家学术院院士。

方约定所有缴获的日文资料都存放到这个文献中心，由文献中心完成资料分流。分流的原则是：如果资料与陆军有关，就转送到太平洋军事情报研究处；如果与海军有关，则传送到“OP-32F141”；其余的资料一律销毁。[145] 9-10

1946年4月，太平洋军事情报研究处、“OP-32F141”和华盛顿文献中心三家合并，整合成一家新单位，隶属于海军作战局（ONO），内部编号“F-5处”，对外继续沿用“华盛顿文献中心”这一相对中性的名称。文献中心下设图书馆、研究处和出版处三个业务部门，在日本东京还设有负责汇集和转运资料的分部。中心首任主任是海军上校兰森·富林维德（Ranson Fullinwider），三个月后，改由海军中校马克·利特尔（Mark T. Little）担任。文献中心下属的馆处领导全部都是军官。与先前有所不同的是，华盛顿文献中心会把陆军和海军都用不上的日文资料转交给国会图书馆，而不是简单粗暴地一毁了之。[145] 18-22

截止到1946年8月1日，前后大约500吨日文资料被运回美国。华盛顿文献中心决定优先处理那些与苏联、东欧以及远东诸国有关的资料，盘算着在10月1日前先把这些资料全挑出来，然后根据人力情况进行编目和索引，再挑选出高价值的资料编写摘要、组织翻译。[145] 22-23

然而随着战争结束，各军种迅速面临经费锐减、单位裁撤和人员压缩的巨大压力，美国、英国和加拿大莫不如此。英国和加拿大军方派来协助工作的人员开始陆续回国，美国海军方面也明确表示，他们在华盛顿文献中心的投入将在12

月 1 日之后大幅减少。不仅如此，军方准备彻底放弃这个文献中心的说法也不胫而走。既然文献中心能否继续存在都不能确定，那么那些资料处理和开发工作计划看来再也无法实现了。[145] 23-24

处于漩涡之中的文献中心风雨飘摇，短短几个月，中心工作人员数量从巅峰时的 309 人急速滑落到 161 人。此时无论海军还是陆军，上上下下都不反对将华盛顿文献中心交出去。幸亏中央情报组有如“救星”般及时出手。只是由于涉及到脱离军队控制等诸多令人头痛的管理问题，中央情报组高层不得不有所谨慎，专门派谢菲尔德·爱德华兹（Sheffield Edwards）上校调研了一番。爱德华兹随后提出一个“两步走”的方案：第一步是赶在 10 月 9 日以前先把文献中心里的 55 名文职人员接收过来——他们此时还属于战争部，而 10 月 9 日是计划将他们遣散的日期；第二步则是在 12 月 1 日左右完成整个文献中心的接收工作。[145] 20，26-27

转隶过来的华盛顿文献中心被放到了报告预估部下面，报告预估部几个月前就接到命令开始准备接收计划。这样的安排似乎也确有几分道理，因为文献中心可以很好地配合报告预估部里的研究工作，成为情报分析人员的帮手。[145] 27

然而，这种安排又导致了一个没法解决的新问题：华盛顿文献中心对其他情报机构的服务可能会因此受到影响，这其中当然也包括军种情报机构。于是文献中心又被匆忙转入了刚刚组建的行动部。于是，在 12 月 31 日，发生了罕见而滑稽的一幕：在一份新下达的备忘录里，华盛顿文献中心被更名为“文献处”，隶属于行动部，生效时间追溯到 12 月 1 日——报告预估部接手的这一段时间从文件上看完全不存在了。两天以后，中央情报总监亲自出面，正式欢迎文献处加入中央情报组。[145] 28-30 [146] 1-3

几乎与此同时，由战略勤务局原班人马组成的战争部战略勤务处，也转到了中央情报组，并改称“特种行动部”。这是一支相当庞大的队伍。截至 1946 年年底，中央情报组旗下共有 1816 人，其中大约三分之一是特种行动部派驻海外的人员。而在华盛顿工作的人员当中，管理和保障人员大约占了一半，特种行动部又占据了三分之一，剩下的六分之一负责完成情报生产任务。[147] 1, 14 [14] 14 [148] 37 [149] 1, 19

大概是受海军移交华盛顿文献中心启发，陆军也在半年后把他们手中的德国军事文献处和专注苏联问题的特种文献处转交到行动部文献处。这两家单位名称虽然近似，职能却明显不同。德国军事文献处基本上可以看作一个资料库，特种文献处则是一家比较典型的文献开发单位——他们只关注“苏联经济”这一个主题。后者的工作主要利用缴获的德文文献，及少量早年被德国人抢走后又落入盟军之手的俄文文献开展。随着这两家单位的加入，文献处更名为“国外文献处”（FDB），下设文献源调查、苏联及卫星国、远东、科学技术四个科。[145] 40-51 [150] 729, 755

海军和陆军的这番动作，当然被空军情报主管乔治·麦克唐纳看在眼里。他非常清楚，航空器材司令部情报部（原航空技术勤务司令部技术情报部）手里掌握着一批缴获的轴心国资料，资料的开发工作刚好结束，看来这个机构的部分职能也可以“依葫芦画瓢”转到中央情报局。于是在1947年9月，也就是“中央情报组”更名为“中央情报局”后两个月，麦克唐纳正式提出了自己的设想，中央情报局机关和行动部立即派人到莱特基地开展调研。可惜调研结果让麦克唐纳有些失望。一个月后，中央情报局作出决定：空军的这家情报机构过于专业，该机构中未发现有哪个职能适合转到国外文献处。[146]4 [151]22

虽然经历了这一系列变化，上级机关给文献处开列的职责清单依然基本有效：

> 1. 接收国外文献，开展编目、摘要和翻译工作，确定须经行动部主任和搜集分发部主任协调后方可获得的（国外）文献；
>
> 2. 根据搜集分发部确定的各项分发任务，制作收藏的（国外）文献专题目录；
>
> 3. 根据搜集分发部的要求，从（国外）文献中提取内容和制作摘要；
>
> 4. 根据搜集分发部的要求，对所收藏的（国外）文献进行翻译；
>
> ……[145] 31

林林总总七条职责中，竟然有四条与搜集分发部有关。从这个角度来看，当初把华盛顿文献中心转到行动部还是显得有些草率，转去搜集分发部可能是一个更好的选择。

关于行动部的由来，中央情报局的官方历史里记录了这样一则故事。范登堡出任中央情报总监之初，力邀陆军准将埃德温·西伯特（Edwin Sibert）加盟中央情报组。有人说是许以情报副总监，也有人说是答应让他负责所有的情报搜集业务，还有人说允诺他同时身兼两职，说法不一。结果西伯特9月13日欣欣然跑到范登堡那里报到，却一直等到10月17日才怏怏地出任行动部主任——不仅中央情报副总监花落别家，情报搜集业务也被一分为二，西伯特只负责公开情报搜集，负责秘密情报搜集的特种行动部交给了范登堡的西点同学唐纳德·加洛韦（Donald H. Galloway）上校。据说，行动部极有可能是范登堡意识到自己无法兑现承诺后的"补救措施"。[59] 185-187 [146] 1

行动部下面有三个部门。一个叫"联络处"，负责与某些具有潜力的美国机构和美国人建立联系，通过他们之手获取国外情报。另一个名为"国外广播情报处"（FBIB），负责监听国外的广播，从中获取情报。第三个便是国外文献处。三个部门三块业务，彼此之间并不相干，乍看上去颇有凑数之嫌。[152] 773 [59] 186

至于搜集分发部，也与范登堡有关。当年跟随他一同赴任的那些亲信大都读过陆军情报工作手册，知道情报过程分为搜集、评估和分发三个环节，于是他们向情报总监大胆进言，可以对应这三个环节在中央情报组建立三个业务部门。范登堡慨然同意，只是将评估部门命名为"研究评估部"，后来又改成“报告预估部”。此时的搜集部并不搜集国外信息，只是接收来自国务院和各军种发来的材料，交给评估部门去“整理和评估”，形成“战略情报和国家政策情报”，然后再由分发部把这些情报产品分发给白宫、国务院和五角大楼。就这么过了两个月，直到某个“聪明人”猛然发现，既然材料的来源单位和情报的目的单位完全相同，那接收工作和分发工作完全可以用同一拨人来完成。这两个部门也就合并成了一个“搜集分发部”。[59]182

在研究评估部的组成方案里原本有一个图书馆。中央情报局行政主管泰德·香农（Ted Shannon）认为，应该把这个图书馆建成政府情报资料的集中存储地，所有情报机构都可以使用这个馆的馆藏。但其他情报机构对香农的这个“中心馆”的想法一致反对，拒绝提供他们手中的情报资料。不仅如此，研究评估部（以及报告预估部）对这件事情也根本不上心，泰德只好把图书馆转移到自己的办公室，改称“参考中心”，让新招募的哈佛大学博士詹姆斯·安德鲁斯（James M. Andrews）负责。1948 年 5 月，参考中心并入了搜集分发部，原先搜集分发部的职能全都放进了一个“联络处”，主任改由安德鲁斯担任。所以在明眼人看来，这分明是参考中心吞并了搜集分发部。[59]182

事后来看，这可能是将国外文献处转到搜集分发部的最佳时刻。报告预估部就曾提出，国外文献处是一个完成许多图书馆任务并提供参考服务的文献开发机构，既然如此，就可以把它放到搜集分发部去。然而，国外文献处却一直纠结于一个看似简单却很关键的问题：到底什么是“文献开发”（document exploitation）？于是窗口期转瞬即逝。[145] 119

毫无疑问，国外文献处此时已经全面继承了华盛顿文献中心、德国军事文献处和特种文献处的核心职能——“国外文献开发”，并且“文献开发”这个术语已经被使用了很多年。但令人尴尬的是，这个术语的涵义十分模糊，几乎到了只能意会无法言传的地步。它应该被看作一项研究工作，还是应该被视为单纯的搜集工作？它是应该侧重于跨语言的翻译任务，还是主要履行图书馆职能？甚至许多年以后，在中央情报局内部，就连“开发”与“翻译”的关系问题还反复成为争论的焦点。简而言之，对于文献开发工作的内涵、性质和重点，以及它与图书馆工作和翻译工作的关系，没有一个公认的清晰答案。[145] 27-28 [153] 241-242

话说回来，搜集分发部在那段时间也是麻烦缠身、自顾不暇。杜勒斯小组开始调研的时候，这个部门正处于两个单位合并后的磨合期，结果调研小组满眼看到的全是问题。尽管并不了解合并前的状况，他们仍然给出了结论：将搜集分发部联络处调整到他们设计的“协调部”去，将参考中心调整到他们设计的“研究报告部”去。简言之就是各回各位，把搜集分发部彻底拆掉。[59] 182-183

安德鲁斯只得提出辞职。他告诉中央情报总监，搜集分发部的定位应该是面向中央情报局各部以及整个情报界提供服务的一个单位，如果放到研究报告部之下，势必使这个单位只能围绕研究报告部开展服务；即使真的要取消搜集分发部，那也应当把它整体转到情报协调部，好让它继续为整个情报界服务。[59]183

沃尔特·史密斯知道，参考中心确实不应该回到研究报告部，而情报协调部也并非一个服务单位，把联络处放过去也不合适。所以在这次调整中搜集分发部纹丝不动，安德鲁斯也留在了原位。顺便说一句，杜勒斯小组还建议把国外文献处也转到研究报告部，把行动部与特种行动部合并，最后也都不了了之。[59]183 [145]118-199 [14]37 [125]908-909

1953 年 3 月，也就是中央情报局情报分局正式成立一年以后，国家安全委员会发布了“第 16 号”情报指令，该项指令规定：

> 1. 中央情报总监应确保对用于情报目的的外文出版物的采购工作进行协调，缴获的文献不在此列；
>
> 2. 中央情报总监应为情报咨询委员会机构提供下列服务，并负主要责任：
>
>> a. 利用外文出版物，完成摘录（excerpts）、摘要（summaries）、文摘（abstracts），以及汇编任务，并进行分发；
>>
>> b. 根据情报需求，利用外文出版物，持续开展索引、题录和参考服务；
>
> 3. 中央情报总监应确保上述活动和翻译服务，与相关情报机构根据自己的需求业已开展的相似活动协调开展……

4. 政府情报机构，在中央情报总监提出需求时，应提供其所拥有的外文出版物；

……[154]

从这以后，中央情报局与其他机构协调外文出版物相关工作时有了一个有效的抓手。而在中央情报局内部，国外文献处已经更名为“国外文献室”（FDD），围绕国外文献室和搜集分发部职责划分的讨论，也因为“第16号”指令有了新的起点。双方最终商定，将国外文献室仅存的图书馆职能划归搜集分发部。又过了两年，搜集分发部更名为中央参考部（OCR）。[153] 350-352, 369-370 [14] 106

虽然围绕“文献开发”等相关问题的争论持续不断，但处理缴获资料的步伐一刻没有停歇。在1946年底中央情报组接手华盛顿文献处的时候，积压的日文资料有75.6万件，此外德国军事文献处和特种文献处的转隶，也带过来大约5万份德文资料。到1948年9月，有待处理的日文资料和德文资料分别仅剩了2.7万件和2.2万件，不过国外文献处每个月还会收到大约2000～4000件新缴获的文献。[145] 166

为了响应杜鲁门总统发布的“第9604号”行政令，文献处通过商务部技术服务办公室发布了所有缴获的非军用日本专利，另外还发布了1300～1400种日文科技期刊上刊载的论文，以及与之类似的德文科技期刊论文。[145] 171-172

按照1945年首次“华盛顿文献会议”确定的规则，不具备情报价值的非军事类文献被分为两类：具有文化和历史价值的送交国会图书馆，其他的则送到美国国家档案馆。具有情报价值的被留下来进行“开发”直到“退休”，然后交国家档案馆，或者销毁，或者交还给德国和日本。据统计，到 1948 年 4 月，国外文献处前前后后向国家档案馆一共移交了约 147.9 万件缴获的日文资料；到这一年 9 月，文献处移交到国会图书馆的资料累计 15.8 万件。至于最终移交、销毁和交还的总量各有多少，那就不得而知了。[145]171, 173

1951 年 3 月，所有在战争中缴获的轴心国文献资料全部处置完毕，中央情报局最后留下了 4 万份文献，作为图书馆的永久馆藏。[145]173-174

参考文献

[1] 道格拉斯·沃勒．美国中情局教父[M]．魏瑞莉，译．译林出版社，2014.

[2] 蒂姆·韦纳．中情局罪与罚：CIA60 年秘史存灰[M]．杜默，林添贵，魏宗雷，译．海天出版社，2009.

[3] 托马斯·F·特罗伊．历史的回顾——美国中央情报局的由来和发展[M]．狄奋，李航，译．群众出版社，1987.

[4] WEINER T. Legacy of Ashes：The History of the CIA[M]. Doubleday Broadway Publishing Group，2007.

[5] PARK R. Memorandum for the President [R]. 1945.

[6] WARNER M. Salvage and Liquidation：The Creation of the Central Intelligence Group [J]. Studies in Intelligence (Unclassified Edition)，1996，39(5)：111－120.

[7] TROY T F. Donovan and the CIA：A History of the Establishment of the Central Intelligence Agency [M]. University Publications of America，1981.

[8] DURBIN B. The CIA and the Politics of US Intelligence Reform [M]. Cambridge University Press，2017.

[9] DONOVAN W J. The Basis for a Permanent United States Foreign Intelligence Service [R]. Central Intelligence Agency，1944.

[10] DONOVAN W J. Memorandum for the President：Substantive Authority Necessary in Establishment of a Central Intelligence Service [M]// Troy T

F. Donovan and the CIA: A History of the Establishment of the Central Intelligence Agency. University Publications of America. 1944: 445 - 447.

[11] WILSON J D. At Work With Donovan [J]. Studies in Intelligence (Unclassified Edition), 1994, 37(5): 71 - 79.

[12] ELSASSER G. Walter Trohan, 100 [N]. Chicago Tribune, 2003 - 2003 - 10 - 31.

[13] JIC 239/5: Proposed Establishment of a Central Intelligence Service [M]// Troy T F. Donovan and the CIA: A History of the Establishment of the Central Intelligence Agency. University Publications of America. 1945: 451 - 454.

[14] KARALEKAS A. History of the Central Intelligence Agency [M]// Final Report of the Select Committee to Study Governmental Operations with Respect to Intelligence Activities, U. S. Senate: Book IV, Supplementary Detailed Staff Reports on Foreign and Military Intelligence. U. S. Government Printing Office. 1976: 1 - 107.

[15] 哈里·杜鲁门．杜鲁门回忆录(上)[M]. 李石，译．东方出版社，2007.

[16] STUART D T. Chapter Four Eberstadt's Plan: Active, Intimate And Continuous Relationships [M]// Creating the National Security State: A History of the Law That Transformed America. Princeton University Press. 2008: 109 - 143.

[17] TRUMAN H S. Executive Order 9608: Providing for the Termination of the Office of War Information, and for the Disposition of Its Functions and of Certain Functions of the Office of Inter - american Affairs. Gerhard Peters and John T. Woolley, The American Presidency Project [EB/OL]. [2020 - 04 - 24]. https://www.presidency.ucsb.edu/node/231409.

[18] Founding of the National Intelligence Structure, August 1945 - January 1946: Introduction [M]// Lafantasie G W, Thorne C T, Patterson D S. Foreign Relations of the United States, 1945 - 1950: Emergence of the Intelligence Establishment. U. S. Government Printing Office. 1996: 1 - 15.

[19] DONOVAN W J. Memorandum for the President [M]// Warner M. CIA Cold War Records: The CIA under Harry Truman. Central Intelligence Agency. 1945: 3.

[20] TRUMAN H S. Executive Order 9621: Termination of the Office of Strategic Services and Disposition of Its Functions. Gerhard Peters and John T. Woolley, The American Presidency Project [EB/OL]. [2020 - 04 - 24]. https://www.presidency.ucsb.edu/node/231394.

[21] CLIFFORD C M, HOLBROOKE R C. Counsel to the President: A Memoir [M]. Random House, 1991.

[22] TRUMAN H S. Truman to Donovan [M]// Warner M. CIA Cold War Records: The CIA under Harry Truman. Central Intelligence Agency. 1945: 15.

[23] TRUMAN H S. Letter From President Truman to Secretary of State Byrnes

[M]// Lafantasie G W, Thorne C T, Patterson D S. Foreign Relations of the United States, 1945 - 1950: Emergence of the Intelligence Establishment. U. S. Government Printing Office. 1945: 46 - 47.

[24] COCHRAN A S, EHRHART R C, KREIS J F. The Tools of Air Intelligence: ULTRA, MAGIC, Photographic Assessment and the Y-service [M]// Kreis J F. Piercing the fog: intelligence and Army Air Forces operations in World War II. Air Force History and Museums Program. 1996: 57 - 109.

[25] Department of State Intelligence: Introduction [M]// Lafantasie G W, Thorne C T, Patterson D S. Foreign Relations of the United States, 1945 - 1950: Emergence of the Intelligence Establishment. U. S. Government Printing Office. 1996: 180 - 186.

[26] STOUT M, AVERY D. The Bureau of Intelligence and Research at Fifty [J]. Studies in Intelligence (Classified Edition), 1998, 42(2).

[27] BYRNES J F. Memorandum From Secretary of State Byrnes to the Assistant Secretary of State for Administration (Russell) [M]// Lafantasie G W, Thorne C T, Patterson D S. Foreign Relations of the United States, 1945 - 1950: Emergence of the Intelligence Establishment. U. S. Government Printing Office. 1946: 211.

[28] LANGER W L. In and Out of the Ivory Tower: The Autobiography of William L. Langer [M]. Neale Watson Academic Publications, Inc, 1977.

[29] MCCORMACK A. Letter From the Secretary of State's Special Assistant for Research and Intelligence (McCormack) to Secretary of State Byrnes [M]// Lafantasie G W, Thorne C T, Patterson D S. Foreign Relations of the United States, 1945 - 1950: Emergence of the Intelligence Establishment. U. S. Government Printing Office. 1946: 222 - 224.

[30] DAVIS J. The Kent-Kendall Debate of 1949 [J]. Studies in Intelligence (Unclassified Edition), 1992, 36(5): 91 - 103.

[31] SCOBLIC J P. Beacon and Warning: Sherman Kent, Scientific Hubris, and the CIA's Office of National Estimates [J]. Texas National Security Review, 2018,1(4): 98 - 117.

[32] PACE E. Alfred M. Gruenther, 84, Is Dead; Ex-Military Commander of NATO[N]. The New York Times, 1983 - 1983 - 05 - 31.

[33] Intelligence and Security Activities of the Government [R]. The Bureau of the Budget, Executive Office of the President of U. S. , 1945.

[34] Biographies of the Secretaries of State: James Francis Byrnes (1882 - 1972). U. S. Department of State [EB/OL]. [2020 - 07 - 17]. https://history. state. gov/departmenthistory/people/byrnes-james-francis.

[35] James V. Forrestal. U. S. Department of Defense [EB/OL]. [2020 - 07 - 17]. https://history. defense. gov/Multimedia/Biographies/Article-View/Article/571293/james-v-forrestal/.

[36] Robert Porter Patterson [M]// Bell W G. Secretaries of War and Secretaries of the Army: Portraits and Biographical Sketches. U. S. Army. 2010: 128 -

129.
[37] Report to Honorable James Forrestal, Secretary of the Navy, On Unification of the War and Navy Departments and Postwar Organization for National Security [R]. U. S. Government Printing Office, 1945.
[38] TRUMAN H S. Truman's Directive Establishing the NIA and the CIG, January 22, 1946 [M]// Troy T F. Donovan and the CIA: A History of the Establishment of the Central Intelligence Agency. University Publications of America. 1946: 464 - 465.
[39] LOWREY N S. The Chairmanship of the Joint Chiefs of Staff, 1949 - 2016 [M]. U. S. Joint Chiefs of Staff, 2016.
[40] ADAMS H H. Witness to Power: The Life of Fleet Admiral William D. Leahy [M]. Naval Institute Press, 1985.
[41] NELSON A K. President Truman and the Evolution of the National Security Council [J]. The Journal of American History, 1985, 72(2): 360 - 378.
[42] Sidney W. Souers Intelligence Aide [N]. The New York Times, 1973 - 1973 - 01 - 16.
[43] Souers' Tenure as Director of Central Intelligence: Introduction [M]// Lafantasie G W, Thorne C T, Patterson D S. Foreign Relations of the United States, 1945 - 1950, Emergence of the Intelligence Establishment. U. S. Government Printing Office. 1996: 316 - 320.
[44] Cloak and Dagger: The Unexpected Beginnings of CIA. Central Intelligence Agency [EB/OL]. (2015 - 12 - 29) [2020 - 04 - 27]. https://www.cia.gov/news-information/featured-story-archive/2015 - featured-story-archive/cloak-and-dagger-the-unexpected-beginnings-of-cia.html.
[45] National Intelligence Authority Directive No. 1: Policies and Procedures Governing the Central Intelligence Group [M]// Lafantasie G W, Thorne C T, Patterson D S. Foreign Relations of the United States, 1945 - 1950: Emergence of the Intelligence Establishment. U. S. Government Printing Office. 1946: 329 - 331.
[46] STUART D T. Notes [M]// Creating the National Security State: A History of the Law That Transformed America. Princeton University Press. 2008: 289 - 333.
[47] National Intelligence Authority Directive No. 2: Organization and Functions of the Central Intelligence Group (Tentative) [M]// Lafantasie G W, Thorne C T, Patterson D S. Foreign Relations of the United States, 1945 - 1950: Emergence of the Intelligence Establishment. U. S. Government Printing Office. 1946: 331 - 333.
[48] A Look Back ... The First Director of Central Intelligence. Central Intelligence Agency [EB/OL]. (2014 - 07 - 24)[2020 - 04 - 28]. https://www.cia.gov/news-information/featured-story-archive/2014 - featured-story-archive/a-look-back-the-first-director-of-central-intelligence.html.
[49] Central Intelligence Group "Daily Summary", 15 February 1946 [M]// Warner M. CIA Cold War Records: The CIA under Harry Truman. Central

Intelligence Agency. 1946: 39 - 40.

[50] CIA Historical Staff Chronology, 1946 - 63, Volume 1 1946 - 55 [M]. Central Intelligence Agency, 1970.

[51] DARLING A B. Central Intelligence Under Souers [J]. Studies in Intelligence (Classified Edition), 1968,12(1): 55 - 74.

[52] Leary W M. The Central Intelligence Agency: History and Documents [M]. University of Alabama Press, 1984.

[53] SOUERS S W. Memorandum From the Director of Central Intelligence (Souers) to the National Intelligence Authority: Progress Report on the Central Intelligence Group [M]// Lafantasie G W, Thorne C T, Patterson D S. Foreign Relations of the United States, 1945 - 1950: Emergence of the Intelligence Establishment. U. S. Government Printing Office. 1946: 358 - 363.

[54] KUHNS W. The Office of Reports and Estimates: CIA's First Center for Analysis [J]. Studies in Intelligence (Unclassified Edition), 2007, 51(2): 27 - 45.

[55] TRUMAN H S. Memoirs: Years of Trial and Hope [M]. Vol. 2. Garden City, NY: Doubleday & Company, Inc. , 1956.

[56] 哈里·杜鲁门. 杜鲁门回忆录(下)[M]. 李石,译. 东方出版社,2007.

[57] STEURY D P. Origins of CIA's Analysis of the Soviet Union [M]// Haines G K, Leggett R E. Watching the Bear: Essays on CIA's Analysis of the Soviet Union. Center for the Study of Intelligence, Central Intelligence Agency. 2003: 1 - 16.

[58] War Report, Office of Strategic Services (OSS), Volume 1 [R]. United States War Department. Strategic Services Unit. History Project, 1949.

[59] MONTAGUE L L. General Walter Bedell Smith as Director of Central Intelligence, October 1950 - February 1953 [M]. Pennsylvania State University Press, 2010.

[60] SOUERS S W. Memorandum by the Director of Central Intelligence (Souers): Development of Intelligence on U. S. S. R. [M]// Lafantasie G W, Thorne C T, Patterson D S. Foreign Relations of the United States, 1945 - 1950: Emergence of the Intelligence Establishment. U. S. Government Printing Office. 1946: 345 - 347.

[61] CIG Directive No. 9 Development of Intelligence on USSR. Central Intelligence Agency, 1946.

[62] GENERAL HOYT S. VANDENBERG. U. S. Air Force [EB/OL]. (1954 - 04)[2020 - 04 - 23]. https://www.af.mil/About-Us/Biographies/Display/Article/105311/general-hoyt-s-vandenberg/.

[63] Vandenberg's Tenure as Director of Central Intelligence: Introduction [M]// Lafantasie G W, Thorne C T, Patterson D S. Foreign Relations of the United States, 1945 - 1950, Emergence of the Intelligence Establishment. U. S. Government Printing Office. 1996: 364 - 369.

[64] SOUERS S W. Memorandum From the Director of Central Intelligence

(Souers) to the President's Chief of Staff [M]// Lafantasie G W, Thorne C T, Patterson D S. Foreign Relations of the United States, 1945 - 1950: Emergence of the Intelligence Establishment. U. S. Government Printing Office. 1946: 348.
[65] Maj. Gen. Charles H. Bonesteel, Officer in 2 Wars, Dead at 79; Led the First U. S. Contingent Sent to Guard Iceland Before Pearl Harbor [N]. The New York Times, 1964 - 1964 - 06 - 06.
[66] CHRISTENSEN C R. An Assessment of General Hoyt S. Vandenberg's Accomplishments as Director of Central Intelligence [J]. Intelligence and National Security, 1996,11(4): 754 - 764.
[67] Maurer M. Air Force Combat Units of World War II[M]. Office of Air Force History, U. S. Air Force, 1983.
[68] VANDENBERG H S. Memorandum From the Director of Central Intelligence (Vandenberg) to the Intelligence Advisory Board: Functions of the Director of Central Intelligence [M]// Lafantasie G W, Thorne C T, Patterson D S. Foreign Relations of the United States, 1945 - 1950: Emergence of the Intelligence Establishment. U. S. Government Printing Office. 1946: 373 - 379.
[69] National Intelligence Authority Directive No. 5: Functions of the Director of Central Intelligence [M]// Lafantasie G W, Thorne C T, Patterson D S. Foreign Relations of the United States, 1945 - 1950: Emergence of the Intelligence Establishment. U. S. Government Printing Office. 1946: 391 - 392.
[70] DARLING A B. The Central Intelligence Agency: An Instrument of Government, to 1950 [M]. Pennsylvania State University Press, 1991.
[71] Minutes of the Ninth Meeting of the Intelligence Advisory Board [M]// Lafantasie G W, Thorne C T, Patterson D S. Foreign Relations of the United States, 1945 - 1950: Emergence of the Intelligence Establishment. U. S. Government Printing Office. 1946: 434 - 445.
[72] ORE 1: Soviet Foreign and Military Policy [M]// Warner M. CIA Cold War Records: The CIA under Harry Truman. Central Intelligence Agency. 1946: 65 - 76.
[73] SCHNABEL J F. History of the Joint Chiefs of Staff: The Joint Chiefs of Staff and National Policy, 1945 - 1947 [M]. Office of Joint History, Office of the Chairman of the Joint Chiefs of Staff, 1996.
[74] VALERO L A. The American Joint Intelligence Committee and Estimates of the Soviet Union, 1945 - 1947 [J]. Studies in Intelligence (Unclassified Edition), 2000, (9): 65 - 80.
[75] 戴维·罗特科普夫. 美国国家安全委员会内幕[M]. 孙成昊,赵亦周,译. 商务印书馆,2013.
[76] WEBER K H. The Office of Scientific Intelligence, 1949 - 68: Volume One [M]. Central intelligence Agency, 1972.
[77] MONTAGUE L L. Procurenent of Key Personnel for ORE [M]// Warner

M. CIA Cold War Records: The CIA under Harry Truman. Central Intelligence Agency. 1946: 85 - 86.

[78] JONES V C. Manhattan: the Army and the Atomic Bomb [M]. Center of Military History, U. S. Army, 1985.

[79] VANDENBERG H S. Memorandum From the Director of Central Intelligence (Vandenberg) to the National Intelligence Authority: Coordination of Intelligence Activities Related to Foreign Atomic Energy Developments and Potentialities [M]// Lafantasie G W, Thorne C T, Patterson D S. Foreign Relations of the United States, 1945 - 1950: Emergence of the Intelligence Establishment. U. S. Government Printing Office. 1946: 394 - 395.

[80] Minutes of the Sixth Meeting of the National Intelligence Authority [M]// Lafantasie G W, Thorne C T, Patterson D S. Foreign Relations of the United States, 1945 - 1950: Emergence of the Intelligence Establishment. U. S. Government Printing Office. 1946: 395 - 400.

[81] Telegram From the President's Chief of Staff (Leahy) to President Truman [M]// Lafantasie G W, Thorne C T, Patterson D S. Foreign Relations of the United States, 1945 - 1950, Emergence of the Intelligence Establishment. U. S. Government Printing Office. 1946: 401 - 402.

[82] WEBER K H. OSI and Atomic Energy Intelligence, including the Joint Atomic Energy Intelliuence Committee [M]// The Office of Scientific Intelligence, 1949 - 68: Volume One. Central intelligence Agency. 1972.

[83] SCHUMACHER S M. Against a Steamroller: David Lilienthal, the Atomic Energy Commission, and the Conflict over Militarization during Early Cold War [D]. Department of History, California State Polytechnic University, Pomona, 2004.

[84] 麦乔治·邦迪. 美国核战略[M]. 褚广友,盛冰,俞成,朱立群,傅吉军,王妙琴,郑志国,汪稳功,李枫,译. 世界知识出版社,1991.

[85] BARNARD C I, OPPENHEIMER J R, THOMAS C A, et al. Report on the International Control of Atomic Energy [R]. U. S. Department of State, 1946.

[86] FAY M H. The Atomic General's "One-Way Street": Leslie R. Groves and the Manhattan Engineer District Foreign Intelligence Section, 1945 - 47 [M]// Moran C, Stout M, Iordanou I, Maddrell P. Spy Chiefs, Volume 1: Intelligence Leaders in the United States and United Kingdom. Georgetown University Press. 2018: 69 - 89.

[87] ORE 3/1: Soviet Capability for the Development and Production of Certain Types of Weapons and Equipment [R]. Central Intelligence Agency, 1946.

[88] PRADOS J. The Soviet Estimate: U. S. Intelligence Analysis and Soviet Strategic Forces [M]. Princeton Universiy Press, 1986.

[89] GROVES L R. Now It Can Be Told: The Story Of The Manhattan Project [M]. Harper & Brothers, 1962.

[90] ZIEGLER C A, JACOBSON D. Spying Without Spies: Origins of

America's Secret Nuclear Surveillance System [M]. Praeger Publishers, 1995.

[91] GROVES L R. Memorandum From the Commanding General of the Manhattan Engineer District, Department of War (Groves) to the Atomic Energy Commission: Foreign Intelligence Set-up [M]// Lafantasie G W, Thorne C T, Patterson D S. Foreign Relations of the United States, 1945 - 1950: Emergence of the Intelligence Establishment. U. S. Government Printing Office. 1946: 458 - 460.

[92] Minutes of the 9th Meeting of the National Intelligence Authority [M]// Lafantasie G W, Thorne C T, Patterson D S. Foreign Relations of the United States, 1945 - 1950: Emergence of the Intelligence Establishment. U. S. Government Printing Office. 1946: 487 - 493.

[93] RICHELSON J T. Spying on the Bomb: American Nuclear Intelligence from Nazi Germany to Iran and North Korea [M]. W. W. Norton & Company, 2007.

[94] CIA Chronology, 1940 - 1953 [R]. Central Intelligence Agency.

[95] BUKHARIN O. US Atomic Energy Intelligence Against the Soviet Target, 1945 - 1970 [J]. Intelligence and National Security, 2004, 19(4): 655 - 679.

[96] SMITH C E. CIA's Analysis of Soviet Science and Technology [M]// Haines G K, Leggett R E. Watching the Bear: Essays on CIA's Analysis of the Soviet Union. Center for the Study of Intelligence, Central Intelligence Agency. 2003: 105 - 133.

[97] Hillenkoetter's Tenure as Director of Central Intelligence: Introduction [M]// Lafantasie G W, Thorne C T, Patterson D S. Foreign Relations of the United States, 1945 - 1950: Emergence of the Intelligence Establishment. U. S. Government Printing Office. 1996: 746 - 756.

[98] DARLING A B. DCI Hillenkoetter: Soft Sell and Stick [J]. Studies in Intelligence (Classified Edition), 1969,13(1): 33 - 56.

[99] A Look Back ... Allen Dulles Becomes DCI. Central Intelligence Agency [EB/OL]. (2013 - 04 - 30)[2020 - 06 - 05]. https://www.cia.gov/news-information/featured-story-archive/allen-dulles-becomes-dci.html.

[100] DULLES A W. The Craft of Intelligence [M]. The New American Library of World Literature, 1965.

[101] DOEL R E, NEEDELL A A. Science, Scientists, and the CIA: Balancing international ideals, national needs, and professional opportunities [J]. Intelligence and National Security, 1997,12(1): 59 - 81.

[102] Program for JRDB - CIG Cooperation in the Field of Scientific Intelligence [R]. Central Intelligence Agency, 1947.

[103] VANDENBERG H S. Letter From the Director of Central Intelligence (Vandenberg) to the Chairman of the Joint Research and Development Board (Bush) [M]// Lafantasie G W, Thorne C T, Patterson D S. Foreign Relations of the United States, 1945 - 1950: Emergence of the

Intelligence Establishment. U. S. Government Printing Office. 1946: 501 - 503.
[104] GREENSTEIN J L. Howard Percy Robertson: January 27, 1903 - August 26, 1961 [M]// Biographical Memoirs: Volume 51. The National Academies Press. 1980: 342 - 364.
[105] MCCLURE D S. Wallace Reed Brode: June 12, 1900 - August 10, 1974 [M]// Biographical Memoirs: Volume 82. The National Academies Press. 2003: 64 - 77.
[106] Diary: Rear Admiral R. H. Hillenkoetter [R]. Central Intelligence Agency, 1947.
[107] Central Intelligence Agency Act of 1949 [M]// Intelligence Community Legal Reference Book (2020). Office of the Director of National Intelligence. 2020: 242 - 285.
[108] HILLENKOETTER R H. Memorandum From the Director of Central Intelligence (Hillenkoetter) to the National Security Council: Appointment of an Intelligence Advisory Committee [M]// Lafantasie G W, Thorne C T, Patterson D S. Foreign Relations of the United States, 1945 - 1950: Emergence of the Intelligence Establishment. U. S. Government Printing Office. 1947: 583 - 585.
[109] WARNER M, MCDONALD J K. US Intelligence Community Reform Studies Since 1947 [M]. Center for the Study of Intelligence, Central Intelligence Agency, 2005.
[110] MACHLE W. Memorandum From the Assistant Director for Scientific Intelligence (Machle) to Director of Central Intelligence Hillenkoetter: Inability of OSI to Accomplish Its Mission [M]// Lafantasie G W, Thorne C T, Patterson D S. Foreign Relations of the United States, 1945 - 1950: Emergence of the Intelligence Establishment. U. S. Government Printing Office. 1949: 1012 - 1016.
[111] RICHELSON J T. The Wizards of Langley: Inside the CIA's Directorate of Science and Technology [M]. Westview Press, 2001.
[112] HILLENKOETTER R H. Director of Central Intelligence Directive No. 3/3: Scientific Intelligence [R]. Central Intelligence Agency, 1949.
[113] WIARDA H J. Military Brass vs. Civilian Academics at the National War College: A Clash of Cultures [M]. Lexington Books, 2011.
[114] BRESLIN - SMITH J. The National War College: Marking 70 Years of Strategic Education [J]. Joint Force Quarterly, 2017, 84(1): 59 - 64.
[115] KENT S. Valediction [M]// Steury D P. Sherman Kent and the Board of National Estimates: Collected Essays. Central Intelligence Agency. 1968: 21 - 31.
[116] FORD H P. A Tribute to Sherman Kent [M]// Steury D P. Sherman Kent and the Board of National Estimates: Collected Essays. Central Intelligence Agency. 1980: 1 - 11.
[117] KENT S. Strategic Intelligence for American World Policy [M]. Archon

Books, 1965.
[118] 谢尔曼·肯特．战略情报：为美国世界政策服务[M]．刘微，肖皓元，译．金城出版社，2012.
[119] 知识·组织·行动：《服务于美国世界政策的战略情报》评介[M]．张晓军．美国军事情报理论著作评介．时事出版社．2005：95－133.
[120] ALSTYNE R W V. Reviewed Work (s): Strategic Intelligence for American World Policy by Sherman Kent [J]. The Annals of the American Academy of Political and Social Science, 1949, 265: 175.
[121] KENDALL W. The Function of Intelligence [J]. World Politics, 1949, 1 (4): 542－552.
[122] KENT S. The First Year of the Office of National Estimates: The Directorship of William L. Langer [M]// Steury D P. Sherman Kent and the Board of National Estimates: Collected Essays. Central Intelligence Agency. 1970: 143－156.
[123] William H. Jackson Dead at 70; Former C. I. A. Deputy Director [N]. The New York Times, 1971－1971－09－29.
[124] NSC 50: Comments and Recommendations to the National Security Council on the Report of the Dulles-Jackson-Correa Committee Prepared by the Secretary of State and Secretary of Defense [M]// Lafantasie G W, Thorne C T, Patterson D S. Foreign Relations of the United States, 1945－1950: Emergence of the Intelligence Establishment. U. S. Government Printing Office. 1949: 974－984.
[125] DULLES A W, JACKSON W H, CORREA M F. Report From the Intelligence Survey Group to the National Security Council: The Central Intelligence Organization and National Organization for Intelligence: Summary [M]// Lafantasie G W, Thorne C T, Patterson D S. Foreign Relations of the United States, 1945－1950, Emergence of the Intelligence Establishment. U. S. Government Printing Office. 1949: 903－911.
[126] DULLES A W, JACKSON W H, CORREA M F. Report From the Intelligence Survey Group to the National Security Council: The Central Intelligence Organization and National Organization for Intelligence [R]. National Security Council, 1949.
[127] BOCK J G, CLARKE D L. The National Security Assistant and the White House Staff: National Security Policy Decisionmaking and Domestic Political Considerations, 1947－1984 [J]. Presidential Studies Quarterly 1986, 16(2): 258－279.
[128] FORD H P. Estimative Intelligence: The Purposes and Problems of National Intelligence Estimating [M]. University Press of America, 1993.
[129] IAC－M－1: Minutes of a Meeting of the Intelligence Advisory Committee [M]// Keefer E C, Keane D, Warner M. Foreign Relations of the United States, 1950－1955: The Intelligence Community, 1950－1955. U. S. Government Printing Office. 1950: 47－52.
[130] KENT S. The Law and Custom of the National Intelligence Estimate

[M]// Steury D P. Sherman Kent and the Board of National Estimates: Collected Essays. Central Intelligence Agency. 1976: 43 - 126.
[131] The Directorate of Analysis: History. Central Intelligence Agency [EB/OL]. (2016 - 01 - 05)[2020 - 05 - 18]. https://www.cia.gov/offices-of-cia/intelligence-analysis/history.html.
[132] A Look Back ... Sherman Kent: The Father of Intelligence. Central Intelligence Agency [EB/OL]. (2013 - 04 - 30)[2020 - 05 - 18]. https://www.cia.gov/news-information/featured-story-archive/2010 - featured-story-archive/sherman-kent-the-father-of-intelligence.html.
[133] FREEDMAN L. U. S. Intelligence and the Soviet Strategic Threat [M]. Princeton University Press, 1986.
[134] WINKS R W. Cloak and Gown: Scholars in the Secret War, 1939 - 1961 [M]. William Morrow & Company, 1987.
[135] Organizational History of The Central Intelligence Agency, 1950 - 1953: Annex A[R]. Central Intelligence Agency, 1953.
[136] GERNAND B E, MADISON L, BARBOUR J. Ray S. Cline Papers: A Finding Aid to the Collection in the Library of Congress. Manuscript Division, Library of Congress, 2010.
[137] The Directorate of Intelligence: A Brief Description [R]. Central Intelligence Agency, 1977.
[138] LAURIE C D. A New President, a Better CIA, and an Old War: Eisenhower and Intelligence Reporting on Korea, 1953 [J]. Studies in Intelligence (Unclassified Edition), 2010, 54(4): 15 - 22.
[139] DCI Walter Bedell Smith Creates the Directorate for Intelligence. Central Intelligence Agency [EB/OL]. (2013 - 04 - 30)[2020 - 05 - 19]. https://www.cia.gov/news-information/featured-story-archive/2008 - featured-story-archive/smith-creates-di.html.
[140] Langer, Former Intelligence Expert in C. I. A., Returns to Old Post—Teaching History [N]. The Harvard Crimson, 1952 -.
[141] Loftus Eugene Becker, Former C. I. A. Aide, 66 [N]. The New York Times, 1977 - 1977 - 08 - 27.
[142] MALLETT D R. Western Allied Intelligence and the German Military Document Section, 1945 - 6 [J]. Journal of Contemporary History 2011, 46(2): 383 - 406.
[143] DOBSON B. Eric Barff Birley, 1906 - 1995 [M]// Proceedings of the British Academy, Volume 97. The British Academy. 1998: 215 - 232.
[144] ECKERT A M. The Struggle for the Files: The Western Allies and the Return of German Archives after the Second World War [M]. Cambridge University Press, 2012.
[145] The Foreign Documents Division, 1946 - 1967, Volume I[M]. Central Intelligence Agency, 1974.
[146] History of the Office of Operations [R]. Central Intelligence Agency.
[147] WARNER M, RUFINE K C. The Founding of the Office of Special

Operations (Classified Edition)[J]. Studies in Intelligence, 2000, 44(2): 1-17.
[148] Office of Communications: 1947 to 1985 [J]. Studies in Intelligence (Classified Edition): 37-47.
[149] RUST W J. Transitioning into CIA: The Strategic Services Unit in Indonesia [J]. Studies in Intelligence (Unclassified Edition), 2016, 60(1): 1-22.
[150] The Foreign Documents Division, 1946-1967, Volume IV[M]. Central Intelligence Agency. 1974.
[151] FTD 50 Years, 1917-1967 [M]. Foreign Technology Division of the Air Force Systems Command, 1967.
[152] Minutes of the 10th Meeting of the National Intelligence Authority [M]// Lafantasie G W, Thorne C T, Patterson D S. Foreign Relations of the United States, 1945-1950: Emergence of the Intelligence Establishment. U. S. Government Printing Office. 1947: 766-776.
[153] The Foreign Documents Division, 1946-1967, Volume II[M]. Central Intelligence Agency, 1974.
[154] NSCID 16: Foreign Language Publications [M]// Keefer E C, Keane D, Warner M. Foreign Relations of the United States, 1950-1955: The Intelligence Community, 1950-1955. U. S. Government Printing Office. 1953: 807-808.

第四章　导弹！导弹！

1954年2月15日。

《航空周刊》突然登出了一篇题为《照片揭露苏军新的定音之锤》的文章，并配有两张杂志社独家获得的，据说是苏联最新研制的远程重型轰炸机“伊尔-38”和“图-200”原型机的大幅照片。[1] 文章的开头这样写道：

> （我刊）首次获得了苏联两种新型涡轮螺旋桨轰炸机的照片，由此可以确认，苏联正在快速建立其进攻性空中力量。[1] 12

文章接着介绍说，这两种轰炸机都具备洲际航行能力。伊尔-38据说和美国的B-52“同温层堡垒”大小相当，图-

200 则类似于 B-36“和平缔造者”轰炸机，但先进程度远超后者。[2]36

美国空军参谋长范登堡和空军部长芬勒特（Thomas K. Finletter）在三年前就批准了 B-52 的量产合同，但直到此时，只有两架原型机面世，还要再等一个月首架量产飞机才完成组装。对比苏联方面的进展速度，许多美国人对于美国能否更多更快地生产出 B-52 感到信心不足，进而认为他们曾拥有的核优势正在快速丧失。就连某些高层人士也开始担心美国本土有遭受核打击的危险。[2]36-37 [3]219, 229-230 [4]

《航空周刊》登出这篇文章后不久，前空军部长、参议员赛明顿（W. Stuart Symington）在参议院发言，抨击艾森豪威尔政府“一贯低估苏联对美国发动核空袭的能力”。他断言，苏联人正在加快大批量生产洲际轰炸机的速度，而美国政府不仅在 B-52 生产方面磨磨蹭蹭，在新型超音速轰炸机 B-58 开发方面也是慢慢腾腾。[2]37 [5]

事后人们才知道，《航空周刊》的这篇文章存在多处错误。苏联人从来没有开发过图-200 轰炸机，杂志指鹿为马，刊登的其实是代号“图-4”（绰号“公牛”）的轰炸机照片。而所谓的伊尔-38 也不对，这其实是苏联方面称为“米亚-4”的轰炸机。美国空军情报机构早在 1953 年就知道了这种飞机，并且给它起了“野牛”的绰号①。[2]36

尽管如此，这篇不长也不准确的文章，却引发了美国国

---

① 后文提到的“熊”“狗獾”，也不是苏联方面的官方叫法，而是西方国家给苏军飞机起的绰号，都带有明显的贬义色彩。

内的一片惊呼和哗然。很快，在美国流行开了一个新词——“轰炸机差距”。

科学情报委员会

情报咨询委员会里的军方代表，之所以会同意科学情报委员会对所有的科学与技术情报进行协调，除了中央情报局科学情报部主任威拉德·马赫尔等人坚持说这是英国人的成功经验之外，更重要的原因可能是国防部研发理事会对军兵种提供的技术情报支持极不满意，他们希望马赫尔领导的科学情报委员会能够成为研发理事会的主要情报源。因此军方代表们虽然内心并不情愿，但迫于研发理事会在国防部的地位和影响，也不得不勉强同意这个安排。[6]174-175

科学情报委员会主席马赫尔乘胜出击，在 1949 年 11 月一口气成立了生物战（JBWIC）、化学战（JCWIC）、电子（JEIC）、导弹（JGMIC）和医学（JMSIC）五个分委员会，同时把 1947 年 11 月成立的核能情报联合委员会（JNEIC）改组为原子能情报联合委员会（JAEIC），科学情报委员会顿时显得羽翼丰满起来。[6]176 [7]3-4 [8]11-14, 20

事后来看，这只是马赫尔的短暂辉煌时期。据中央情报局 2008 年解密的科学情报部的官方历史记载，马赫尔一直对依靠那些缺少学识的“特务”通过秘密手段搜集科学情报心怀不满。在欧洲的实地调研更让他坚信，此类搜集工作应当由具有科学资历的人员来控制和实施。特种行动部是中央情报局里负责隐蔽行动的一个神秘部门，马赫尔怀疑他们手里掌握着许多有用情报。而恰在此时，中央情报局里有官员批评特种行动部就是一个大仓库，花费了高昂代价搜集到大量信息，却出于保密原因从不让他人使用。这似乎印证了马赫尔对科学情报搜集以及特种行动部的种种看法。于是他让手下核能研究室的人悄悄去找过去的熟人，试图拿到某些核情报。换句话说，马赫尔想让科学情报部渗透进特种行动部，这就犯了大忌。[6]175 [9]16-17 [10]5

1950 年 3 月，早先供职于原子能委员会的查德威尔（H. Marshall Chadwell）接替了触碰红线的马赫尔，开始执掌科学情报部。三个月后，他提出在科学情报委员会下面增设飞机（JACIC）与防空（JAAIC）两个分委员会，这一提议顺利获得了通过。但这可能让查德威尔产生了一种错觉，以为军方会一直如此“顺从”，岂料在第二年，从他提议设立水下战和陆军弹药分委员会开始，局势急转直下。[6]175 [10]5-6

陆军代表首先质疑科学情报委员会是否应当设立有关武器系统应用的分委员会。委员会内部迅速分为两派，军方的陆海空三军是一派，而民口的中央情报局、国务院和原子能委员会是另一派，结果出现了 3 比 3 的僵局。根据之前制定的议事程序，只要出现僵局，查德威尔就需要将问题提交给中央情报总监来解决。在沃尔特·史密斯总监的指示下，查德威尔主动退却，不仅不再增设新的水下战和陆军弹药分委员会，就连飞机与防空分委员会也宣布解散了。然而这种息事宁人的做法并未让军方代表满意，他们乘机大举反攻，对先前成立的生物战、化学战等五个分委员会展开攻击——从局面上看，查德威尔所在的这一派没有一点优势，除了原子能情报和医学情报这两个分委员会里有国务院和原子能委员会的代表，其他分委员会里与军方面对面的只有中央情报局的代表。[6]175-176 [7]5-6 [10]6

不仅如此，军方情报机构还打算在参联会联合情报委员会里开辟“第二战场”。在1952年1月的科学情报委员会会议上，空军代表报告说，参联会联合情报委员会正在组建军方的技术情报联合分委员会（JTIS）。查德威尔和他的副手拉尔夫·克拉克立刻向新上任的情报分局局长洛夫塔斯·贝克尔报告此事，而贝克尔很快又向情报总监作了汇报。贝克尔认为，军方提升其科学技术情报能力的做法值得鼓励，科学情报委员会应当把自己的重点放在军方能力不佳的那些领域。史密斯对此深表赞同，并且史密斯还认为，如果军方在提高相关情报能力方面确有成效，那就应该对科学情报委员会重新进行考量。[6]177 [7]7

一个月后，陆军代表在科学情报委员会上宣布，技术情报联合分委员会已经成立了导弹、生物战、化学战和军用电子四个专委会，因而科学情报委员会与这几个专委会重叠的分委员会都应该被撤掉。这次陆军代表的发难其实是有备而来。因为科学情报委员会相关分委员会里的军方成员，已经利用人数优势投票赞成解散各自的分委员会。[6]177-178 [7]7

几乎与此同时，中央情报局新任的监察长斯图尔特·赫登（Stuart Hedden），在麻省理工学院爱德华·鲍尔斯博士的帮助下，完成了一份针对科学情报部的调研报告。他们建议将“科学情报”和“技术情报”更为清楚地区分开来，前者由科学情报部负责，后者则应交给军方。报告还呼吁科学情报委员会不要与军方重复开展研究工作。两年以后，后来的监察长再次针对科学情报部开展调研，结果发现，赫登和鲍尔斯在报告中提出的区分办法貌似很合理，实际却根本行不通。[6]178 [11]8-17

但是在当时，赫登的报告促使沃尔特·史密斯很快作出决定。他宣布成立一个由贝克尔牵头的特别小组，着手修改有关科学情报委员会的“第 3/3 号”总监指令，情报咨询委员会成员也派代表参加这个特别小组。至此，科学情报委员会的命运已经注定，因为贝克尔的态度一直相当明确且没有改变。[6]178 [9]20 [7]7-8 [10]6

公允地说，史密斯此时没有太多的选择。科学情报委员会的军方成员事实上已经处于“罢工”状态，而委员会也因此停摆。因此他要么在中央情报总监权力范围内把问题解决掉，要么把问题上交国家安全委员会。在这两者之间，以史密斯的性格和过往经历，他必然选择前者。当然，他和贝克尔都寄希望于军方确实能在科学和技术情报工作方面有所长进，毕竟他们已经建立起技术情报联合分委员会及若干下属专委会，这看上去与科学情报委员会极为相似。[6]178-179

1952 年 8 月 14 日，史密斯颁布了新的“第 3/4 号”中央情报总监指令，之前颁布的“第 3/3 号”指令随即废止。新指令明确：中央情报局科学情报部主要负责生产“基础学科的基础研究情报”“科学资源情报”和“医学情报（军用医学情报除外）”，以及“相关的应用研发情报”；“所有武器与武器系统情报”“军用装备与技术情报”，以及“围绕军用新材料与新技术的相关研发情报”，均由军方情报机构负责生产。同时，这一指令对“原子能情报”未做限定。有鉴于此，科学情报委员会以及1949年以后设立的那些分委员会立即解散。[6]179 [12]312

虽然在指令中划定了各自负责的领域，但史密斯指出，重叠的区域依旧存在，“军方可能会需要基础学科的基础研究趋势情报……中央情报局可能会需要与武器、武器系统、军用装备与技术、现有装备技术特性方面有关的情报”，因此单位之间需要保持联络，在合适的时候还需要召开工作层面的会议。[12]312 [7]8-9

史密斯还在该指令中宣布另行成立“科学预估委员会”（SEC），其主要任务是为《国家情报预估报告》和《国家情报调查报告》（NIS）等“国家情报”，提供“集成的”科学和技术情报，但不以委员会的名义发布任何情报产品，也不再负责协调相关单位的科学情报活动。[12]312-313 [6]179-180 [7]8-9

毫无疑问，“第3/4号”总监指令严重挫伤了科学情报部的士气。查德威尔和他的副手拉尔夫·克拉克都不愿意担任科学预估委员会的主席，他们把这个机会留给了科学情报部核能研究室主任约翰·劳斯（John B. Routh）。[7]9 [6]180 [13]

在新指令颁布之前，贝克尔与克拉克有过一次长时间的交流。克拉克仍然坚持认为军方情报机构在科学技术情报领域能力低下，他对中央情报局拱手让出这个领域的领导角色深感痛心。贝克尔则批评他说，不应该对军方情报机构抱有成见，他们新组建的技术情报联合分委员会还是可能有所作为的。[6] 179

克拉克从 1949 年 10 月就开始担任科学情报部副主任一职，贝克尔知道他的这些看法非常具有代表性。因此在新指令颁布后，贝克尔专门召集科学情报部的高层人员开会，并明确提出要求：尽管许多人对军方情报机构及其技术情报联合分委员会心存疑虑，但科学情报部还是要不折不扣地把新指令落实好。[6] 180 [10] 6

针对众人所纠结的领导角色问题，贝克尔暗含激励地告诫说，如果科学情报部想扮演领导角色，它必须用出色的表现赢得那个地位，只要科学情报部确实出色，它就能够在工作层面的会议上发挥领导作用，不论它是不是被放在会议主席的位置上。[6] 180 [10] 6-7

贝克尔这番讲话所反映的思想，在他牵头起草的“第 3/4 号”指令当中已经有所体现。作为一条基本原则，指令明确规定：

> 情报咨询委员会中，没有哪个机构可以被视为某个领域的最高权威；（任何一个机构提出的情报）结论都可以被委员会中的其他机构质疑，（所有）不同意见都将记录在案。[12] 311

不仅如此，新指令还承认“在科学技术情报活动中，把不同领域决然分隔开，既不可能也无必要”，因此“任何机构出于履行职能的需要，都可以对其认为必要的领域开展研究”，而这就拆除了各机构随意搭建的“自留地围墙”。因此，对科学情报部来说，他们在协调科学情报活动方面固然损失不小，却从此可以集中精力全面提升内部的研究能力。事实上，即便是在那些曾经被军方严防死守的，貌似壁垒森严的武器系统研发领域，其实也不乏机会，毕竟，在基础科学研究与军事和武器系统研究之间，存在着千丝万缕、难解难分的联系。科学情报部由此暗存希望，期待将来能有那么一天，新的情报分局领导能够认识到他们所做的这些工作的重要价值。[6]180 [10]6-7 [14]23

原子能情报联合委员会成为这次由新指令所引发的“劫难”的幸存者。这个委员会的历史比科学情报委员会还要长几年。自成立起，原子能情报委员会便一直在生产有关苏联核计划的预估报告，该报告每半年出台一份，而且不经过报告预估部以及后来的国家预估部，直接由情报咨询委员会批准后发布。1952 年“第 3/4 号”指令颁布以后，原子能情报委员会与科学预估委员会地位相当，都是情报咨询委员会下属的分委员会，但是其生产相关预估报告的职能和过程得以保留。[6]179 [8]16

围绕《国家情报预估报告》和《国家情报调查报告》，把情报机构提供的情报进行集成，依令成为科学预估委员会的中心任务。然而在准备“苏联集团的能力”相关预估报告

（NIE-65）① 时他们发现，对于医学领域，“第3/4号”指令中规定的工作任务切割并不实用，进度因此一拖再拖，最后只能召开专门的医学会议来解决问题。不久之后，在准备“瑞士”调研报告（NIS-15）时，相似情况再次出现，科学预估委员会只得再一次通过会议形式来完成情报集成任务。从此以后，只要国家情报产品有需求，科学预估委员会便会组织一次专门的会议来完成各方情报的集成，工作效率可想而知。[7]10 [15] [16]439

科学预估委员会无权发布自己的产品，他们的研究成果只能成为国家情报的基础。抱着这样的预期，他们围绕“苏联的生物战能力”开展了一项预估研究，而在他们把研究报告（SEC 2/54）提交给情报咨询委员会之后，出乎他们预料的是，咨询委员会认为这份报告已经达到了《国家情报预估报告》的各项要求，因此不必另外生产专门的《国家情报预估报告》了。[7]11 [17]610

1953年2月，艾伦·杜勒斯终于“修成正果”，宣誓成为第五任中央情报总监。在他看来，中央情报局以及整个美国情报界，应该给予导弹情报更高的重视程度。受此影响，科学情报部武器研究室导弹组在1955年3月升格为导弹研究室。到了1956年1月，尽管科学预估委员会认为自己能够完成导弹情报的协调任务，无需为此再单独成立一个情报委员会，而军方代表也有反对意见，但杜勒斯仍然发布了“第3/

① NIE 65《苏联集团的能力（当前至1957年）》，1993年解密。

6号”总监指令，宣布组建“导弹情报委员会”（GMIC）。这就让科学预估委员会颇为尴尬和委屈，因为同样都是涉及科学情报的委员会，原子能情报和导弹情报委员会都能光明正大地生产《国家情报预估报告》，偏偏自己这个委员会虽然头顶着“预估”的帽子，却只能在幕后默默地完成“国家情报”任务。[7]12 [18] [19] [10]8

1958年3月，艾森豪威尔总统主持召开国家安全委员会特别会议，会议决定将情报咨询委员会与“美国通信情报理事会”（USCIB）合并，成立“美国情报理事会”（USIB）。随后，有关方面更新了“第1号”国家安全委员会情报指令（NSCID），赋予中央情报总监更大的对外情报协调权。同年6月，科学预估委员会主席卡尔·韦伯（Karl H. Weber）代为起草了一份新的国家情报总监指令，他希望借此机会，为委员会争取到生产科学技术情报的权力。这份指令草案在科学预估委员会获得通过后，连同原子能情报和导弹情报两个委员会提交的指令草案，一并交到了更高级官员的手中，成为组建美国情报理事会众多文件中的一份。[20]34-35 [7]13

1959年2月，中央情报总监颁布“第3/5号”指令，科学情报委员会获得重生，负责协调除原子能情报、导弹和宇航情报之外的科学技术情报工作。此外，该委员会除了可以在适当时候生产跨部门的科学技术情报，还负责为《国家情报预估报告》提供有关国外科学技术活动的情报素材，并负责协调起草相关的《国家情报预估报告》。[7]13 [21] [10]7

就在2月的这次会议上，经美国情报理事会批准，科学情报委员会重新成立了生物战、化学战、电子和医学四个分委员会。[7]15

航空技术情报中心

1951 年 5 月，航空器材司令部（AMC）情报部被转隶到了空军参谋部，成为空军参谋部情报局直属的技术情报单位（AFOIN - 4），并改称“航空技术情报中心”（ATIC）①。受空军情报主管卡贝尔（Charles P. Cabell）少将的指派，自 1949 年起担任情报部主任的哈罗德·沃森，也从此改称情报中心主任。[22]5 [23] [24]26

还在美国陆军航空兵独立成为空军之前，唐纳德·帕特就离开了航空器材司令部情报部，此后便由航空文献处主任霍华德·麦考伊上校接替了他的位置。在麦考伊上校的带领下，航空文献处从成百上千吨的缴获资料中最终筛选出了最有价值的 5.6 万份德国文献和 3 千份日本文献，并且在 1947 年 11 月完成了所有这些文献的编目任务，该工作得到了航空科学研究所（IAS）的大力帮助。一年后，航空文献处改由空军与海军共同拨付经费，名称也相应地调整为“中央航空文献处”（CADO）。此后，在前任空军情报主管乔治·麦克唐纳将军的建议下，航空文献处与航空技术博物馆等其他几家“非情报”单位于 1949 年 6 月一道脱离了情报部，隶属关

① 航空技术情报中心此时的番号是美国空军参谋部第 1125 直属大队。

系几经变更，但单位一直留存至今，现名为“国防技术信息中心”（DTIC）。[22]1 [25] [24]22 [26]14-15, 21

1950 年 2 月，空军将研发职能从航空器材司令部剥离后组建了新的司令部，并在 9 月正式定名为航空研发司令部（ARDC）。然而尚有一个悬而未决的问题：技术情报是应当属于研发工作还是属于勤务工作？最终，在情报部从航空器材司令部调整到空军参谋部后，这个问题才有了一个正式的结论：既然器材司令部、研发司令部以及空军的其他部门都需要技术情报，那么把这一职能放在参谋部情报局之下最为合适。[22]5

不过从报告链来看，技术情报中心最初是向情报局的生产助理报告工作，这就说明参谋部此时对情报中心的定位还是更偏向勤务。这种情况持续了两年，直到 1952 年 4 月，空军参谋部才作出调整，让情报中心主任改向当时的空军情报主管桑福德（John A. Samford）少将报告工作。[22]6 [27]

到 1953 年的时候，航空技术情报中心每年的经费，有三分之二都流向了一个名为“鹳鸟计划”（Project STORK）的专门项目。与情报中心签订这个项目的合同的是巴特尔公司（Battelle Corporation），也就是后来的巴特尔纪念实验室（Battelle Memorial Laboratories）。这家非营利机构位于俄亥俄州的哥伦布市，与情报中心交通便利，两家单位的合作关系一直延续了 40 多年。在哈罗德 · 沃森看来，巴特尔公司以及俄亥俄州立大学收藏的俄文图书资料有如一座金矿，可以通过巴特尔公司这个渠道，招揽足够的俄语人才对这座金矿

进行挖掘，为情报中心研究和分析苏联在未来空战中的攻防技术能力提供所需的科技信息。[22]8-9 [28]6-7

例如，围绕苏联航空材料的技术特点和性能、制造工艺以及各类结构件中的材料应用等方面的问题，情报中心技术分析室会先提出若干具体任务要求，再由巴特尔公司根据这些要求组织相应的人力和其他资源开展工作。公司竭尽全力去回答情报中心提出的问题，只有在个别时候他们会告诉情报中心自己实在无能为力。[22]9

通常情况下，参与“鹳鸟计划”的公司人员都必须具有足够的保密资格，能够阅读技术情报中心提供的情报材料。但如果某些材料的密级程度太高，那他们就只能看到情报摘要，这时候他们就要更多地凭借自己掌握的知识开展工作。由于保密方面的限制，1953 年 5 月，情报中心不得不把之前布置的苏联核计划进展研究的任务要求稍作调整，在研究的某些阶段将巴特尔公司排除在外。[22]9

每年的“国际劳动节”和“空军日”，苏联空军都会进行飞行表演，展示他们最新研制的飞机，这成为技术情报中心获取苏军情报的一个重要窗口。[22]9 [29]64

1948 年 11 月，时任情报中心主任霍华德·麦考伊曾向参谋长范登堡报告说：

> （我国）空军武官所掌握的苏联飞机定性情报中，大约有 95％来自（苏联人在）5 月 1 日（举行的）的飞行表演以及之前（进行）的飞行演练。他们首次知道某些新

型飞机的存在，也通常来源于此。根据过去两年的经验，从其他来源获得这些新飞机的确认信息和定性数据，（比这个渠道）要晚六至九个月的时间。[30] 218

空军代理武官爱迪生·沃特斯少校（Edison K. Walters）获准观看了1949年苏联“空军日”的活动。事后他向上级报告说，苏联人那一天的活动有21项之多，其中包括9架图-2轰炸机与4架战斗机的模拟格斗。沃特斯还报告说，据他观察，“战斗机所有的火力都来自机头下部”。然而，让技术情报中心感到遗憾的是，他们的代表没能赶到1954年“国际劳动节”的活动现场，只能靠搜集到的零星材料来拼凑情报。同年5月27日，情报中心完成了两份有关苏联轰炸机的评估报告初稿。此后他们利用陆续获得的更多材料，尤其是在苏联“空军日”活动期间拍摄到的照片，不断对评估报告进行充实。此外，他们还通过空军情报局，与原子能委员会和国务院等部门开展协作。这两份评估报告，一份针对的是一种被他们称作“狗獾”的中型轰炸机，编号为“39型”；另一份针对的就是重型轰炸机“野牛”，编号为“37型”。[29] 64-65 [22] 10

绰号“狗獾”的图-16在1952年完成首次飞行，而“野牛”轰炸机则是在1953年的罗曼斯科耶机场首次进入美国人的视线。“野牛”的航速为每小时520至560英里，可以载重1万磅飞行7000海里①。让美国人吃惊的是他们在1955年见

① 1海里≈1.85千米。

到了3架新露面的重型轰炸机图-95，他们把这种新飞机称作“熊”。“熊”装有4台反向旋转的涡轮螺旋桨发动机，虽然在航速上不及“野牛”，但它可以携带2.5万磅的炸弹飞行7800海里。[2]35-36, 43 [31]40-41 [22]11

这一年，苏联人允许美国空军武官观看“国际劳动节”（也有说法是“空军日”）的飞行活动。不料彩排之后他们却突然通知说，由于天气原因，正式的飞行表演取消。空军上校查尔斯·泰勒（Charles E. Taylor）在彩排中一共看到了两个波次共28架“野牛”轰炸机。消息传回技术情报中心后，情报中心的分析人员并不相信苏联人有这么多新型轰炸机已经服役。[22]10 [31]42-43 [32]156在2009年解密的情报中心官方历史上，留下了这样的记录：

> 1955年飞行表演彩排中大量出现的“野牛”轰炸机（可能有19架参演），使得（我们）必须将1955年中期（苏联）空军（该型飞机）的“可用估计值”修改为：20架飞机已列入现役。[22]10[28]8

后来得知，泰勒看到的第一波次有10架“野牛”轰炸机，这些飞机折返后与另外8架飞机重新组成9—9的队形作为第二波次，于是似乎有28架“野牛”轰隆掠过天空——空军武官被他亲眼所见的景象欺骗了。[22]10 [31]43 [32]156

据技术情报中心估计，重型轰炸机“野牛”的总重量达36.5万磅，翼展约170英尺，而中型轰炸机“狗獾”的行动起飞重量为 15 万磅，翼展 116 英尺。后来得知，“野牛”飞机的起飞重量为 36.575 万磅，翼展 165 英尺，“狗獾”的行动起飞重量为 16.535 万磅，翼展 108 英尺。不难看出，尽管手中掌握的照片质量参差不齐，但航空技术情报中心的分析人员当时对“野牛”和“狗獾”轰炸机作出的这些估计还是相当准确的。[22]10-11

然而，空军参谋部情报局更感兴趣的还是这些轰炸机的数量。根据之前获得的情报，他们曾经推测苏联人有 25 ~ 40 架“野牛”。拿到泰勒武官的报告后，他们并没有采信技术情报中心“保守”的数量估计，而是大胆推测苏联人的生产线已经开足马力，制造出了近 60 架“野牛”。不仅如此，他们还利用德国人若干年前拍摄的侦察照片，测算出生产“野牛”的苏联工厂的占地面积，并对它的生产能力作出估计，在此基础上再根据美国飞机企业发明的“学习曲线”，计算出这家苏联工厂的生产效率随着时间增长的提高程度。最后他们认定，一旦苏联人到达“学习曲线”的顶点，就很可能会建设第二条相关生产线，以便更快更多地生产“野牛”轰炸机。[32]156-157

长期接受美国陆军航空兵和空军资助的智库兰德公司，在 1954 年 7 月发布了他们的研究成果，对美国战略空军司令部（SAC）和苏联轰炸机部队未来几年的实力进行了对比。他们预测，苏军到 1962 年时将拥有 500 架远程轰炸机，而美军到那时的相应数据是 345 架。[2]37-38

兰德公司对苏军实力进行预测的基础数据，是由空军防空司令部（ADC）提供的，研究人员知道这些数据存在某些缺陷，但这已是他们能获得的最佳数据，因此他们在报告中提醒说：

> 苏军重型和中型轰炸机到1962年的增加数量，是一种情报预估，对于这些（预估）数据应当以一种保留态度来看待。[2] 41

不过，空军参谋部却宁愿相信这些数据，并且根据他们获得的“新”情报，在1955年底估算出几个新数据：在未来4～5年，苏联人将生产600～800架“野牛”，而“熊”的生产速度也将在1956年底达到每个月25架。[32] 156 [31] 43

很快，这些预测数据便出现在公共媒体上，而“轰炸机差距”似乎成为一种真实的存在，并被社会公众广泛相信。在美国空军高层看来，这正是增强空军实力的绝好机会。于是，他们纷纷鼓噪登场，大肆渲染所谓的“差距”和苏联威胁。1956年2月，空军副参谋长托马斯·怀特透过《航空周刊》宣称：“苏联不仅在科技方面比美国进步更快，并且正在美国人擅长的赛场——生产制造方面，痛击美国。”一周以后，空军参谋长特文宁（Nathan F. Twining）在国会听证会上警告说，苏联在空中力量的数量和质量方面均已超越美国，美国必须进一步增加相应的投入，否则将面对苏联进攻的真实威胁。[2] 44

艾森豪威尔试图通过增加1957财年的空军预算，生产更多的 B-52 轰炸机来摆脱国会方面的纠缠，但参议院空中力量分委员会主席、前空军部长赛明顿不依不饶，坚持在 4 月召开新一轮听证会。空军情报主管桑福德和战略空军司令部情报主管罗伯特·史密斯（Robert N. Smith）上校，为战略空军司令部司令李梅（Curtis E. LeMay）的证词“精心”准备了数据。李梅信誓旦旦地告诉面前的那些国会议员，有关苏联的这些数据获得了中央情报局的支持。此时关注美苏空中力量对比的，不再仅限于《航空周刊》这样的专业杂志，就连《美国新闻与世界报道》这样的大众媒体也忍不住接连发声道：“苏联空军是否已经领先？且看李梅、国防部长和总统怎么说！”“难道美国空军真的输了？”[31]43-44 [33]99

尽管时任美国国防部长查尔斯·欧文·威尔逊（Charles Erwin Wilson）认为有关苏联的那些信息“着实可疑”，但在压力之下他还是同意建设第二条 B-52 生产线。于是，在 1957 财年的国防预算中专门增加了一笔 2.5 亿美元的款项，用于提高 B-52 轰炸机的生产规模。国会还打算在此基础上再追加 9.3 亿美元，使得空军的总预算超过 177 亿美元，几乎等于 102 亿美元海军预算加上 76 亿美元陆军预算之和。这令陆军和海军在艳羡不已的同时又愤愤不平。[31]43-44 [34]35-36

1956 年 8 月，中央情报局国家预估部开始准备新的《国家情报预估报告》（NIE 11-4-56），其主题为“苏联的能力以及未来五年的可能进程”①。在新任空军情报主管米拉

---

① NIE 11-4-56《苏联的能力以及可能的行动进程（当前至 1961 年）》，1995 年解密。

德·李维斯（Millard Lewis）少将的主导下，这份报告延续了一年前那一版报告（NIE-11-3-55）的标题和腔调①，对苏联的实力作出了惊人预测。报告宣称，苏联人此时已经拥有35架“野牛”和30架“熊”，到1960年年中这两种重型轰炸机的数量将分别达到500架和300架。[31]45 [35] [36]37

对于这样的结论，陆军分管情报的助理参谋长罗伯特·舒（Robert A. Schow）少将和海军情报总长劳伦斯·弗罗斯特（Laurence H. Frost）少将全都越来越强烈地表示质疑甚至反对。他们反对该结论的根本原因以罗伯特·舒少将表达得最为直白：空军的这种做法已经对陆军的利益造成了严重威胁。[31]45-46

与此同时，国家预估部也发现了一些问题。他们曾经在1955年的预估报告中预测苏联人到1956年将拥有160架重型轰炸机，而实际数据只有65架。在1955年他们还预测苏联人1960年重型轰炸机的拥有量是700架，到1956年这个预测数据增长到了800架，而这意味着苏联人随后几年的生产能力必须有巨幅提升才行。考虑到苏联薄弱的工业基础，这样的预测结果不能不让国家预估部深感疑惑，也使得他们开始将注意力转向研究报告部的经济情报分析人员，因为他们的推论看起来更为合理。[31]46 [35]30 [36]37

时年37岁的哈佛大学经济学博士布罗克特（Edward W. Proctor）此刻正是研究报告部经济情报方面的一颗新星。他

① NIE 11-3-55《苏联的能力以及可能的行动进程（当前至1960年）》，2012年解密。

领导的工业研究室承担着一项重要任务：估算苏联的军费开支情况。为了回答苏联轰炸机的产量和生产进度问题，布罗克特利用了一个看上去毫不起眼的细节——飞机的序号。说起来，早在战争期间，战略勤务局研究分析部的经济学者们就曾利用装备序号这一线索，戳穿了纳粹德国大肆吹嘘的坦克产量谎言。[32]157-158 [37]110-111 [38]

布罗克特和他手下的研究人员注意到，所有被发现的苏军“野牛”轰炸机序号的尾数都处于“0”到“4”之间，没有一架“野牛”的序号尾数位于“5”和“9”之间，由此可以推断苏联人生产“野牛”，一个批次只有 5 架飞机，这说明所谓苏联人已经建立第二条“野牛”生产线，以及正在两个班次满负荷生产“野牛”等等之前的假定统统站不住脚。总而言之，布罗克特认为 1956 版预估报告高估了“野牛”飞机的产量。[32]158-159

不过，仅凭这样的推论是不足以推翻之前的预测的，想让空军情报官员低头认输，还必须拿出更为坚实的证据。

从 1956 年 6 月 20 日首次任务飞行到 7 月 10 日，不过三周时间，美国的 U－2 飞机五次飞越苏联上空，带回大量清晰度很高的照片。研究报告部照片情报室（PID）的解读员紧锣密鼓，到 8 月底终于完成了这些照片的解读任务。尽管空军一再宣称苏联人拥有约 100 架“野牛”，但是在苏军九个远程轰炸机基地的侦察照片上，解读员们连一架“野牛”轰炸机都没能找到，这表明苏联实际拥有的重型轰炸机数量比美国人之前预计的要少得多。到 1957 年，国家预估部里的

多数分析人员都开始相信：前一年的那份预估报告的确搞错了。[33] 111 [31] 46 [32] 159

国家预估部从 1956 年 12 月开始修订《国家情报预估报告》，但这次更新用了近一年时间，新版报告（NIE 11-4-57）直到 1957 年 11 月才正式发布①。但早在 1957 年年初，中央情报总监艾伦·杜勒斯便把相关情况向艾森豪威尔总统进行了汇报。大约在这个时候，总统对于轰炸机这件事情有了一个比较清晰的认识。[31] 46-47 [39] 根据总统的助手安德鲁·古德帕斯特（Andrew Goodpaster）将军回忆：

> 我们很快发现，“轰炸机差距”（的炒作）有消退的趋势。（总有人说）明年将发生某些事情，每年都会这样，但实际上什么都没有发生，“轰炸机差距”也是如此。总统的信息和情报（判断）被证明是正确的。[31] 47

以 1957 年 1 月提交给国会的 1958 财年预算为起点，艾森豪威尔开始有意识减少对空军的政策倾斜，他把空军部署 137 个飞行联队的目标削减为 128 个，并且把近期目标控制在 120 个。他声称，这样的预算水平足以为美国提供“明智而合理的保护”。空军、海军和陆军的预算分别是 165 亿、105 亿和 85 亿美元，空军预算不仅绝对数额在减少，并且与其他两个军种的相对比例也在发生微妙的变化。这其实是一

---

① NIE 11-4-57《苏联能力与政策的主要趋势（1957-1962）》，于 1995 年解密。

个清楚的信号。[2]51 [34]81-83, 85

在众多证据面前，正式发布的1957版预估报告降低了“轰炸机差距”的调门，承认之前过高地预估了苏联重型轰炸机的生产速度，但造成这种失误的原因，是由于苏联领导人赫鲁晓夫在导弹和有人驾驶的轰炸机两种选项中更倾向于前者，再加上苏联人在大推力发动机等方面碰到了难以克服的技术问题。简言之就是：错不在我们，错在苏联人。报告不再分别预测“野牛”和“熊”的数量，而是把它们归拢在一起计算，到1960年总共将有400~600架，并且这一水平将一直保持到1962年。据称，苏联人届时还将拥有空中加油能力，而绝大多数空中加油机将用“野牛”改装，空军情报主管米拉德·李维斯特地加上一个脚注说，到1960年年中，苏联人将部署300~350架空中加油机。这似乎是想告诉预估报告的读者：空军真的没有错。[31]48 [39]32-33

在空军情报主管的脚注下面，中央情报局情报分局局长罗伯特·埃默里（Robert Amory Jr.）、陆军助理参谋长罗伯特·舒，以及参联会的代表也留下了大段的脚注。[31]48

他们这样写道：

（我们）相信，对于（苏军）重型轰炸机未来力量的上述预测，与业已掌握的证据和目前可见的趋势是相反的。过去的预估报告曾预言（苏联人有）大量生产重型轰炸机的计划。这一计划看来并没有如期展开。当前这份预估报告尽管调低了过去的预估值，但仍然暗示（苏联人有）大量生产（重型轰炸机的）计划。在上面的数据表中，即使较低的一组数据，也意味着（苏联人在）增加重型轰炸机的产量，但这既缺少证据也不符合趋势；至于表中较高的一组轰炸机总量数据，也看似与前文表述的判断和趋势相矛盾……

（我们）相信，（未来苏军轰炸机的）总量数据不仅不会再增加，反而很有可能会减少……[39] 33 [31] 48

海军情报总长劳伦斯·弗罗斯特在他写下的脚注中明确表示，他相信苏军肯定会维持一支规模可观的重型轰炸机部队，但到1958年年中，列入现役的重型轰炸机和加油机数量，“几乎可以肯定”只是数据表中较低的一组数值，分别是150架和50架。[39] 33 [31] 49

导弹差距

1957年10月4日，苏联人将人类历史上第一颗人造地球卫星“斯普特尼克1号”送入了太空。这一突发事件震惊了美国朝野，却也给新的预估报告（SNIE 11－10－57）指明了方向①，美国人随即将注意力彻底转向另一种核武器投送工具——洲际弹道导弹（ICBM）。他们在12月中旬提交的这份报告中预测，苏联人在1958年年中至1959年年中将拥有

① SNIE 11－10－57《苏联的洲际弹道导弹计划》，1995年解密。

10 枚洲际弹道导弹原型，从而获得初始作战能力；一年后他们的洲际弹道导弹数量将达到 100 枚；最晚到 1961 年年中至 1962 年年中，苏联人将拥有 500 枚洲际弹道导弹，如果他们加班加点，这个时间还有可能提前一年。[40] 804-815 [32] 161 [41] 2-3

这并非“洲际弹道导弹”这个词汇首次在《国家情报预估报告》中出现，但其作为预估报告的主题则是第一次。这多半是因为在美国空军内部一直争论不休，到底应该把发展重点放在洲际弹道导弹上，还是放在远程轰炸机上。举止粗蛮、但颇有人气的李梅毫不掩饰自己对远程轰炸机的偏爱，他战功赫赫，长期担任战略空军司令部司令，总是不遗余力地替远程轰炸机摇旗呐喊。相比之下，弹道导弹的代言人是文质彬彬、精通汉俄等多门语言的托马斯·怀特，几乎毫无空战经验，所以他们这一方在气势上总是略逊一筹。所以不难理解，即使到了 1957 年 7 月，怀特接替特文宁担任空军参谋长，而李梅被任命为怀特的副手，空军内部的争论也没有停止。[42] 124 [43]

事实上，李梅对于官运亨通的怀特一直满怀轻蔑乃至充满厌恶。在他眼里，无论战功还是资历，长期只在外交战线上活跃的怀特根本无法和自己相比。李梅的肩头在 1951 年已经缀上了第四颗将星，成为美军历史上最年轻的上将之一，而比他年长五岁的怀特则要等到两年以后才荣升上将。但各种机缘巧合却使得怀特弯道超车，竟然一跃成为了李梅的顶头上司。[42] 125-127 [44] 58-60

李梅可能并不知道，让自己担任常务副参谋长是怀特特意安排的。李梅对洲际弹道导弹的怀疑态度人所共知，他曾公开表示，洲际导弹只是一种“政治和心理武器”，只能被列为战略空军司令部最不重要的武器之一。1954 年 5 月，怀特代表空军委员会发布指令，全力加速美国第一种洲际弹道导弹“阿特拉斯”（ATLAS）的研发工作，李梅则想办法把自己的副手、战略空军司令部副司令鲍尔（Thomas Power）安排去了航空研发司令部，以免这个司令部继续被那些导弹的狂热支持者所把持。事实上，被鲍尔替换下来的厄尔·帕特里奇（Earle E. Partridge）少将曾宣称洲际导弹是一种名副其实的“革命性”新武器，他当然就被李梅划入了导弹狂热支持者的行列。[44] 56-59 [45] 90-91, 106

让李梅始料未及的是，在参谋长特文宁的支持下，怀特让施里弗另行组建了研发司令部西部分部（WDD），专门负责洲际弹道导弹研发。施里弗本人则被任命为研发司令部司令助理，他名义上属于研发司令部，但实际上却几乎完全自治，也就是说他可以绕开鲍尔，直接与空军参谋部以及研发司令部下属的各个开发中心联系，并且在合同管理方面享有相当大的自主权。强势的李梅只能趁着施里弗找自己汇报的机会把他奚落一番，发泄一下心中的恶气。[44] 59 [45] 107-110

1956 年 4 月，赫鲁晓夫宣布，苏联人很快就能用带有氢弹弹头的导弹打到世界的任何一个角落。美国情报界并没有把赫鲁晓夫的这句话当真，继续按部就班地生产《国家情报预估报告》，空军的许多人也依旧对洲际导弹将信将疑。产生这种将信将疑态度的原因很复杂，在研发方面遭遇到重重的技术困难固然是一个原因，当时靠液体推进的洲际弹道导弹可靠性低所导致的作战能力存疑是另一个原因，而相当数量的空军高级军官，虽然未必像李梅那样顽固，却也由于各种原因还抱定有人驾驶的轰炸机不放，可能也是一个重要的原因。就在苏联第一颗人造地球卫星上天前不到一周的 9 月 30 日，怀特还在空军的一个高级别会议上对这种现象进行了严厉的批评。[44] 60 [46] 514-515 [33] 100

他用自己惯常使用的语言这样说道：

> 空军高级军官对飞机的热爱根深蒂固，且理所应当。但是，我们绝不允许这种热爱演变成（大战初期海军一些人所奉行的）“战列舰思想”。我们也绝不应忘记这样的训诫：所有真理都将应时而变。[44] 60 [46] 514 [47] 63

他告诉眼前这些将领，美国空军的经费不足以同时采购洲际弹道导弹和轰炸机，两者之中只能选择其一。尽管在可以预见的未来，有人驾驶的飞机部队仍将是空军的一支重要力量，但是轰炸机终将被洲际导弹所取代。[44] 60

> 一旦（洲际弹道）导弹具备作战能力，它们将被迅速列装部队，并根据军事需求，全部或者部分取代有人驾驶的飞机。[44] 60 [46] 515

很难想象，假如没有苏联卫星的刺激，洲际弹道导弹还需要多长时间才能取代轰炸机，成为美国空军情报局的“宠儿”。然而世事没有“假如”，“轰炸机差距”转瞬即逝，“导弹差距”粉墨登场。

对于哈罗德·沃森领导的航空技术情报中心而言，苏联卫星的成功发射并非一个意外。从1956年上半年开始，洲际弹道导弹就已经成为情报中心的首要任务之一，苏联发射地球卫星的能力问题也被正式列为一项重要的研究课题。情报中心与通用动力公司的康维尔航空航天事业部签订了项目合同，对苏联洲际导弹的生产能力进行分析，对其生产周期和进度进行估计，预测其具备作战能力的时间。在此基础上，情报中心还围绕苏联的科学技术能力与趋势生产出多种情报产品。这些产品以《苏联进攻性导弹研究半年报告》为代表，成为《国家情报预估报告》导弹部分的重要支撑材料。1957年初，他们发布了一份题为《苏联研制和发射军用地球卫星的能力》的研究报告，认为其发射为期不远。他们的分析结论被3月的《国家情报预估报告》(NIE 11-5-57) 采纳①。这份报告预测，苏联人很可能正在努力成为首个拥有入轨地球卫星的国家，他们将在1957年内获得这样的能力。报告同时强调，卫星成功入轨，意味着围绕远程弹道导弹研制的许多科学技术问题已经得到解决。[28]8-10 [22]11-12 [48]3 [49]4, 20

1958年，空军情报机构(有理由相信是航空技术情报中心)利用U-2飞机带回来的侦察照片，得到了更多相关数

① NIE 11-5-57《苏联在导弹领域的能力以及可能的计划》，于2013年解密。

据，把得出过“轰炸机差距”结论的工厂面积计算和“学习曲线”等定量方法又用了一遍，再把苏联人的生产效率最大化，计算结果与苏联卫星上天后匆忙作出的那次预估（SNIE 11－10－57）相差无几——苏联人将在1961年，最晚不超过1962年拥有500枚洲际弹道导弹。这一结论于是被很有把握地写进了新版的《国家情报预估报告》（NIE 11－5－58）当中①，但这份预估报告同时又采纳了中央情报局科学情报部的研究结论：从1957年8月到1958年8月，苏联人只进行了4～6次洲际导弹试验。[32]161-162 [50]3-4

监视苏联导弹试验是科学情报部的一项重要任务。科学情报部主任斯科威尔（Herbert “Pete” Scoville Jr.）以及该部导弹专家格雷毕尔（Sidney N. Graybeal）在推算苏联导弹试验数据时发现，在过去的一年当中，苏联人一共进行了几十次中程（MRBM）和中远程（IRBM）弹道导弹试验，但洲际导弹试验只进行了6次。[32]162

空军情报官员认为斯科威尔低估了苏联的洲际导弹试验次数，并且担心一旦他们的意见占据上风，会对空军正在极力鼓吹的大规模洲际导弹计划带来不利影响。不久，坊间便开始流传一种说法，说是中央情报局估计的试验次数严重偏低，并且还说他们封锁消息，不让中央情报总监艾伦·杜勒斯了解实情；苏联人实际生产导弹的数据比《国家情报预估报告》所预测的还要高很多；等等。[32]162

① NIE 11－5－58《苏联的导弹以及太空运载工具能力》，1995年解密。

专栏记者约瑟夫·阿尔索普（Joseph Alsop）接连在《华盛顿邮报》和《纽约先驱论坛报》上发表文章，说是从某个秘密的渠道获知，苏联人到1960年会拥有500枚洲际弹道导弹，到1963年这个数字将增加到2000枚，而美国人在同期只有30枚和130枚。他的这些文章顿时让“导弹差距”成为公众热议的一个话题。迄今为止，历史学家尚不能确定这位记者的数据来源。有人说数据来源于空军的某个官员，也有人说是来源于参议员赛明顿。[51] 605 [52] [53] 396, 585

事后来看，赛明顿在这段时间的确异常活跃。他从自己担任空军部长时期的行政助理兰费尔（Thomas G. Lanphier Jr.）那里听到了有关中央情报局和《国家情报预估报告》的传言，于是便要求中央情报总监杜勒斯单独向他进行汇报。由于杜勒斯和兰费尔提供的苏联导弹试验数据差别太大，赛明顿提出有必要再商议一次，时间定在1958年8月6日。这一次赛明顿带上了兰费尔，以便与杜勒斯当面对质。杜勒斯则带上了国家预估部的苏联问题专家斯托兹（Howard Stoertz Jr.）。[32] 163

兰费尔坚持认为苏联人已经完成的洲际弹道导弹试验绝不止6次。无奈之下，杜勒斯只得又请导弹和宇航情报委员会（GMAIC）① 主席麦克法兰（Earl McFarland Jr.）空军上校深入调查此事。[32] 163-164 [54] 72

接下来的十几天时间里，导弹和宇航情报委员会针对兰

① 导弹情报委员会在1958年更名为“导弹和宇航情报委员会”。

费尔的说法调查研究了一番，可惜一无所获，能解释其说法的只有一种假设：兰费尔所利用的空军情报数据，是把苏联中程和中远程导弹试验都当作洲际导弹试验了。他自己也承认，苏联的中远程弹道导弹基地和洲际弹道导弹基地十分相似。兰费尔这位当年猎杀山本五十六的战斗英雄，此时的身份是通用动力公司康维尔事业部总裁助理，空军洲际导弹项目对他的公司而言利益攸关。考虑到这层关系，兰费尔在这件事情上如此卖力，就很好理解了。[32]163-164 [55]1 [56]

8 月 18 日，艾伦·杜勒斯向赛明顿汇报导弹和宇航情报委员会的调查结果，兰费尔和斯托兹再次出席。杜勒斯告诉赛明顿，麦克法兰报告说兰费尔的数据查无实据，苏联人一共进行了 6 次洲际弹道导弹试验，其中只有 4 次命中目标。但兰费尔不为所动，他指出：按照国家预估部在预估报告中的说法，苏联人在 1959 至 1960 年将部署 100 枚洲际导弹，1961 至 1962 年将拥有 500 枚洲际导弹，根据他在康维尔接触美国“阿特拉斯”导弹的经验，一种导弹至少需要试射 20 次才足以让人相信其可靠性达到作战的要求，因此苏联人的试验次数绝不可能这么少。反过来讲，如果苏联人总共只进行了 6 次试射这个数据是正确的，那么预估报告的另一处数据，说苏联人将在 1961 年，最晚不超过 1962 年拥有 500 枚洲际导弹就肯定错了。[32]164 [55]3

对于这次会谈的结果赛明顿并不满意。的确，中央情报局提出的苏联洲际导弹的试验次数，与空军提出的苏联未来几年可能拥有的洲际导弹的数量之间存在矛盾，但它们却作为同一版预估报告的结论一并出现，杜勒斯对于这一点必定无法自圆其说。于是赛明顿在8月29日专门来到白宫，希望艾森豪威尔总统对此给出解释。总统显然已经听艾伦·杜勒斯汇报过此事，并且还在一两天前专门向各军种的情报主管质询，但他们似乎也无法给出更为合理的解释。这次会面只能无果而终。[57] [58]482

几个月后，艾伦·杜勒斯不得不承认1958年的《国家情报预估报告》确实有错误。在谢尔曼·肯特的请求下，研究报告部的布罗克特被临时借调到国家预估部负责起草新版报告。导弹和宇航情报委员会、科学情报部导弹研究室，以及研究报告部的导弹研究组，全都竭尽全力为新版报告提供素材。在1959年11月，国家预估部和预估理事会发布了更新版《国家情报预估报告》(NIE 11-5-59)①，但是并没有提供众人关注的苏联洲际弹道导弹数量。又等了三个月，他们才在一份新的《国家情报预估报告》(NIE 11-8-59)中②写下了这一敏感数据的新预估值。报告预测道：苏联人1960年年中只有50枚洲际弹道导弹，其中只有35枚在发射架上；今后几年，苏联人的洲际导弹数量将逐年增加，到1961年年中他们将拥有175~270枚洲际导弹——这比1958年的预估数据减少了许多，装在发射架上的只有140~200枚；再过两年，苏联人的洲际导弹库存将达到450~560枚，其中有

---

① NIE 11-5-59《苏联的导弹以及太空运载工具能力》，解密年代不详。

② NIE 11-8-59《苏联的战略进攻能力（当前至1964年年中）》，1995年解密。

350～450 枚在发射架上。空军分管情报的助理参谋长詹姆斯·沃尔什（James H. Walsh）少将对此并不同意。他在脚注部分写道，到 1963 年年中，苏联人的洲际导弹库存将达到 800 枚，其中 640 枚在发射架上。[32]164-165 [59] [60]4 [61]22

在参议院航空与航天科学委员会以及军兵种委员会战备调查分委员会的强烈要求下，中央情报总监杜勒斯不得不在 1960 年 1 月底，也就是最新版《国家情报预估报告》正式发布前几天，作为关键证人参加国会听证会。他还带上了副总监卡贝尔、科学情报部主任斯科威尔、研究报告部的布罗克特，以及国家预估部的斯托兹。主持这次听证会的是这两个委员会的主席，即后来的美国总统林登·约翰逊。[61]23-24

约翰逊首先引述了这一年来两位国防部长观点迥异的证词。1959 年，当时的国防部长麦凯罗伊（Neil H. McElroy）曾煞有介事地警告说，苏联“将在不远的将来（对美国）形成 3 比 1 的导弹优势”。而一周前，接替麦凯罗伊的新部长托马斯·盖茨（Thomas S. Gates Jr）则告诉议员们，情报机构对分析的假设条件作了调整，所谓的“导弹差距”并不存在。相比于苏联人能做什么，情报机构目前更关注他们想做什么，也就是说情报机构在根据对苏联人意图的判断，而不是根据对其能力的估计来预测未来。约翰逊告诉杜勒斯，议员们此刻最想了解的是，情报机构为什么要改变“威胁的计算尺度”，这种改变的程度到底有多大。[61]24 [51]605-609

的确，新版《国家情报预估报告》与前版报告相比变化很大。除了大幅调整洲际导弹的预估数量，报告还首次引入了发射架上的洲际导弹数量这个数值。情报分析人员可能不会想到议员们竟然会抓住这一点来大做文章。面对台上坐着的那些议员，杜勒斯只能硬着头皮反复解释说，最新的预估结果之所以与过去不同，并不是“计算尺度”调整的缘故，而是由于情报机构如今获得了更多苏联人弹道导弹计划的证据，他们对于苏联人有关决策的情况掌握得更清楚了。可是涉及到新情报源的时候，他只能闪烁其词，以“高度敏感”来抵挡赛明顿参议员的一再追问，这使得他的种种解释并不足以让议员们释怀，也让这场听证会一直持续到下午五点半以后才结束。[61]22, 24-25

空军与其他两个军种的分歧在半年后发布的《国家情报预估报告》(NIE 11－8－60)中达到了空前的剧烈程度①。空军认为到1963年年中，在发射架上的苏军洲际导弹将达到700枚，而陆军和海军则认为这个数值仅为200枚，中央情报局的估值则是400枚。由于许多意见无法达成一致，这份报告不得不借助复杂的数据图表来说明这种差异，大段大段的脚注随处可见，竟有36处之多。[62]15 [63]13 [61]31

早在1958年，当有关“导弹差距”的批评开始泛滥的时候，艾森豪威尔派安德鲁·古德帕斯特去调查《国家情报预估报告》中神秘消失的“轰炸机差距”。古德帕斯特研究了过去所有的《国家情报预估报告》，走访了情报官员，了解到这些预估报告全都依赖于某些假定，而这些假定后来发现

---

① NIE 11－8－60《苏联的远程进攻能力（当前至1965年年中）》，于1995年、2011年两次解密。

都有问题。等他把这些情况报告给总统，艾森豪威尔相信，新的“导弹差距”和“轰炸机差距”一样，只是一时聒噪，“纯属不负责任的胡思乱想”。随着所谓“最危险的年份”从最初预测的 1956 年改为 1959 年，又被推向遥远的未来，总统确信自己的判断十分正确。[32]169 [64]33-34 [65] [66]405

但即便身为总统，艾森豪威尔也无法仅凭一种“信念”来说服其他人。虽然 U-2 飞机的飞行极大丰富了美国人对苏联的认识，但是它的覆盖区域有限，对于幅员广阔的苏联而言尤为如此。空军情报分析人员以及李梅这样的高级将领坚持认为，美国的情报机构并未掌握苏联人的所有线索，苏联的洲际弹道导弹可能就部署在某些从未被 U-2 飞机“造访”过的地方。这种说法固然带有诡辩色彩，但却并非完全没有道理——到这个时候为止，情报人员手里只掌握有导弹试验的证据，一直没有导弹实际部署的证据，对此他们不得不解释说，苏联国土还有许多区域尚未被 U-2 飞机的飞行覆盖。这就使得空军的说法似乎还能成立。总之，如果没有更为坚实的证据，的确无法彻底消除相信这些说法之人的心头疑虑。[67]20 [68] [69]285 [70]1074 [61]27

“科罗娜”计划

艾森豪威尔一直都不相信杜鲁门时期的国家安全委员会

所炮制的“第 68 号”文件（NSC－68）[①]。这份文件极力渲染“苏联威胁”，鼓吹为了应对所谓“最危险的年份”而大肆扩充军备。他对未来有一个基本判断，那就是冷战有可能会无限期持续下去，因此应该在不损害国家经济的前提下，作好“长期拉锯”的准备。1953 年 8 月，苏联成功试验了第一枚氢弹。在内行看来，这枚氢弹虽然当量不及美国的那套“装置”，只有 40 万吨，但却更为先进也更接近于一种武器。再加上苏联人在远程轰炸机和导弹方面进展神速，这令美国总统以及他身边许多人开始担心，苏联人可能会由于误算而发动突袭。[64]30 [71]141 [72]61-65 [32]112 [73]66 [74]

为研究对策，艾森豪威尔在 1954 年 7 月批准成立了一个“技术能力小组”（TCP），专门从技术角度研究防范苏联突袭的有关问题。该小组的牵头人是麻省理工学院院长基里安（James R. Killian Jr.）[②]，因此该小组也被称作“基里安委员会”。基里安委员会下设三个专业研究小组。第一组研究美国的进攻能力，由洛斯阿拉莫斯实验室的马歇尔·霍洛威（Marshall G. Holloway）[③] 牵头；第二组研究美国的防御能力[④]，由布鲁克海文国家实验室的利兰·霍沃斯（Leland J.

---

① NSC 68《美国国家安全的目标与计划》，1975 年解密。

② 基里安于 1967 年当选美国国家工程院院士。

③ 马歇尔·霍洛威于 1967 年当选美国国家工程院院士。

④ 中央情报局科学情报部主任斯科威尔（当时的身份是美国武装部队特种武器项目组成员），以及后来的空军次长、国家侦察局局长布罗克韦·麦克米兰（当时的身份是贝尔电话实验室成员），参与了第二组的研究工作。

Haworth）① 牵头；第三组研究美国的情报能力，牵头人是宝丽来公司总裁兰恩德（Edwin H. Land）②，这位总裁此时不过45岁。[65]58 [74]67 [76]35-36

1955年2月，基里安委员会提交了一份长达190页的，题为《应对突袭的威胁》的报告。[75]32-35 [73]67-68 [64]58 [76]

他们在报告中这样写道：

> 如果情报能揭示出新的军事威胁，那我们就能采取措施去（积极）应对；如果情报能暴露出敌人的弱点，那我们就能作好准备去（主动）开发。好的情报能帮助我们避免在错误的时间，在误判的危险上浪费战斗资源。除此之外，从最广泛的意义来看，情报能够支撑我们对敌人的预估，对于我们的政治策略大有裨益。[64]64 [77]80

在报告的结论部分，委员会除了强烈呼吁美国政府大力发展弹道导弹，还提出一条重要的建议：

> 我们必须想尽办法，更多地获取情报预估所必须的硬事实（hard fact），更好地提供战略预警，使（敌人）袭击的突然性降至最低，（同时）减少高估或者低估威胁所带来的危险。为了达到这一目的，我们建议：在众多

---

① 利兰·霍沃斯于1965年当选美国国家科学院院士。
② 兰恩德于1965年当选美国国家工程院院士。

情报工作过程当中，积极广泛地应用最先进的科学技术知识。[76] 54 [78] 110 [77] 79 [79] 193

“基里安报告”的大部分内容已在上世纪 70 至 80 年代陆续解密，而有关情报手段的第五章《情报：抵御突袭的第一道防线》则直到 1997 年才解密。负责这一部分内容的是兰恩德。针对情报问题，兰恩德和基里安专门向艾森豪威尔总统作了汇报。他们先是把业已完成的《国家情报预估报告》赞赏了一通，然后就话锋一转突然说道：“情报分析无法取代硬事实”，针对苏联境内的“硬目标”（hard target），其“硬事实”可以通过若干种技术途径来获得，这其中包括在高空飞行的侦察飞机和侦察气球，以及运行在太空的侦察卫星系统。[80] 67 [81] [82] 61 [72] 70-71 [73] 69-72 [83] 15

据说由于所涉内容极为敏感，在艾森豪威尔听取汇报的时候，国家安全委员会的其他成员没有在场。但也有人说，国务卿约翰·杜勒斯（John F. Dulles）和他的弟弟中央情报总监艾伦·杜勒斯、国防部长威尔逊、空军部长塔尔博特（Harold E. Talbott）、空军参谋长特文宁以及负责开发的副参谋长唐纳德·帕特也听取了这次汇报。汇报的有关内容后来被作为秘密附件，在正式提交“基里安报告”的时候，作为另册直接交给了总统，从此下落不明。[75] 40 [64] 67

受报告影响，艾森豪威尔决定探索各种可获取有关苏联威胁情报的技术办法。他先后秘密批准了两个计划，其中之一便是可以在短期内形成能力的 U－2 飞机。兰恩德非常看好这种飞机，他告诉总统："这种飞机一定能发现苏联的'野牛'轰炸机群，并且拍下它们的照片"。[78]110 [64]58 [73]71

1956年2月，艾森豪威尔下令组建"总统对外情报工作顾问组"（PBCFIA），由基里安担任顾问组组长，成员包括三位退役将领，分别是来自陆海空三军的约翰·赫尔（John E. Hull）、科诺利（Richard L. Conolly）和杜立特（James H. Doolittle），此外还有前国防部长洛维特和前驻英大使约瑟夫·肯尼迪等人。[84]37 [85]114, 123-124 [86]

中央情报局随后也依葫芦画瓢，搞了个"科学咨询委员会"，委员会把"基里安委员会"兰恩德领导的小组成员都请了来，再加上基里安本人及麻省理工学院电子工程教授、后来的院长威斯勒（Jerome B. Wiesner）①，一共八名专家。由于委员会主席一职长期由兰恩德担任，所以这个委员会又被称作"兰恩德小组"。中央情报局方面，则由情报总监特别助理，同样来自麻省理工学院的经济学者比斯尔（Richard M. Bissell Jr.）出面，负责组织和协调科学咨询委员会的相关工作。[73]68

早在U-2飞机尚未正式执行任务飞行的1956年5月，中央情报局科学情报部就提交了一份有关U-2飞机脆弱性的研究报告。报告明确指出，虽然还无法确定"苏联人能不能持续跟踪U-2飞机"，但"苏联雷达能够探测到U-2飞机"是确定无疑的。对于这种飞行高度超过5.5万英尺的飞

① 威斯勒于1966年当选美国国家工程院院士。

机，苏联雷达的最大探测距离可以达到 20 至 150 英里。可惜科学情报部的这些结论并未给高层官员留下什么印象，他们固执地认为苏联雷达不可能跟踪 U－2 飞机，甚至无法探测到它。后来的事实证明他们完全错了，美国 U－2 飞机的每次飞行都会被苏联雷达连续跟踪，几天后美国人就会收到苏联方面的正式抗议，任务飞行也随之暂停。这些高级官员似乎忘记了，从一开始 U－2 飞机就带有过渡性质，最初预期的行动寿命不超过两年。[33]97 [67]3

1960 年初，美国空军空天技术情报中心（ATIC），也就是从前的航空技术情报中心，接受中央情报局开发项目室（DPD）委托对苏联防空系统进行评估。他们发现，“萨姆-2”地空导弹①已成为 U－2 飞机“最大的威胁”。只要苏联雷达探测到 U－2 飞机后能够及时通知导弹阵地，即使飞机的飞行高度达到 7 万英尺，苏联人发射该型地空导弹拦截成功的概率也会非常高。[33]168 [22]13

但苏联人的拦截一直没有成功过，并且他们也没有对美方 1960 年 4 月 9 日的飞行作出反应，这让深陷“导弹差距”漩涡的中央情报总监艾伦·杜勒斯以及总统对外情报工作顾问组，在劝说艾森豪威尔时有了更多的理由。而“发现者”卫星一而再、再而三的失败，可能是促使艾森豪威尔再度开启 U－2 任务的另一个原因。[33]170 [67]21

4 月 25 日，中央情报局分管 U－2 任务的计划分局局长

① “萨姆-2”（SA－2）是美国和北约赋予的编号，绰号“导线”，苏联方面的编号为“S－75”（俄文“C－75”）。

（DDP）比斯尔从安德鲁·古德帕斯特那里获得了总统的命令：在5月1日以前再做一次“深度穿透”飞行。在获取情报的巨大诱惑下，比斯尔决定这次飞行任务的目标是苏联的图拉坦导弹试验场（即拜科努尔航天发射场），以及一直被情报分析人员怀疑是洲际导弹基地的普列塞茨克和尤里亚。这次飞行任务的代号是“大满贯”（GRAND SLAM），任务编号是“4154”，被派去执行这一任务的，是公认U-2飞行经验最为丰富的老牌飞行员弗朗西斯·鲍尔斯（Francis Gary Powers）。[33]172-177 [61]29

然而这次幸运女神眷顾了苏联人。他们不仅首次击落了U-2飞机，还俘获了鲍尔斯。苏联领导人赫鲁晓夫设下圈套，在看完美国人拙劣的“掩盖”表演之后，才得意洋洋地宣布飞行员的下落，坐实了U-2飞机的间谍身份，算是在全世界面前狠狠地戏弄和羞辱了艾森豪威尔以及他领导的美国政府。[33]178-179

失败和压抑的气氛低悬在美国人头顶，直到这一年8月。他们先是成功回收了8月12日发射的“发现者13号”卫星。虽然返回舱里并没有任务载荷，只有一面美国国旗，却也足以让艾森豪威尔拿出来在媒体上炫耀一番。更大的成功是于六天后发射入轨的“发现者14号”卫星（任务编号为“9009”）。这颗卫星给美国人带回来20磅重、约3000英尺长的摄影胶卷，虽然其分辨率最高只有35英尺，远低于U-2拍摄的照片，但卫星一天的飞行就拍摄了165万平方英里的区域，而U-2之前24次深度穿透飞行总共也只覆盖了

100 万平方英里的苏联区域。[67] 21-23 [87] 1-2 [88] 690-691, 698 [89] 6

媒体上对于胶卷和照片只字未提，他们只告诉公众：这次任务非常成功，“发现者”卫星顺利进入斜角 77.6 度、远地点 502 英里、近地点 116 英里的轨道，每 94.5 分钟绕地球一周；84 磅的返回舱最终被一架 C-119 飞机在 8506 英尺的高空成功抓住。[67] 24

绝大多数人并不知道，“发现者”系列卫星就是艾森豪威尔在“基里安报告”的触动下批准实施的另一个秘密情报计划。为了把“发现者”包装成有益于人类福祉的科学试验卫星，美国人可谓煞费苦心。

1957 年 12 月，基里安、兰恩德，以及总统军事助理安德鲁·古德帕斯特准将、中央情报局的比斯尔、空军的施里弗少将在白宫碰头。施里弗是空军洲际弹道导弹和“先进侦察系统”① 等项目的负责人，此时的职务是空军研发司令部西部开发分部（也称空军弹道导弹部）司令。几人商定，把空军过于野心勃勃、看起来遥遥无期的“先进侦察系统”中最可能在短期内实现的照相子系统抽取出来，采用较为成熟的“雷神”火箭发射，并打包成一个单独的项目，代号“科罗娜”（CORONA）。总统在 1958 年 2 月批准了这个计划，并且下令由中央情报局和空军联合承担任务。因为这种联合工作模式曾经在 U-2 飞机的研发和运行过程中使用过，而且效果不错，所以中央情报局和空军也就决定让比斯尔和奥

---

① “先进侦察系统”在美国空军内部的系统编号是“WS-117L”，代号“反馈”（FEEDBACK）。

斯芒·瑞兰德（Osmond Ritland）准将这对老搭档继续负责“科罗娜”计划。[67] 5, 10-11 [88] 691-693 [90] 9-10 [91] 36

苏联卫星上天后，为了突显对军用航天领域的重视，美国国防部于 1958 年 2 月成立了一个“高新研究计划局”（ARPA），统管各军兵种的反导和卫星等“最为先进的开发计划”。这个新机构在成立的第二天便给空军发去了一道指令，要求他们重新接手不久前刚上交的“先进侦察系统”计划，但计划当中所有与“科罗娜”相关的内容却都被宣布取消，这令众人大感不解。只有极少的人士知道，这些内容实际上已被悄悄转入到另一个公开项目当中，但经过了乔装改扮——艾森豪威尔甚至没有留下书面的指令，据说唯一可查的官方记录是中央情报副总监卡贝尔记录在一个信封背面的总统口授命令。[92] II-14, 19-20 [67] 6 [88] 691-693

这个公开项目就是“发现者”系列卫星。公众当时通过媒体所能知道的是，美国政府将对太空环境开展科学探索，还要对运载火箭本身进行发射试验，计划发射五颗卫星用于生物医学研究。这个项目中最让公众感兴趣的可能是预计会搭载老鼠和猿猴的那几次飞行，但实际上这样的飞行只进行了一次，在这次飞行中，“发现者 3 号”所搭载的 4 只实验小鼠在任务过程中全部死亡。[67] 10-11, 16-17

多年以后公众才知道，这一系列“发现者”卫星还有一个秘密代号——“锁眼”（KEYHOLE）。第一代“锁眼”卫星的地面分辨率只有 40 英尺（也有说法是 35 英尺），后来研制出的第二代、第三代“锁眼”卫星的分辨率提升到了 10

英尺（也有专家称这两代“锁眼”的分辨率是12～25英尺，直到第四代“锁眼”卫星才达到10英尺分辨率），而改进型的第四代“锁眼”卫星的分辨率最终达到了5英尺①。直至1959年6月25日，“发现者4号”卫星才第一次携带任务载荷——照相机升空，这算是首次严格意义上的“科罗娜”试验，可惜任务失败，照相机根本没能进入轨道。其后的五个月里又进行了4次相关发射，但无一成功。“科罗娜”计划不得不停下来整顿，直到1960年2月4日才进行了第九次发射，可是失败的阴云依然笼罩在试验场上空——“发现者9号”没能进入轨道。[67] xiv-xv, 17-20 [93] 422

有人做过粗略的统计，截至1960年4月中旬，“科罗娜”计划一共进行了11次发射任务，其中只有7次把卫星送入轨道，而且所有的回收任务全部失败。计划只能再次暂停并进行整顿。即使在8月“发现者14号”首次获得完全成功之后，“科罗娜”计划的道路依然坎坷。接下来的四次任务又发射了4部照相机，只有12月的第二代“锁眼”卫星“发现者18号”（又称“9013”任务）取得了成功。艾森豪威尔曾预计，“科罗娜”计划“第一年成功入轨飞行、第二年成功回收胶卷”，事后来看，相对于当时的技术储备，这样的要求过快、过高，结果导致了如此频繁的发射、失败、再发射、再失败。好在到他卸任总统的时候，“发现者”卫星有了两次成功的飞行，算是勉强完成了他给“科罗娜”计划预

① 第一代至第四代“锁眼”卫星经常被写作KH－1、KH－2、KH－3和KH－4。这里提到的改进型第四代“锁眼”卫星指的是KH－4B。

定的进度。但艾森豪威尔在任期间没能看到根据“发现者”卫星照片撰写的预估报告，只能由他的继任者约翰·肯尼迪来结束“导弹差距”。[67]21-22 [94]22-24

说起来，来自麻省的年轻参议员肯尼迪曾经是“导弹差距”的积极鼓吹者。在1958年8月参议院的一次会议上，他与赛明顿一唱一和，猛烈抨击艾森豪威尔领导的行政系统。这也是他首次就国防问题发表讲话。他说，一个“危险的时期”正迅速来临，“差距”和“导弹落后”是这一时期的两个关键词，而造成这种“差距”和“落后”的罪魁祸首是艾森豪威尔政府将“财政安全凌驾于国家安全之上”，根据预算来定夺美国的战略和军事需求，而不是反过来，根据国家战略和军事需求来设定预算。这就导致“我们的进攻性和防御性导弹的能力全都远远落后于苏联，将我们置于一个危机四伏的境地”——这是二战时期指挥第82空降师的陆军中将詹姆斯·加文（James M. Gavin）著作中的原话，此时被肯尼迪直接引用来煽动情绪。[95]420 [96]263 [97] 在讲话的最后，他这样总结道：

> 我们的国家应该（但是并未）投入（足够）经费，但最重要的是，现在是投入经费并采取（任何其他）措施来结束导弹差距的时候了。[97]

1960年总统大选期间，在艾森豪威尔授意下，参联会、战略空军司令部和中央情报总监专门就“导弹差距”问题先后向肯尼迪作过汇报。显然，他们对于“导弹差距”的看法各不相同，肯尼迪并不能通过这些汇报得出一个较明确的结论。相反，他可能更愿意相信从赛明顿那里拿到的一份空军评估报告——报告里的数据可以方便地用作他竞选的武器。作为候选人，他根本无法拒绝这样的诱惑。[98]128 [99]

消除“导弹差距”，兑现竞选诺言，自然成为肯尼迪出任总统后的首要政治任务。于是，他选中的国防部长麦克纳马拉（Robert S. McNamara）刚一到任，便和常务副部长、前空军次长吉尔帕特里克（Roswell L. Gilpatric）一道，前往空军情报部门，仔细查看“发现者”卫星拍摄的照片，一连三周，去了多次。[30]298-299

不过，要看懂这些照片并非一件易事，需要经过专门的训练。事实上，这是一项被美国情报界称作“照片解读”的专业工作。中央情报局曾在 U-2 飞机正式执行任务飞行前夕，利用研究报告部的照片情报室和中央参考部的统计组，成立了一个“自动餐厅”计划部（Project HTAUTOMA），专门负责解读 U-2 飞机拍摄的照片。两年以后，这个临时部门正式成为情报分局的照片情报中心。直到这个时候，中央情报局内部都将“照片情报”和“照片解读”看作同一件事情（恰巧这两个短语的英文缩写都是“PI”），所以，“照片情报中心”也被称作“照片解读中心”。在艾森豪威尔总统离开白宫前两天，他签署了“第 8 号”国家安全委员会情报指令，正式成立美国“国家照片解读中心”（NPIC）。该中心平时由中央情报总监负责管理，战时将管理权移交给国防部长。中心人员主体上来自中央情报局，各军种也选派合适人员参与工作。[100]1-4 [101]4 [102]3, 6, 8 [103]3 [104]

经过U-2飞行照片的考验，解读中心已经具备了处理大批量航拍照片的“工厂能力”，但是在“发现者”卫星带回的照片面前，他们立刻有一种力不从心的感觉，因为“发现者”卫星飞行一天就要越过苏联国土八次，其一次成功任务带回的照片就比之前所有U-2飞行任务带回的照片总和还要多，而且这些卫星照片的分辨率远低于U-2飞机的航拍照片，超出了解读人员过去的经验。之后，他们费尽心力才从中看出门道，逐渐找到了识别苏联洲际弹道导弹场区的办法。据解读中心工作人员回忆，在1961年6月，当“9017”任务完成后，他们从“发现者25”号带回的照片中首次发现了苏联人的洲际导弹和中程导弹基地，这些基地正在建设当中，看上去根本不具备作战能力。[105]66-67 [61]32 [94]21-22

照片解读中心的这些结论很快就传到了布罗克特和因劳（Roland Inlow）牵头的“导弹特别工作组”那里。这个工作组是在1960年2月之后组建的，当时，在经历了那场令人困窘的参议院听证会后，艾伦·杜勒斯听从情报分局局长罗伯特·埃默里的建议，组建了这个工作组，把研究报告部和科学情报部的大约30名情报分析人员临时集中到一起，以全力解决苏联洲际弹道导弹的情报问题。利用各方汇集来的新情报，尤其是来自“发现者”卫星的最新照片情报，布罗克特和因劳协助国家预估部和国家预估理事会，在1961年6月和9月接连完成了两版《国家情报预估报告》（NIE 11-8-61

和 NIE 11－8/1－61）①。[61] 32, 36-38 [67] 28 [106] [107]

在 9 月份那版报告的开篇，他们这样写道：

> 新近获得的信息，为预估苏联远程弹道导弹提供了更为坚实的基础。（根据这些信息，）我们大幅调低了对苏联当前洲际导弹实力的估计。我们现在估计，苏联目前能够用来打击美国的洲际弹道导弹发射架只有 10～25 个，并且这一（打击）力量水平在近期不会有显著的提高。[61] 131-132 [107]

国防情报局

国家照片解读中心之所以能够成立，很大程度上要归功于莱曼·柯克帕特里克（Lyman B. Kirkpatrick Jr.）所领导的“联合调研组”。

经历了“轰炸机差距”和“导弹差距”的艾森豪威尔总统，深感美国的情报系统存在问题，于是他在白宫预算局长和国防部长的建议之下，于 1960 年 5 月批准成立了一个联合小组，对美国政府的对外情报工作现状开展调研。国家安全委员会、国防部、国务院、中央情报局、白宫预算局以及总统对外情报工作顾问组都派人参加。这个调研组的组长就是

① NIE 11－8－61《苏联的远程进攻能力》，1995 年解密；NIE 11－8/1－61《苏联远程洲际弹道导弹部队的实力及部署》，1995 年解密。

柯克帕特里克。[108] xviii [109] [110] 3 [111] 1 [31] 122-123

柯克帕特里克此时的职务是中央情报局监察长（IG）。其人早年毕业于普林斯顿大学，职业生涯从信息协调官办公室、战略勤务局，再到中央情报组、中央情报局，虽然此时年龄不过45岁上下，却已经是中央情报局里很有资历的一个人物。他曾经担任过情报总监沃尔特·史密斯的行政助理，如果不是意外患上脊髓灰质炎，他的下一个位置原本很可能是计划分局局长——由于康复后只能依靠轮椅行动，这个负责隐蔽行动的重要职务只能由其手下赫尔姆斯（Richard M. Helms）担任。若干年后，赫尔姆斯藉此台阶登上了中央情报总监的宝座，这是后话。[112] [113]

柯克帕特里克除了频繁地开展组内研讨，还带领调研组与美国情报理事会的大多数代表进行逐一座谈，并且前往国家安全局（NSA）、空军安全局、空军空天技术情报中心、战略空军司令部，以及中央情报局在国外的多个站点进行实地调研。他还先后召集举行大小会议90多次，参会人员来自50多家单位，总计有300人之多。不过据他自己回忆，其中有些会议难免“浮皮潦草”。最终，他在任务要求的最后时限1960年12月15日，递交了一份长达140页的调研报告①，一共提出43条意见建议，组建“国家照片解读中心”便是其中的一条。除此之外，报告中更多的建议直接指向了军种情报机构，这些建议内容当即遭到参联会以及军种情报

① 该报告先后于2000年、2003年和2008年三次解密。

部门的激烈反对。[111] 2-3 [108] xix-xx [31] 123

《1958 年国防部重组法案》生效后，原本掌握在海陆空三个军种手中的许多决策权都被收拢到参联会和国防部长那里，但是在军事情报方面，“重组”只停留在表面。1958 年 6 月，联合情报委员会与参联会下的其他联合委员会被一并解散，随后联合参谋部下的联合情报组（JIG）改名为“情报部”（J-2）——让人感觉有点滑稽的是，它从前的名字就是“联合情报部”——比较明显的变化几乎仅此而已。各军种依旧保留着庞大的情报机构，分头完成各自的情报搜集、生产和分发任务。据柯克帕特里克调研组报告披露，截至 1960 财年，美国情报界 80%的情报人员都处在三个军种的控制之下。仅从这个角度来看，改革国防部情报系统对美国情报界的意义非常重大。[108] xiv, xvii [111] 8-9, 23 [114] 41-43 [115] 256

参联会负责为国防部长以及各联合司令部和特种司令部（U&S）首脑提供“联合情报”，但这种“联合”只不过是情报部将各军种提供的情报产品简单合成而已。让情报部最为头疼的是它的两个最大主顾参联会和国防部长办公厅兴趣迥异：参联会主要关心战场情报和战术情报，而国防部长办公厅则更需要国家情报和战略情报。[108] xvi-xvii [115] 254-255

联合参谋部下属的情报部主任只是一名准将，面对联合情报委员会里通常是少将军衔的各军种情报主管，他几乎无法施展手脚去协调他们的情报工作。于是三个军种各自围绕自己的使命任务、经费资源和武器装备，生产出不同的“军种版”外来威胁预估报告。低效重复自不待言，更为麻烦的是，这些预估报告之间可能存在着巨大的差异甚至难以调和的矛盾，这一点在“轰炸机差距”和“导弹差距”的热潮当中已经暴露无遗。后来有些学者尝试着给空军情报机构的错误找出若干带有学究味道的理由，诸如“镜像思维”（mirror-imaging）和“最坏情况”（worst-case）估计，但更多的专家指出，情报机构“不论其观点与证据是否相违，与逻辑是否相悖”，其目的十分单纯，就是为了给自己所在的部门争取更多的经费和利益。[108] xvi-xvii [116] 1-3 [115] 255 [117] 79

在国家情报层面，柯克帕特里克等人发现，每个军种的情报主管都是美国情报理事会的成员，和来自国务院、中央情报局、原子能委员会和联邦调查局的代表平起平坐。每当这些将领意见不一时，国防部长就不得不面对这样一个尴尬的问题：到底谁能代表国防部？[108] xviii

有人向柯克帕特里克调研组建议，干脆把国防部内部所有的情报机构整合成一家单位。调研组承认这样做能解决不少问题，但“只要还存在三个各司其职的军种，试图进行这样的整合就是不明智的”。[108] xix 他们在报告中建议：

> 国防部内部的情报管理方式，应当足以使情报工作（从整体上）成为一个具有最高优先等级的、协调的系统。除了增强参联会全面协调国防情报具体事务的职能，还应当建立并维持全面的（国防情报）人力资源和经费资源分配计划，杜绝浪费、重复和低效。因此，有必要在国防部长办公厅建立一个权威的中心单位，并把这个

单位作为（国防部内部各情报机构）与美国情报界其他机构联系的主要节点。[111] 23-24

12月20日，柯克帕特里克调研组的报告送到了总统的办公桌上。艾森豪威尔对此十分重视。在他任期临近结束的最后一个月里，他三次召集国家安全委员会讨论这份报告。在1月18日的最后一次会议上，国家安全委员会批准了报告的绝大多数建议，国家照片解读中心旋即成立。不过，艾森豪威尔深知军事情报改革的困难程度，他曾断言“世界上最难摧毁的是那些壕沟纵横的官僚机构，而这其中最为棘手的便是军事情报单位”。所以，柯克帕特里克报告里剩下的那些合理化建议，只能作为某种“政治遗产”交给下一届政府来落实了。[109] [118] [119] [115] 257

新上任的约翰·肯尼迪总统很喜欢当时工商业界流行的管理模式，即依靠某个“强硬”的管理者来统管公司所有业务。所以当他看中的洛维特拒绝再次入阁，转而向他推荐麦克纳马拉之时，他马上派自己的妹夫施赖弗（Robert Sargent Shriver Jr.）飞到底特律，力邀福特汽车公司的这位新总裁出任国防部长或财政部长。[120] 27 [121] 207-210 [122] 19-20

此时的麦克纳马拉还不到45岁，却已经凭借其数据管理的理念、技术和业绩而在行业内外颇有些名气。他很快就决定担任肯尼迪的国防部长。刚一上任，他便通过自己在空军情报机构查看卫星照片的短暂经历，觉察到了军种情报工作的严重问题。[123] 1 多年以后他这样回忆道：

> （空军分管情报的助理参谋长是詹姆斯·沃尔什，）他把所有的（卫星）照片都搬了出来，让我们仔细查看，但没能让我相信“导弹差距”确实存在。沃尔什并没有说谎，但他是戴着空军的有色眼镜来看这些照片的。这是典型的人类（共有）弱点，我们都会这样。由此我总结出几点看法，首先，我们必须要有一个（整体的）国防情报机构，而不是几个分别代表各自军种利益的情报机构……[124] 7

对于麦克纳马拉来说，联合调研组的报告可以“一石二鸟”。他可以在改革军事情报体制机制的同时，继续巩固国防部长和国防部长办公厅的权力。手握《1958年国防部重组法案》，再加上来自总统方面超乎寻常的鼓励与支持，原本就极为自信的麦克纳马拉迅速行动起来。正式上任才不过20天，他便给参联会主席雷姆尼泽（Lyman Lemnitzer）陆军上将下达了一道命令，要求他根据联合调研组的建议，拿出成立“国防情报局”的整套文件，这套文件应包括一份基本架构草案，一份专门的国防部指令草案，以及一张工作实施进度表。他提醒雷姆尼泽说：“这件事情的重要程度，无论怎样强调都不为过。”[108] xx [125] 22 [110] 5 [126]

麦克纳马拉希望新的体制机制能够避免各军种“在情报搜集、处理、生产、预估和出版方面的重复工作”。各军种的情报机构经消肿去重后，“仅保留训练、人事和支援三项职能”，规模可以压缩到最小。这其中暗含了一个最为剧烈也最为重要的动作，也就是取消军种情报机构的评估和预估职能。[108] xx [115] 262-263 对此，他后来这样解释道：

> 我相信，取消军种对情报预估报告的控制权，可以减少这些预估被涂抹上军种偏见颜色的风险——尽管他们可能并非刻意如此。[115] 263

按照麦克纳马拉心中的愿景，新设的国防情报局所履行的各项情报职能，也不再属于联合参谋部的任务范畴，而这实际上预告了情报部使命的终结，两年以后情报部便宣告解散。当然，麦克纳马拉并不指望所有这一切能一步到位，他希望参联会能够根据“五步走”的原则细化出进一步的实施进度表。[108] xx [125] 22-23 [110] 5 [126]

起草文件的任务交给了情报部。是让国防部长办公厅另起炉灶，然后等着被“吃掉”，还是争取主动，以情报部为基础在参联会组建一个新机构？对于情报部而言，答案必然只能有一个。他们提出，新设机构应当放在参联会之下，对参联会负责。事实上，前总统艾森豪威尔在任期间也曾在私下里表达过类似想法。情报部由此认为，“军事情报局”比“国防情报局”更适合作为新机构的名称。他们建议，“军事情报局”由现役军官担任主官，主要履行情报预估、目标选择以及基础性情报职能，这些领域的力量整合将能明显提升经费效益和工作效率；与此同时，军种情报机构继续负责

“搜集、生产和分发军事情报，以及反情报工作，以满足其肩负的使命任务之需”。[108] xx-xxi [125] 22 [115] 257

3 月 2 日，麦克纳马拉收到了参联会的回复。他一眼就看出，所谓“军事情报局”不过是增强版的情报部而已，军种情报机构一盘散沙的现状仍将继续，这是他无法接受的。一个半月后，“猪湾事件”爆发。行动过程完全超出了美国人的控制，中央情报局训练的古巴流亡人员不过是一群乌合之众，很快便土崩瓦解。这次事件，使得负责行动的中央情报局和参联会在肯尼迪心目中的形象一落千丈。可能是受这一事件触动，肯尼迪发现身边缺少一个顾问班子，没有人能在情报方面给自己提供帮助。于是他在 5 月 4 日下令恢复艾森豪威尔时期的总统对外情报工作顾问组，不过换了一个名目，改称“总统对外情报咨询组”（PFIAB），咨询组组长一职继续延请基里安来担任。[127] 62-65, 86-91 [84] 38 [128] [115] 265

基里安以及肯尼迪的军事顾问麦克斯韦·泰勒（Maxwell D. Taylor）都站在麦克纳马拉一边，认为应该把“情报局”放在国防部长的麾下。有学者指出，国防部长与参联会有关“情报局”基本架构问题的通信往来，早在“猪湾事件”前就结束了。但国防部与参联会间的唇枪舌剑多半没有停止。因为另有学者发现，后来这段时间，国防部长指派他的副手吉尔帕特里克继续这场“战斗”。直到这一年的 7 月 5 日，麦克纳马拉和参联会才在基本架构问题上达成一致，这个新机构最终得以冠名“国防情报局”（DIA），而不是“军事情报局”。在此名称之下，双方作出了妥协：国防部长并不直接指挥国防情报局，而是“通过参联会”来间接指挥；参联会对情报局拥有指导权，但对情报局的管辖权和指挥权则归国防部长所有。建立国防情报局的正式命令以国防部指令（DoDD 5105.21）的形式发布，在赋予国防情报局的多项职能当中，第一条便是生产“所有的国防部情报预估报告”，并代表国防部“为《国家情报预估报告》提供素材”。这一天是1961年8月1日。[125] 22-23 [108] xxi [129] [115] 265-266 [110] 6-7

空军中将约瑟夫·卡罗尔（Joseph F. Carroll）能够从参联会提供的名单里脱颖而出，成为麦克纳马拉指定的首任局长，首先可能是因为空军在组建国防情报局方面所表现出的积极态度——他们更愿意把这个新机构看作扩大空军影响力的一个机会和窗口。而卡罗尔略显特殊的情报工作履历和表现也是麦克纳马拉垂青于他的一个重要原因。他此时的职务是空军监察长，但早年曾在联邦调查局工作过很长时间，加入空军后主要负责反情报调查工作。许多同僚对这位从未上过战场的将军敬而远之，还给他起了一个意味非常明确的外号——“条子”。但麦克纳马拉看上的，恰恰是他长期从事“非主流”情报业务，可能相对超脱，军种偏见会较少，再加上他经手处理的几桩泄密案件也给国防部长留下了不错的印象。恰好几个月前英国秘密情报局抓获了潜伏多年的叛谍乔治·布雷克（George Blake），并迅速查明由于他的出卖，至少有40多名英国特工丢掉了性命。在这个背景下，富有反情报工作经验的卡罗尔可能比其他任何时候都更让人放心，也更具竞争力。[110] 8-9 [115] 266-267 [130] [131] [132]

陆军方面推荐的局长候选人是军事情报经验更为丰富的奎恩（William W. Quinn）中将。他曾经担任战争部战略勤务处处长——这个单位后来成为中央情报局特种行动部，但由于陆军自始至终都坚决反对成立国防情报局，奎恩便被国防部长以“对此人不熟”为由，只任命为情报局副局长。情报局参谋长则由海军情报局的少将副局长塞缪尔·弗兰克尔（Samuel Frankel）担任。[110] 9 [115] 266-267 [133]

按照命令要求，卡罗尔这个班子的第一项任务，是用两个月时间准备好国防情报局的“启动计划”。吉尔帕特里克专门提醒卡罗尔说，这个计划需要他“亲自负责”，而计划要获得批准则需要先通过参联会这一关。此时担任参联会主席政策助手的安德鲁·古德帕斯特将军，后来回忆起卡罗尔等人起草“启动计划”的这段过程，不无感慨地说他们“就像蒙着眼睛通过地雷阵”。的确，卡罗尔每向前一步都要万分小心，随时准备动用他所有的政治技巧，才能在这片“地雷阵”中找到方向。到9月底，“启动计划”获得了麦克纳马拉的批准，然而，对于国防情报局而言，严格意义上的“启动”这才真正开始。[110] 9-13 [134]

为了完成管理和分析这两大任务，卡罗尔等人计划搭建“搜集部”和“处理部”两个业务部门。其中，搜集部将负责审查国防部的所有情报需求，分配搜集优先级，分派资源开展搜集工作，评估搜集结果。然而，对于各军种特有的情报搜集活动，以及各联合司令部和特种司令部的情报搜集活动，搜集部并没有指挥的权力，他们只能在一旁提供指导和

支援。[110] 12

处理部下面将设置三个单位。首先是一个“动态情报征候（indication）中心”，负责为参联会、国防部长、军兵种以及联合司令部和特种司令部提供动态情报和现场报告。然后是一个“预估办公室”，主要负责生产国防部情报预估报告，同时为《国家情报预估报告》提供素材。最后是“生产中心”，负责对各军种的基础性情报进行协调，并将军种提供的四种每日情报产品整合为两种后，通过电报传送到联合司令部和特种司令部司令手中。[110] 12

1961 年 10 月，当卡罗尔带着副局长和参谋长小心翼翼地起草“启动计划”的时候，情报局上上下下不足 30 人。到 1962 年 1 月，局里已经有了 710 人，其中军人 432 名，文职人员 278 名。人员增多，对办公空间的需求随之而来。海军情报局接到命令，让他们为国防情报局腾出部分办公室。但国防情报局白天刚贴到门上的标识，晚上便被一些自称“海军抵抗队”的军官扯掉了。[110] 14

部分是由于卡罗尔的谨慎，不愿和其他情报机构撕破脸皮，部分则是由于这些机构的消极配合，国防情报局只能在此起彼伏的摩擦声中，一点一点地建立并运转起来。到 1962 年初，以联合参谋部情报部预估处为骨干，情报局的预估办公室基本建成，动态情报征候中心也在情报部动态情报处和空军预警征候中心的基础上建立了起来。但原先预计在 1962 年 7 月建成的情报生产中心，却由于各种原因，拖到这一年年底才算搭建完成。[110] 13-14

按“启动计划”的设想，各军种将以“渐进”的方式，用三年时间把相关职能和人员转移到国防情报局。卡罗尔多半不会想到，自己领导的这个新单位还没有完全就位，便会被卷入到一个前所未有的事件当中。[115] 269

导弹危机

猪湾惨败三天以后，肯尼迪拜会了艾森豪威尔，现总统向前总统讲述了自己遭遇的困境，坦陈了情报、时机和战术方面的失败。肯尼迪辩称自己只是批准计划，没能充分权衡利弊，并在行动中途变更计划取消了一次突防轰炸，企图掩盖美国政府在这次事件当中的行径。[127] 98-99 久经沙场的艾森豪威尔告诫他说：

> 苏联人依照自己的计划行事，一旦发觉我们有丝毫的软弱，他们就会竭尽全力向我们压过来……你怎么能期望全世界会相信我们没有插手这件事呢？……这些人的武器是从哪里来的？他们的通讯设备，以及其他必要的东西又是从哪里弄到的？你怎么可能不让全世界知道美国也牵扯其中呢？[135] 10 [127] 99 [136] 103

在公开场合，肯尼迪把“猪湾事件”所有的责任都揽到自己身上，但私底下他却怨恨参联会，认为自己被这帮将领给骗了，同时他对中央情报总监艾伦·杜勒斯和中央情报局计划分局局长比斯尔也非常不满。他让麦克斯韦·泰勒立即着手调查整个事件，但来不及等到泰勒提交报告，他便决定让中央情报总监退休，同时撤换掉副总监卡贝尔和原本有望接替杜勒斯的比斯尔。[137] 133-134 [138] 93 [127] 64 他告诉自己的一个亲信：

> （当初）我让艾伦·杜勒斯留任，这很可能是个错误。这并不是说他能力不强。他的能力很强。但我没和他共过事，所以当他告诉我一些事情的时候，我猜不透他的意思……他是一个传奇人物，但和传奇人物合作实在太难了……（至于中央情报局）我必须派一个和我亲密无间的，能让我彻底放心的人去那里。[139] 275-276

他还向这个亲信透露，自己有意让司法部长，也是他的弟弟罗伯特·肯尼迪（Robert F. Kennedy）改任中央情报总监。不料罗伯特的第一反应便是让总统改变主意，不要让自己去当情报总监。[127] 100-101 [139] 276

8月，肯尼迪分别召见了杜勒斯和比斯尔，明确要求他们辞职。第二天，杜勒斯便告诉助手自己“被解雇了”。至于下一任情报总监，候选名单有长长的一列，除了现总统的弟弟罗伯特，还有前总统杜鲁门的法律顾问克里福德、前总统艾森豪威尔的军事助理安德鲁·古德帕斯特，以及肯尼迪自己的军事顾问麦克斯韦·泰勒等人。国防部常务副部长吉尔帕特里克向总统推荐了前空军次长、现任原子能委员会主席约翰·麦考恩（John A. McCone）。罗伯特非常认可这个候选人，他很快便说服自己的哥哥拿定了主意。在9月底召开的美国情报理事会会议上，杜勒斯向大家通报说，新的总监人选已经确定为麦考恩。经他建议，麦考恩在正式担任新职务之前，将用两个月时间来熟悉工作。[79] 27-28 [137] 136

就在麦考恩上任前夕，莱曼·柯克帕特里克突然把“猪湾事件”调查报告的“一号”副本交给了他。中央情报局里有许多人和杜勒斯关系紧张，柯克帕特里克便是其中一位。当麦考恩得知是杜勒斯让柯克帕特里克开展调查，而柯克帕特里克竟然绕过了杜勒斯和比斯尔直接给自己送来报告后，久浸官场的麦考恩多少有些不安。他敦促柯克帕特里克赶紧按照正常程序把报告副本上报给杜勒斯和比斯尔。稍后麦考恩还宽慰比斯尔说，如果对调查报告有不同意见可以单独写一份材料，附在调查报告后面。事实上，他对比斯尔一直另眼相看，希望比斯尔能留下来负责酝酿之中的中央情报局科技分局。他甚至通过罗伯特·肯尼迪做通了总统的工作，但比斯尔考虑再三，还是婉拒了麦考恩的这番好意，离开了情报局。[79] 39, 44-45 [138] 93-94 [140]

和执著乃至迷信于隐蔽行动的杜勒斯不同，麦考恩非常看重情报分析工作。他认为，生产情报并且将情报产品分发到决策者手中，才是中央情报局的主业。事后来看，与他的几个前任相比，麦考恩在情报局情报分析方面的智力参与程度最深，组织管理力度最大。[79] 51

情报分局局长罗伯特·埃默里由于激烈反对麦考恩出任

情报总监，而在1962年3月去了白宫预算局，麦考恩便把曾经担任国家预估部预估处处长的雷·克莱恩请了回来，让其担任情报分局局长。在杜勒斯时期被视作“二等公民”的情报分局士气为之一振，因为克莱恩是众人皆知的“战斗型”学者和官员，为了分局的资源和领地，他从不怕跟其他分局局长甚至情报总监争个高下。不过，这一任命，也让领导过克莱恩的国家预估部主任谢尔曼·肯特，以及动态情报部主任亨廷顿·谢尔顿（Huntington D. Sheldon）有些失望，他们都认为自己的能力不输克莱恩。[79] 46 [141] 51-52, 54

作为一个成功的商人，麦考恩很重视“顾客基础”。上任后不久他便搞了一次“顾客满意度调查”，结果发现高级官员们对《总统情报清单》（PICL）反应良好。这份刊物是动态情报部在《动态情报通讯》（CIB）的基础上，于1961年6月新办的，专门刊载《动态情报通讯》无法收录的更为敏感的那些信息。国防部常务副部长吉尔帕特里克称赞《总统情报清单》“简明、清晰”“确有价值”。而新任动态情报部主任杰克·史密斯（R. Jack Smith）更是从总统那里获得了对于《总统情报清单》的积极反馈。肯尼迪经常在《总统情报清单》上加批注，有一次还评论说某处用“穷乡僻壤”（boondocks）一词不妥。后来，史密斯回忆说“这是动态情报人员最幸福的时刻！”几年后，《总统情报清单》更名为《总统每日简报》（PDB）并延续至今。[79] 51, 53 [141] 51, 54-55

可惜，高级官员们对国家预估部创办的《冷战危机局势周评》反应冷淡，他们普遍认为这份周评与《动态情报通

讯》《总统情报清单》等情报产品内容差别不大。于是麦考恩在该周评出版一年后停掉了这份不被看好的刊物。[79] 53

据国家预估部一位资深人员回忆，麦考恩总是“一行一行地”地仔细阅读情报预估报告，就好像他读的是一份“公司抵押文件”，全然不像杜勒斯般慵散——在杜勒斯时期，谢尔曼·肯特等人经常要在休息室里等上一两个小时才能正式开会，而杜勒斯一边看电视一边听汇报也是常有的事情。相比之下，麦考恩主持的预估报告内部评审会就显得有板有眼、秩序井然。[79] 51 [141] 53-54对此，杰克·史密斯是这样回忆的：

> 麦考恩把会议时间定在（下午）4 点，会议就会在 4 点准时开始。（先）由他亲自宣读预估报告，（完后）他会说：“这份预估报告，我有三个问题……”或者，他会问：“你们凭什么判断情况确实如此?”……他的头脑超强，富有学识，严厉而清晰，优雅得体，记忆力很好，从不以势压人。[79] 51

史密斯说的没错，麦考恩的确十分严厉，他批评情报分析或预估报告的时候总是毫不留情。曾经有一次，他一大早就把谢尔曼·肯特叫到办公室，直言不讳地批评和质疑肯特提交的一份预估报告说：“第 20 页，你是这么说的……你能证明吗？”[79] 51

在杜勒斯时期，《国家情报预估报告》总是试图获得一个

"最具可能性"的判断。麦考恩对此颇有些看法。他认为，预估报告应该把问题的各个方面都展现出来，这样才更为全面，对于决策者而言也更具价值。谢尔曼·肯特接受了这种看法，于是组织人员对《国家情报预估报告》的呈现风格和论证方式进行了调整，情报分析人员的重点不再是预测出事态发展的某种结果，而是通盘考虑事态发展的各种变量，让决策者更好地看清事态走向。[79] 54

"猪湾事件"后，古巴仍然是美国情报界的首要目标之一。当时每个月都会有一次飞越古巴上空的 U－2 侦察飞行任务，这被称作"光环"计划（Project NIMBUS）。从 1962 年 5 月开始，他们增加了 U－2 飞行频次，使其每个月至少两次飞越古巴，国家照片解读中心同时开始出版《古巴照片信息评估报告》。到 7 月，美国人发现，苏联和古巴之间的武器运输突然增多起来，先后有 160 辆坦克、770 门野战炮和反坦克炮、560 门高射炮、35 架战斗机、24 架直升机以及几千辆军用车辆被运到古巴。他们随即扩大了 U－2 飞机的侦察范围，对所有在古巴港口卸货的船只都进行监控，并且运用制图学技术，对照片上的货物进行分析。麦考恩还专门对照片解读中心主任伦达尔（Arthur Lundahl）提出要求，在分析航拍照片时要结合人力情报（HUMINT），分析结果要及时在情报界分发。[33] 199-200 [79] 103-104 [142] 58

当时许多人认为，苏联人是在急于兑现对古巴的承诺，可能企图借此对古巴施加更多的控制，但总的来看他们的所作所为是"防御性"的。这一年 8 月初发布的一份《国家情

报预估报告》(NIE 85－2－62)① 很能代表他们的这样一种“共识”。[79]104 [143]

不仅如此，雷·克莱恩和谢尔曼·肯特还代表国家预估理事会专门给麦考恩递交了一份备忘录，其中写道：“苏联人在古巴部署中程(弹道)导弹的可能性很小。”对于这些结论，麦考恩并不认同。他坚持认为，苏联人有着更为险恶的用心，有可能实施更为危险的行动。在8月10日国家安全委员会的一次会议上，他对罗伯特·肯尼迪、麦克斯韦·泰勒、吉尔帕特里克、国务卿迪安·腊斯克(Dean Rusk)，以及总统国家安全事务助理麦乔治·邦迪(McGeorge Bundy)等人，表达了自己的这种忧虑。据泰勒事后回忆，会上没有人对麦考恩的说法感到吃惊，因为委员会曾经讨论过类似情况，但大家一致认为此事的严重性的确很高，但发生的可能性却相当低。因此，对于麦考恩基于直觉发出的警告，委员会只能暂时搁置，静待更多的证据。[79]104 [135]30

国家安全委员会的按兵不动让麦考恩更加焦虑。他不由得想起不久前发布的另一份《国家情报预估报告》(NIE 11－8－62)②。这份预估报告宣称，自从一年前“导弹差距”的迷雾被驱散以来，美国相对于苏联的战略优势更为明显。这让麦考恩确信苏联领导人可能会采取冒险行为，在古巴部署进攻性导弹。但不幸的是，因为有关方面刚经历过“轰炸机差距”和“导弹差距”之事，麦考恩的这种想法很容易被归

① NIE 85－2－62《古巴的局势与前景》，1986年解密。
② NIE 11－8－62《苏联的远程进攻能力》，1995年解密。

入“最坏情况”估计的行列，并且是最差最不受欢迎的那一种，即缺乏证据的主观臆断。除此之外，此事还受到了党派政治不小的干扰。长期担任麦考恩助手的沃尔特·埃尔德（Walter Elder）后来回忆说“他完全是孤军奋战”。尽管麦考恩从8月10日到23日先后四次提醒肯尼迪，却始终无法引起总统的足够重视，这让麦考恩决定暂时放下眼前的这一切，按计划去法国度蜜月，同时把公务交给副总监马歇尔·卡特（Marshall S. Carter）代理。[79] 105-108 [135] 29-31 [144] 44 [145]. [146] 7

有人事后批评麦考恩，说如果他一直留在首都，而不是用整整一个月时间处理个人事务，情况可能会有相当大的不同。[147] 9 谢尔曼·肯特对此深表怀疑。他说：

> （麦考恩）在缺少其他佐证的条件下，基于直觉所作出的判断不可能让事情逆转。即使麦考恩在华盛顿到处宣扬他的直觉猜测，甚至让总统听到他的声音，他仍然很可能要面对美国情报理事会成员，也就是整个情报界的反对，而总统身边绝大多数顾问，其中包括四个最重要的顾问（他们都是苏联问题专家），也都会反对麦考恩……[147] 9

8月29日完成的U-2侦察飞行（任务编号“3088”），在古巴西部至少发现了8处“萨姆-2”防空导弹阵地，首次获得了苏军在古巴集结的硬证据。两天以后，这条信息便通过《总统情报清单》，传递到了总统和他的高级幕僚那里。9

月5日完成的另一次U－2任务（任务编号“3089”），又发现了三处新的防空导弹阵地，并且还发现了一架米格－21飞机。由于没能发现进攻性导弹，所有这些情报都只是强化了苏联方面的防御色彩，并且让美国政府高层对于继续使用U－2飞机进行侦察非常紧张，因为两年前弗朗西斯·鲍尔斯的U－2飞机就是被“萨姆－2”导弹击落的。而一架U－2飞机在本年9月9日窜入中国境内，被中国空军地空导弹部队用“萨姆－2”导弹击落一事，更是直接促使罗伯特·肯尼迪领导的特别小组决定，预设的U－2飞行路线要避开所有已知的防空导弹阵地，要在保证U－2飞行安全的前提下进行侦察。罗伯特坚定支持麦考恩的意见，但他没能拗过国务卿迪安·腊斯克和国家安全事务助理麦乔治·邦迪，再加上临时代理情报总监的马歇尔·卡特态度迟疑，使得邦迪和腊斯克占据了上风。[33]200-206 [148] [135]19-20, 37-38

9月13日，肯尼迪总统公开警告苏联人不要在古巴部署进攻性导弹，随后便催促情报总监尽快提交一份新的预估报告。在谢尔曼·肯特看来，这份《特别预估报告》的时间要求比常规报告紧了不少，但还远远算不上“紧急”。因为相关研究工作一直在进行当中，并且在更早一些时候，他在副总监卡特那里看到过麦考恩发来的电报，明确要求国家预估理事会仔细研究苏联人“那些防御性措施背后的动机”，因为他们即使对卫星发射场的防御程度也没有如此严密。但肯特最后拿出的研究成果并没有太多新意。情报分析人员依然认为：苏联人在古巴部署防御性武器，主要是为了慑止美国的威胁。他们还相信：苏联人知道，如果他们在古巴部署了进攻性武器，“可能会刺激美国进行军事干涉”，反而对其不利。[135]35-36, 40 [149]173 [150]1 [151]59

六天后，卡特副总监批准发布了这份《国家情报特别预估报告》(SNIE 85 - 3 - 62)①，以取代8月份的那版预估报告。尽管谢尔曼·肯特很可能没有预料到，这将是一份对他个人，以及他领导的国家预估部和预估理事会产生深远影响的报告，但毫无疑问，肯特在当时对这份报告也是极为重视的。在上报美国情报理事会审查批准该报告之前，他主持召开了一次非同寻常的会议，国家预估部和预估理事会全体人员参会。肯特坦率地告诉大家，情报总监认为苏联人正在古巴部署进攻性导弹，但他作出这一判断，并不是因为他掌握了任何情报分析人员所不掌握的信息。最新的这份预估报告的结论是苏联人没有也不会那么做。最重要的是，没有航拍照片能证明苏联人正在这么做，也没有硬证据能证明他们将会那么做。[135]40

接下来，肯特请在座的每个人发表自己的看法。他逐个点名，就连初级的古巴问题分析人员也不例外。理事会成员当中有人提出，苏联有意愿也有能力部署进攻性导弹，但他们会像“切腊肠”那样一步一步地推进，看美国方面的反应来决定下一步的走向。这可能是最接近于麦考恩的一种意见了——整个会场没有一个人表示同情报总监的结论一致。对

① SNIE 85 - 3 - 62《古巴的军事集结》，1999年解密。

于这个结果，肯特并不意外。他最后总结说，作为一个情报机构，下结论需有必要的证据，然而现在并没有，“我们不能对总统说，因为赫鲁晓夫是个混蛋，所以我们认为苏联人将在古巴部署导弹”。[135] 41

据事后回忆和反思，情报分析人员当时普遍持有一种假定，甚至可以称作“思维定式”。他们误以为 U-2 任务还在照常执行，没有更多的航空侦察情报只是因为这些飞机没有发现任何导弹基地。他们并不知道，从 9 月 6 日到 26 日，只执行过一次编号为“3091”的侦察飞行任务，而且因为云层太厚，什么也看不到，最终徒劳无获。[135] 43 [152] 205

事后人们还发现，曾有五份通过其他手段获得的情报报告，可以揭示出苏联人可能正在部署进攻性导弹。这些报告都被科学情报部进攻性导弹研究室主任格雷毕尔审读过。据格雷毕尔说，他把这些报告与航拍照片进行了对照，而后发现这些报告都有错误，便认为这五份报告不足为信。肯特也看过这些材料，很认可格雷毕尔的判断。但实际上，当时并没有合适的照片可供格雷毕尔使用——从 9 月 26 日到 10 月 13 日， U-2 飞机也只进行了外围侦察，对古巴内地的侦察飞行整整空缺了 39 天。为了避免泄密的风险，肯尼迪总统在 9 月初还专门下令，收紧了政府内部古巴信息的分发渠道，情报分析人员不得不通过一个特殊控制的系统才能接触到此类信息，几乎没有人能够全面掌握已经搜集到的各种信息，因此他们只能在“昏暗”的条件下对古巴方面发生的事情进行研判和作出推测。[135] 43 [146] 8-9

麦考恩对于卡特批准9月19日的《特别预估报告》非常不满，再加上他认为卡特没有把他的“蜜月电报”内容上报白宫，没有全力推动U-2侦察，也没有把9月10日对U-2飞行政策的调整情况告诉自己，几件事情并作一处，使得他甚至动了解雇卡特的念头。[79] 108-109

美国人并不知道，就在9月15日，第一批苏联中程弹道导弹已经运抵古巴马列尔港。21日，国防情报局预估办公室接到报告称，有人在12日“亲眼看到”“20个65~70英尺长的货物，类似于大型导弹”。后来追溯历史的时候，这被看作是苏制中程导弹被部署到古巴的第一条确凿情报，可在当时，预估办公室的情报分析人员宁愿相信这些不明物件只是“萨姆-2”防空导弹而已，尽管它们的尺寸比“萨姆-2”要大得多。10月1日，执行“9045”任务的“锁眼”卫星携带着新型相机在古巴上空拍摄了十几张照片，然而由于分辨率问题以及天气原因，照片解读人员一无所获。总而言之，直到此时，对于古巴境内是否已存在苏制进攻性导弹，美国人手里依然缺少可靠的情报。[79] 107-108 [110] 17 [93] 416-419, 426-427

等到麦考恩蜜月结束，看到过去一个多月U-2飞机航空侦察的范围如此稀疏，他“几乎要从椅子上跳了起来”。10月4日，在他与腊斯克和麦克纳马拉一番激烈的争吵之后，国家安全委员会终于批准重新恢复更具风险但也可能更有收获的U-2飞行线路。但由于飞行控制权问题，以及天气原因，使得飞行任务直到十天后才得以实施——到这个时候为止，U-2一共发现了19处防空导弹阵地，但麦考恩认定存

在的进攻性导弹阵地一个也没有发现。[79]109-110 [33]206

国防情报局预估办公室的约翰·莱特（John Wright）上校，在综合了前期的侦察和分析后发现，圣克里斯托瓦尔地区的3处防空导弹阵地大致形成了一个梯形区域，符合“点防御”的特点，并且已经被苏军警戒，成为一个封闭禁区。也就是说，这个区域防空阵地所防护的很可能是某些极为重要的目标。在麦考恩的坚持下，U-2飞机将经过其中一个最有可能具备作战能力的防空阵地，如果这样的冒险飞行没有遭到“萨姆-2”导弹拦截，那么接下来将彻底放开手脚，“同时执行多个U-2飞行任务，最大程度地覆盖古巴西部地区”。这便是“3101”任务，时间定在10月14日，重点锁定在圣克里斯托瓦尔。[33]206-207 [142]59 [110]17 [153]18-20

早晨7点37分，空军少校理查德·海瑟尔（Richard S. Heyser）驾驶的U-2飞机开始飞越古巴上空。在短短的6分多钟时间里，他拍摄了928张照片，随后便飞回佛罗里达的麦考伊空军基地，那里已经有专机在等候他的胶卷。这批胶卷长达5000英尺，被以最快的速度送到位于马里兰州的海军照片解读中心，并在那里冲洗放大出多套正片，其中一套被立即送到国家照片解读中心进行解读，此时已经是第二天的上午10点。[154]189 [135]51-52

六个小时以后，照片解读人员在这些照片上发现了三处进攻性导弹阵地的踪影——其中有两处是中程弹道导弹发射场，另一处是中远程弹道导弹发射场。大约一个小时之后，解读中心主任伦达尔很有把握地向中央情报局总部报告了这一重大发现。当晚 9 点，国家安全事务助理麦乔治·邦迪从情报分局局长克莱恩口中听到了有关苏联进攻性导弹的惊人信息，他决定次日便向总统报告。麦考恩此时正在西雅图，他的助手沃尔特·埃尔德告诉他说："你说过，也只有你说过将要发生的事情，终于发生了"。[154]189 [79]110 [135]52

参考文献

[1] ANDERTON D A. Pictures Reveal Reds' New 'Sunday Punch'[J]. Aviation Week，1954：12 - 13.

[2] TEITELBAUM L. The Impact of the Information Revolution on Policymakers' Use of Intelligence Analysis [D]. Pardee RAND Graduate School，RAND Corporation，2005.

[3] B - 52 Stratofortress. Encyclopedia of US Air Force Aircraft and Missile Systems Volume 2 Post-World War II Bombers，1945 - 1973. Office of Air Force History，U. S. Air Force，1988：205 - 294.

[4] WATSON G M. Thomas K. Finletter [M]// Secretaries and Chiefs of Staff of the United States Air Force：Biographical Sketches and Portraits. Air Force History and Museums Program，U. S. Air Force. 2001：17 - 21.

[5] WATSON G M. W. Stuart Symington [M]// Secretaries and Chiefs of Staff of the United States Air Force：Biographical Sketches and Portraits. Air Force History and Museums Program，U. S. Air Force. 2001：11 - 15.

[6] MONTAGUE L L. General Walter Bedell Smith as Director of Central Intelligence，October 1950 - February 1953 [M]. Pennsylvania State University Press，2010.

[7] WEBER K H. The Office of Scientific Intelligence，1949 - 68：Volume Two [M]. Central intelligence Agency，1972.

[8] WEBER K H. OSI and Atomic Energy Intelligence，including the Joint Atomic Energy Intelliuence Committee [M]// The Office of Scientific Intelligence，1949 - 68：Volume One. Central intelligence Agency. 1972.

[9] WEBER K H. The Office of Scientific Intelligence，1949 - 68：Volume One [M]. Central intelligence Agency，1972.

[10] RICHELSON J T. The Wizards of Langley：Inside the CIA's Directorate of Science and Technology [M]. Westview Press，2001.

[11] GREER K E. The Office of the Inspector General，January 1952—December 1971 [M]. Central Intelligence Agency，1973.

[12] SMITH W B. Director of Central Intelligence Directive No. 3/4: Production of Scientific and Technical Intelligence [M]// Keefer E C, Keane D, Warner M. Foreign Relations of the United States, 1950 - 1955: The Intelligence Community, 1950 - 1955. U. S. Government Printing Office. 1952: 311 - 313.
[13] Diary: Rear Admiral R. H. Hillenkoetter, 1950 - 01 - 03 [R]. Central Intelligence Agency, 1950.
[14] KARALEKAS A. History of the Central Intelligence Agency [M]// Final Report of the Select Committee to Study Governmental Operations with Respect to Intelligence Activities, U. S. Senate: Book IV, Supplementary Detailed Staff Reports on Foreign and Military Intelligence. U. S. Government Printing Office. 1976: 1 - 107.
[15] NIE 65: Soviet Bloc Capabilities through 1957 [R]. Central Intelligence Agency, 1953.
[16] NSC 161: Status of United States Programs for National Security as of June 30, 1953 No. 9—The Foreign Intelligence Program [M]// Keefer E C, Keane D, Warner M. Foreign Relations of the United States, 1950 - 1955: The Intelligence Community, 1950 - 1955. U. S. Government Printing Office. 1953: 438 - 454.
[17] NSC 5509: Status of United States Programs for National Security as of December 31, 1954 Part 7—The Foreign Intelligence Program [M]// Keefer E C, Keane D, Warner M. Foreign Relations of the United States, 1950 - 1955: The Intelligence Community, 1950 - 1955. U. S. Government Printing Office. 1955: 603 - 614.
[18] IAC - M - 200: Minutes of a Meeting of the Intelligence Advisory Committee [M]// Keefer E C, Keane D, Warner M. Foreign Relations of the United States, 1950 - 1955: The Intelligence Community, 1950 - 1955. U. S. Government Printing Office. 1955: 700 - 702.
[19] IAC - M - 222: Minutes of a Meeting of the Intelligence Advisory Committee [M]// Keefer E C, Keane D, Warner M. Foreign Relations of the United States, 1950 - 1955: The Intelligence Community, 1950 - 1955. U. S. Government Printing Office. 1955: 738 - 739.
[20] GARTHOFF D F. Directors of Central Intelligence as Leaders of the U. S. Intelligence Community, 1946 - 2005 [M]. Central Intelligence Agency, 2005.
[21] Director of Central Intelligence Directive No. 3/5: Production of Scientific and Technical Intelligence [R]. Central Intelligence Agency, 1958.
[22] Air Technical Intelligence Center and the Soviet Threat [M]// The History of NASIC.
[23] GENERAL CHARLES PEARRE CABELL. U. S. Air Force [EB/OL]. [2020 - 05 - 22]. https://www.af.mil/About-Us/Biographies/Display/Article/107529/general-charles-pearre-cabell/.
[24] FTD 50 Years, 1917 - 1967 [M]. Foreign Technology Division of the Air

Force Systems Command, 1967.
[25] DDC: Origins and Milestones [R]. Headquarters, Defense Documentation Center, 1963.
[26] WALLACE L E. The Story of the Defense Technical Information Center, 1945 - 1995 [M]. Defense Technical Information Center, 1995.
[27] LIEUTENANT GENERAL JOHN A. SAMFORD. U. S. Air Force [EB/OL]. [2020 - 05 - 22]. https://www. af. mil/About-Us/Biographies/Display/Article/105712/lieutenant-general-john-a-samford/.
[28] ASHCROFT B. ATIC, the 1950's, and National Security Policy [R]. Air Force Historical Research Agency.
[29] RICHELSON J T. The Grounded Spies [J]. Air Force Magazine, 2014, 97 (12): 64 - 67.
[30] RICHELSON J T. A Century of Spies: Intelligence in the Twentieth Century [M]. Oxford University Press, 1995.
[31] PRADOS J. The Soviet Estimate: U. S. Intelligence Analysis and Soviet Strategic Forces [M]. Princeton Universiy Press, 1986.
[32] KAPLAN F. The Wizards of Armageddon [M]. Stanford University Press, 1983.
[33] PEDLOW G W, E. WELZENBACH D. The CIA and the U - 2 Program, 1954 - 1974 [M]. Central Intelligence Agency, 1998.
[34] WATSON R J. Into the Missile Age, 1956 - 1960 [M]. Washington, D. C. : Historial Office, Office of the Secretary of Defense, 1997.
[35] NIE 11 - 3 - 55: Soviet Capabilities and Probable Soviet Courses of Action Through 1960 [R]. Central Intelligence Agency, 1955.
[36] NIE 11 - 4 - 56: Soviet Capabilities and Probable Courses of Action Through 1961 [R]. Central Intelligence Agency, 1956.
[37] KATZ B M. Foreign Intelligence: Research and Analysis in the Office of Strategic Services, 1942 - 1945 [M]. Harvard University Press, 1989.
[38] COLBY W E. Letter from W. E. Colby to Mr. Mortimer M. Caplin, President, National Civil Service League [R]. Central Intelligence Agency, 1975.
[39] NIE 11 - 4 - 57: Main Trends in Soviet Capabilities and Policies, 1957 - 1962 [R]. Central Intelligence Agency, 1957.
[40] 威廉·曼彻斯特．光荣与梦想[M]．广州外国语学院美英问题研究室翻译组,朱协,译．海南出版社,三环出版社,2004.
[41] SNIE 11 - 10 - 57: The Soviet ICBM Program [R]. Central Intelligence Agency, 1957.
[42] WATSON G M. Gen. Thomas Dresser White [M]// Secretaries and Chiefs of Staff of the United States Air Force: Biographical Sketches and Portraits. Air Force History and Museums Program, U. S. Air Force. 2001: 123 - 128.
[43] WATSON G M. Gen. Curtis Emerson LeMay [M]// Secretaries and Chiefs of Staff of the United States Air Force: Biographical Sketches and Portraits.

Air Force History and Museums Program, U. S. Air Force. 2001: 130 - 133.
[44] SPINETTA L J. White vs. LeMay: The Battle Over Ballistic Missiles [J]. Air Force Magazine, 2013, 96(1): 56 - 60.
[45] NEUFELD J. The Development of Ballistic Missles in the United States Air Force, 1945 - 1960 [M]. Washington, D. C. : Office of Air Force History, U. S. Air Force, 1990.
[46] FUTRELL R F. Ideas, Concepts, Doctrine: Basic Thinking in the United States Air Force, 1907 - 1960 [M]. Vol. 1. Maxwell Air Force Base, Alabama: Air University Press, 1989.
[47] POWELL S M. The Day of the Atlas [J]. Air Force Magazine, 2009, 92 (10): 60 - 63.
[48] RYAN A, KEELEY G. Sputnik and US Intelligence: The Warning Record [J]. Studies in Intelligence (Unclassified Edition), 2017, 61(3): 1 - 16.
[49] NIE 11 - 5 - 57: Soviet Capabilities and Probable Programs in the Guided Missile Field [R]. Central Intelligence Agency, 1957.
[50] NIE 11 - 5 - 58: Soviet Capabilities in Guided Missiles and Space Vehicles [R]. Central Intelligence Agency, 1958.
[51] LICKLIDER R E. The Missile Gap Controversy [J]. Political Science Quarterly, 1970, 85(4): 600 - 615.
[52] KAISER R G. The Great Days of Joe Alsop [J]. The New York Review of Books, 2015, 62(4).
[53] HITCHCOCK W I. The Age of Eisenhower: America and the World in the 1950s [M]. Simon & Schuster, 2018.
[54] KENT S. The Law and Custom of the National Intelligence Estimate [M]// Steury D P. Sherman Kent and the Board of National Estimates: Collected Essays. Central Intelligence Agency. 1976: 43 - 126.
[55] Discussion of Soviet and US Long Range Ballistic Missile Programs [R]. Central Intelligence Agency, 1958.
[56] MCFADDEN R D. Thomas G. Lanphier Jr. , 71, Dies; U. S. Ace Shot Down Yamamoto [N]. The New York Times, 1987 - 1987 - 11 - 28.
[57] Memorandum of Conference With President Eisenhower [M]// Patterson D S, Keefer E C, Mabon D W. Foreign Relations of the United States, 1958 - 1960, National Security Policy; Arms Control and Disarmament, Volume III. U. S. Government Printing Office. 1958: 137 - 138.
[58] BARRETT D M. An Early "Year of Intelligence" CIA and Congress, 1958 [J]. International Journal of Intelligence and CounterIntelligence, 2004, 17 (3): 468 - 501.
[59] NIE 11 - 5 - 59: Soviet Capabilities in Guided Missiles and Space Vehicles [R]. Central Intelligence Agency, 1959.
[60] NIE 11 - 8 - 59: Soviet Capabilities for Strategic Attack through Mid - 1964 [R]. Central Intelligence Agency, 1960.
[61] PARKINSON L F, POTTER L H. Closing the Missile Gap [M]// Bird J,

Bird J. Penetrating the Iron Curtain：Resolving the Missile Gap with Technology. Central Intelligence Agency；The John F. Kennedy Presidential Library and Museum. 2013：17－39.

［62］ NIE 11－8－60：Soviet Capabilities for Long Ramge Attack through Mid－1965［R］. Central Intelligence Agency，1960.

［63］ BIRD J，BIRD J. Penetrating the Iron Curtain：Resolving the Missile Gap with Technology，an Overview［M］// Bird J，Bird J. Penetrating the Iron Curtain：Resolving the Missile Gap with Technology. Central Intelligence Agency；The John F. Kennedy Presidential Library and Museum. 2013：9－15.

［64］ DIENESCH R M. Eyeing the Red Storm：Eisenhower and the First Attempt to Build a Spy Satellite［M］. University of Nebraska Press，2016.

［65］ 麦乔治·邦迪．美国核战略［M］. 褚广友，盛冰，俞成，朱立群，傅吉军，王妙琴，郑志国，汪稳功，李枫，译．世界知识出版社，1991.

［66］ 德怀特·D·艾森豪威尔．艾森豪威尔回忆录（四）［M］. 樊迪，静海，译．东方出版社，2006.

［67］ GREER K E. CORONA［M］// Ruffner K C. CORONA：America's First Satellite Program. Center for the Study of Intelligence，Central Intelligence Agency. 1973：3－39.

［68］ DAY D A. Of myths and missiles：the truth about John F. Kennedy and the Missile Gap. The Space Review［EB/OL］.［2020－06－22］. https://www.thespacereview.com/article/523/1.

［69］ NELSON C. The Age of Radiance：The Epic Rise and Dramatic Fall of the Atomic Era［M］. Simon and Schuster，2014.

［70］ DICK J C. The Strategic Arms Race，1957－61：Who Opened a Missile Gap?［J］. The Journal of Politics，1972，34(4)：1062－1110.

［71］ REARDEN S L. Council of War：A History of the Joint Chief of Staff，1942－1991［M］. Washington，D. C.：NDU Press，2012.

［72］ DAMMS R V. James Killian，the Technological Capabilities Panel，and the Emergence of President Eisenhower's "Scientific-Technological Elite"［J］. Diplomatic History，2000，24(1)：57－78.

［73］ WELZENBACH D E. Science and Technology：Origins of a Directorate［J］. Studies in Intelligence（Unclassified Edition），2012，56(3)：65－78.

［74］ NSC 68：United States Objectives and Programs for National Security［R］. National Security Council，1950.

［75］ SNEAD D L. The Gaither Committee，Eisenhower，and the Cold War［M］. The Ohio State University Press，1999.

［76］ Report by the Technological Capabilities Panel of the Science Advisory Committee：Meeting the Threat of Surprise Attack［M］// Glennon J P，Klingaman W，Patterson D S，Stern I. Foreign Relations of the United States，1955－1957，National Security Policy，Volume XIX. U.S. Government Printing Office. 1955：41－56.

［77］ KILLIAN J R. Sputnik，Scientists，and Eisenhower：A Memoir of the First

Special Assistant to the President for Science and Technology [M]. The MIT Press, 1977.

[78] 亚历克斯·阿贝拉. 兰德公司与美国的崛起[M]. 梁筱芸, 张小燕,译. 新华出版社,2011.

[79] ROBARGE D. John McCone as Director of Central Intelligence, 1961 - 1965 [M]. Central Intelligence Agency, 2005.

[80] 王作跃. 在卫星的阴影下: 美国总统科学顾问委员会与冷战中的美国[M]. 安金辉,洪帆,译. 北京大学出版社,2011.

[81] PACE E. Edwin H. Land Is Dead at 81; Inventor of Polaroid Camera [N]. The New York Times, 1991 - 1991 - 03 - 02.

[82] DAVIES M E, HARRIS W R. RAND's Role in the Evolution of Balloon and Satellite Observation Systems and Related U. S Space Technology [R]. RAND Corporation, 1988.

[83] SCHULTZ S D. Why Gambit and Hexagon? U. S. National Security and the Geopolitical Setting, 1957 - 1960 [J]. National Reconnaissance: Journal of the Discipline and Practice, 2012, (U1): 1 - 38.

[84] WATANABE F. The President's Foreign Intelligence Advisory Board [J]. Studies in Intelligence (Classified Edition), 1996, 40(4): 35 - 42.

[85] EDWARDS P K. The President's Board, 1956 - 60 [J]. Studies in Intelligence (Classified Edition), 1969,13(3): 113 - 128.

[86] EISENHOWER D D. Executive Order 10656: Establishing the President's Board of Consultants on Foreign Intelligence Activities. Gerhard Peters and John T. Woolley, The American Presidency Project [EB/OL]. [2020 - 06 - 25]. https://www.presidency.ucsb.edu/documents/executive-order-10656 - establishing-the-presidents-board-consultants-foreign-intelligence.

[87] RUFFNER K C. CORONA: America's First Satellite Program [M]. Center for the Study of Intelligence, Central Intelligence Agency, 1995.

[88] MCDONALD R A. CORONA: Success for Space Reconnaissance, A Look into the Cold War and a Revolution for Intelligence [J]. Photogrammetric Engineering and Remote Sensing, 1995, 61(6): 689 - 720.

[89] ODER F C E, FITZPATRICK J C, WORTHMAN P E. The GAMBIT Story [M]. National Reconnaissance Office, 1991.

[90] BERKOWITZ B, SUK M. The National Reconnaissance Office at 50 Years: A Brief History (second edition) [M]. National Reconnaissance Office, 2018.

[91] ODER F C E, FITZPATRICK J C, WORTHMAN P E. The CORONA Story [M]. National Reconnaissance Office, 2013.

[92] The Advanced Research Projects Agency, 1958 - 1974 [R]. Richard J. Barber Associates, 1975.

[93] JR J W C. Corona over Cuba: The Missile Crisis and the Early Limitations of Satellite Imagery Intelligence [J]. Intelligence and National Security, 2016, 31(3): 416 - 438.

[94] CLAUSEN I. Reflections on CORONA's Tough Challenges [M]// Clausen I, Miller E A, Mcdonald R A, Hastings C V. Intelligence Revolution 1960: Retrieving the Corona Imagery that Helped Win the Cold War. National Reconnaissance Office. 2012: 17 - 26.

[95] JAMES E. KING J. Strategic Surrender: The Senate Debate and the Book [J]. World Politics, 1959,11(3): 418 - 429.

[96] 罗伯特·达莱克．肯尼迪传(上)[M]. 曹建海,译．中信出版社,2016.

[97] KENNEDY J F. Remarks of Senator John F. Kennedy, in the Senate, August 14, 1958. John F. Kennedy Presidential Library and Museum [EB/OL]. [2020 - 06 - 20]. https://www.jfklibrary.org/Research/Research-Aids/JFK-Speeches/United-States-Senate-Military-Power_19580814.aspx.

[98] DONALDSON G A. The First Modern Campaign: Kennedy, Nixon, and the Election of 1960 [M]. Rowman & Littlefield Publishers, 2007.

[99] Interview with Robert McNamara. The National Security Archive [EB/OL]. [2020 - 06 - 20]. https://nsarchive2.gwu.edu/coldwar/interviews/episode-8/mcnamara1.html.

[100] National Photographic Interpretation Center: The Years of Project HTAUTOMAT, 1956 - 1958, Volume I [M]. Central Intelligence Agency, 1974.

[101] National Photographic Interpretation Center: Antecedents and Early Years, 1952 - 1956 [M]. Central Intelligence Agency, 1972.

[102] Thirty ... and Thriving [M]. National Photographic Interpretation Center, 1991.

[103] NSCID 8: Photographic Intelligence [R]. Central Intelligence Agency, 1961.

[104] A Look Back ... The Founding of NPIC, 1961. (2008 - 06 - 20)[2020 - 06 - 25]. https://www.cia.gov/news-information/featured-story-archive/2007 - featured-story-archive/a-look-back-the-founding-of-npic-1961.html.

[105] DOYLE D S. Photo Interpreter Challenge [M]// Clausen I, Miller E A, Mcdonald R A, Hastings C V. Intelligence Revolution 1960: Retrieving the Corona Imagery that Helped Win the Cold War. National Reconnaissance Office. 2012.

[106] NIE 11 - 8 - 61: Soviet Capabilities for Long Ramge Attack [R]. Central Intelligence Agency, 1961.

[107] NIE 11 - 8/1 - 61: Strength and Deployment of Soviet Long Range Ballistic Missile Forces [R]. Central Intelligence Agency, 1961.

[108] ALLEN D J. Overview of the Origins of DIA [M]// Allen D J, Shellum B G. At the Creation, 1961 - 1965: Origination Documents of the Defense Intelligence Agency. Defense Intelligence Agency. 2001: xiii - xxi.

[109] Editorial Note [M]// Patterson D S, Claussen P, Duncan E M, Soukup J A. Foreign Relations of the United States, 1961 - 1963, Volume XXV, Organization of Foreign Policy; Information Policy; United Nations; Scientific Matters. U.S. Government Printing Office. 2001: 140.

[110] PETERSEN M B. Legacy of Ashes, Trial by Fire: The Origins of the Defense Intelligence Agency and the Cuban Missile Crisis Crucible [M]. Defense Intelligence Agency, 2011.
[111] The Joint Study Group Report on Foreign Intelligence Activities of the United States Government [R]. Central Intelligence Agency, 1960.
[112] POWERS T. The Rise and Fall of Richard Helms: Survival and Sudden Death in the CIA[J]. Rolling Stone, 1976, (December 16): 46 - 55.
[113] PEARSON R. Lyman Kirkpatrick Jr. Dies [N]. The Washington Post, 1995 - 1995 - 03 - 05.
[114] Organizational Development of the Joint Chiefs of Staff, 1942 - 2013 [M]. Office of the Chairman of the Joint Chiefs of Staff, 2013.
[115] MESCALL P N. A Creature of Compromise: The Establishment of the DIA[J]. International Journal of Intelligence and CounterIntelligence, 1994,7(3): 251 - 274.
[116] JOHNSON W G. The Joint Intelligence Group, Joint Staff [R]. Central Intelligence Agency, 1950.
[117] FREEDMAN L. U. S. Intelligence and the Soviet Strategic Threat [M]. Princeton University Press, 1986.
[118] Memorandum of Discussion at the 473d Meeting of the National Security Council [M]// Patterson D S, Claussen P, Duncan E M, Soukup J A. Foreign Relations of the United States, 1961 - 1963, Volume XXV, Organization of Foreign Policy; Information Policy; United Nations; Scientific Matters. U. S. Government Printing Office. 1961: 142 - 146.
[119] Memorandum of Discussion at the 474th Meeting of the National Security Council [M]// Patterson D S, Claussen P, Duncan E M, Soukup J A. Foreign Relations of the United States, 1961 - 1963, Volume XXV, Organization of Foreign Policy; Information Policy; United Nations; Scientific Matters. U. S. Government Printing Office. 1961: 160 - 172.
[120] HEDLEY J H. The Evolution of Intelligence Analysis [M]// George R Z, Bruce J B. Analyzing Intelligence: Origins, Obstacles, and Innovations. Georgetown University Press. 2008: 19 - 34.
[121] JORDAN D M. Robert A. Lovett and the Development of American Air Power [M]. McFarland & Company, 2018.
[122] 罗伯特·达莱克. 肯尼迪传(下)[M]. 曹建海,译. 中信出版社,2016.
[123] Defense Intelligence Agency 50th Anniversary: An Illustrated History [M]. Defense Intelligence Agency, 2011.
[124] HALL R C. Oral History Program, An Interview With Robert S. McNamara [R]. U. S. National Reconnaissance Office, 1999.
[125] KAPLAN L S, LANDA R D, DREA E J. The McNamara Ascendancy, 1961 - 1965 [M]. Vol. 5. Washington, D. C.: Historial Office, Office of the Secretary of Defense, 2006.
[126] MCNAMARA R S. Memorandum for Chairman Joint Chiefs of Staff: Establishment of a Defense Intelligence Agency [M]// Allen D J, Shellum

B G. At the Creation, 1961 - 1965: Origination Documents of the Defense Intelligence Agency. Defense Intelligence Agency. 1961: 22 - 25.
[127] 理查德·里夫斯. 肯尼迪：权力日记[M]. 贾文浩，贾文渊，译. 商务印书馆，2014.
[128] KENNEDY J F. Executive Order 10938: Establishing the President's Foreign Intelligence Advisory Board. Gerhard Peters and John T. Woolley, The American Presidency Project [EB/OL]. [2020 - 06 - 30]. https://www.presidency.ucsb.edu/documents/executive-order-10938-establishing-the-presidents-foreign-intelligence-advisory-board.
[129] Department of Defense Directive 5105.21: Defense Intelligence Agency [M]// Allen D J, Shellum B G. At the Creation, 1961 - 1965: Origination Documents of the Defense Intelligence Agency. Defense Intelligence Agency. 1961: 41 - 53.
[130] LIEUTENANT GENERAL JOSEPH FRANCIS CARROLL. U.S. Air Force [EB/OL]. [2020 - 07 - 02]. https://www.af.mil/About-Us/Biographies/Display/Article/107471/lieutenant-general-joseph-francis-carroll/.
[131] BARRY E. Double Agent, Turning 90, Says, 'I Am a Happy Person'[N]. The New York Times, 2012 - 2012 - 11 - 12.
[132] LINES A. Infamous spy George Blake still railing against the West at 95 as traitor tracked down to remote Russian home [N]. Daily Mirror, 2018 - 2018 - 02 - 03.
[133] William W. Quinn, 92, General and Former Intelligence Officer [N]. The New York Times, 2000 - 2000 - 09 - 12.
[134] Plan for the Activation of the Defense Intelligence Agency (Approved by the Secretary of Defense) [M]// Allen D J, Shellum B G. At the Creation, 1961 - 1965: Origination Documents of the Defense Intelligence Agency. Defense Intelligence Agency. 1961: 71 - 110.
[135] ABSHER K M. Mind-Sets and Missiles: A First Hand Account of the Cuban Missile Crisis [R]. Strategic Studies Institute, Army War College, 2009.
[136] REEVES R. President Kennedy: Profile of Power [M]. Simon and Schuster, 1994.
[137] JACKSON W G. Allen Welsh Dulles as Director of Central Intelligence, 26 February 1953 - 29 November 1961: Volume IV Congressional Oversight and Internal Administration [M]. Central intelligence Agency, 1973.
[138] WARNER M. The CIA's Internal Probe of the Bay of Pigs Affair [J]. Studies in Intelligence (Unclassified Edition), 1999, (Winter 1998 - 1999): 93 - 101.
[139] SCHLESINGER A M. A Thousand Days: John F. Kennedy in the White House [M]. Houghton Mifflin Harcourt, 2002.
[140] BINDER D. Richard M. Bissell, 84, Is Dead; Helped Plan Bay of Pigs Invasion [N]. The New York Times, 1994 - 1994 - 02 - 08.

[141] KOVAR R. Mr. Current Intelligence: An Interview With Richard Lehman [J]. Studies in Intelligence (Unclassified Edition), 2000, (9): 51-63.
[142] HUGHES J T, CLIFT A D. The San Cristobal Trapezoid [J]. Studies in Intelligence (Unclassified Edition), 1992, 36(5): 55-71.
[143] NIE 85 - 2 - 62: The Situation and Prospects in Cuba [R]. Central Intelligence Agency, 1962.
[144] ELDER W. Mcauliffe M S. John A. McCone: The Sixth Director of Central Intelligence (Draft)[M]. Central Intelligence Agency, 1987.
[145] NIE 11-8-62: Soviet Capabilities for Long Range Attack [R]. Central Intelligence Agency, 1962.
[146] MCAULIFFE M S. Return to the Brink: Intelligence Perspectives on the Cuban Missile Crisis [J]. Passport: The Newsletter of the Society for Historians of American Foreign Relations, 1993, 24(2): 4-18.
[147] DAVIS J. Sherman Kent's Final Thoughts on Analyst-Policymaker Relations [J]. The Sherman Kent Center for Intelligence Analysis Occasional Papers, 2003,2(3).
[148] 王锐涛. 空军地空导弹"英雄营": 英雄挽弓射天狼. 央广网[EB/OL]. (2019-11-12)[2020-07-10]. http://military.cnr.cn/ycdj/20191112/t20191112_524854862.html.
[149] KENT S. A Crucial Estimate Relived [M]// Steury D P. Sherman Kent and the Board of National Estimates: Collected Essays. Central Intelligence Agency. 1964: 173-187.
[150] SNIE 85-3-62: The Military Buildup in Cuba [R]. Central Intelligence Agency, 1962.
[151] MCCONE J A. McCone to Carter and Elder, 10 September 1962 [M]// Mcauliffe M S. CIA Documents on the Cuban Missile Crisis 1962. Central Intelligence Agency. 1962: 59-60.
[152] PEDLOW G W, WELZENBACH D E. The Central Intelligence Agency and Overhead Reconnaissance: The U-2 and OXCART Programs, 1954-1974 [R]. Central Intelligence Agency, 1992.
[153] HALPERN S. Revisiting the Cuban Missile Crisis [J]. Passport: The Newsletter of the Society for Historians of American Foreign Relations, 1993, 24(4): 17-25.
[154] KENT S. The Cuban Missile Crisis of 1962: Presenting the Photographic Evidence Abroad [M]// Steury D P. Sherman Kent and the Board of National Estimates: Collected Essays. Central Intelligence Agency. 1972: 189-209.

尾声　科技、军事与战略

1962年10月9日。

美国国家安全委员会特别小组召开会议，讨论是否要在未来几天执行一次U-2侦察任务。

这个特别小组是根据“第5412/2号”国家安全委员会情报指令成立的，所以又叫作“5412”委员会，后来又被称作“303”委员会或者“40”委员会。[1]188 [2]90 [3]

“5412”委员会成立于1955年，对中央情报局的隐蔽行动负有审核、批准和监管之责，委员会成员包括国家情报总监、国防部常务副部长、副国务卿。总统方面先是派他的军事助理参加，后来又改派国家安全事务助理参加。[1]188 [2]90-91

10月4日，中央情报总监约翰·麦考恩告诉“5412”委员会其他成员，由于他们对古巴的“萨姆”导弹阵地执行绕飞策略，中央情报局的 U－2 飞机只能对古巴东南部进行侦察。麦考恩对委员会的这个决定表示质疑，“因为几乎可以肯定，那些‘萨姆’导弹阵地根本还不具备作战能力。”委员会于是决定在 9 日召开一次会议，专门讨论对古巴进行侦察的总体计划。[1] 205-206 [4] 109

确实有证据显示，9 月以来 U－2 飞机侦察飞行所回避的区域，恰恰是最有可能部署苏联中程弹道导弹的那些地方。6 日，空天侦察委员会（COMOR）向“5412”委员会提交了一份供三天后会议讨论的备忘录。他们强烈建议，“只等天气允许”就立即派遣 U－2 飞机对疑似中程弹道导弹阵地开展侦察。正文的后面还附了一份侦察目标清单，圣克里斯托瓦尔地区排在最前面。[1] 206

委员会其他成员非常担心 U－2 飞机侦察的危险性。为了打消他们的顾虑，麦考恩带上了新组建的研究分局（DR）特种活动部（OSA）的主任、空军上校杰克·莱德福（Jack C. Ledford），让他向委员会报告有关 U－2 飞机脆弱性研究的主要结论。[1] 207 [5] 53

具体研究工作是由科学情报部完成的。莱德福汇报说，经研究人员估算，损失 U－2 飞机的概率是 1 ∶ 6。由于战略空军司令部的 U－2 飞机在电子对抗和飞行高度方面都不如中央情报局的 U－2 飞机，莱德福还建议这次任务最好是让空军飞行员来驾驶中央情报局的飞机，只需要在飞行前简单熟悉一下就可以。[1] 207 [5] 53

会后，麦考恩和国防部常务副部长吉尔帕特里克一同去见肯尼迪总统。总统当即批准了这次“3101”任务，对重点怀疑的圣克里斯托瓦尔地区进行侦察。[1]207

1962年10月16日上午8点45分，总统安全事务助理麦乔治·邦迪向肯尼迪报告：U-2飞机发现了苏联人在古巴部署的进攻性导弹。[6]288

科技分局

还在上任之初，约翰·麦考恩就开始琢磨怎样对中央情报局的组织架构进行一番调整。为此他专门成立了一个三人小组研究此事，该小组的牵头人是莱曼·柯克帕特里克。柯克帕特里克曾在麦考恩正式入主中央情报局前夕，绕过当时的中央情报总监，把“猪湾事件”调查报告的“一号”副本交到他的手上。深谙官场规则的麦考恩立即纠正了他的这个举动，但在私下里，这件事情很可能让麦考恩对柯克帕特里克产生了某种莫名的好感。再加上柯克帕特里克在中央情报局监察长的位置上已经履职八年，之前曾围绕情报局内部的架构问题进行过两次调研，十分清楚局里各部门各单位的底细，于是便理所应当地成为负责新一轮组织架构调研的最佳人选。[4]41 [7]74 [8]6

其实，麦考恩对中央情报局的各个分局有自己的看法。他认为，情报分局总体上还是不错的，不过，他们承担的某些分析任务可以外包出去，交给类似兰德公司这样的机构。至于国家预估部，麦考恩则“略感失望”。他认为，预估部的成员应该更有些“象牙塔中的范儿”，表现得更超脱现实一些，应当把那些日常的、短期的分析工作交给动态情报部去完成。[4]41

需要做些大动作的，是负责隐蔽行动的计划分局。麦考恩认为，应该把这个分局一分为二，一部分承担谍报和反情报等任务，另一部分则履行技术搜集职能。在这一点上，他与基里安和兰恩德的看法完全一致。[4]41 [7]74 [9]20

基里安和兰恩德不单单是总统对外情报咨询组的重要成员，还是中央情报局科学咨询委员会的核心成员。在咨询委员会成立的头几年，他们与中央情报局方面负责组织协调委员会工作的理查德·比斯尔合作无间，U-2 飞机和“锁眼”卫星就是这种合作所取得的重要成果。不料到了 1959 年初，双方的关系出现裂痕。起因是比斯尔在被任命为计划分局局长后，把他所掌管的负责 U-2 和“科罗娜”任务的开发项目处（DPS）也带进了计划分局，并将其改称为“开发项目室”（DPD），为谍报和隐蔽行动提供支援。基里安和兰恩德都具有某种“洁癖”，视科技如宗教，眼看着凝聚他们心血的“成果”落入“污浊”的计划分局之手难免心痛不已，后来，他们又听说一片狼藉的“猪湾事件”中也有 U-2 飞机的影子，于是就更加愤愤不平了。[7]74 [4]194 [9]20

对于麦考恩切割计划分局的设想，比斯尔表示了强烈反对。他不仅反对将负责 U-2 和“科罗娜”研发任务的开发项目室剥离出去，还反对把负责电子情报（ELINT）和通信情报（COMINT）器材开发的技术服务室拆分出去。他坚持认为，这两类技术搜集手段的研发工作，最好与这些手段的具体运用作为一个整体进行管理，因为U-2和“科罗娜”的侦察飞行，以及电子情报和通信情报搜集通常都是隐蔽进行的，所以放在计划分局更为合适。从这个角度来看，比斯尔的意见不无道理。不过，此时的他已经被“猪湾事件”弄得灰头土脸，他的意见已经不太重要。就在比斯尔离开中央情报局前几天，麦考恩宣布了两件事情：一是由赫尔姆斯接替比斯尔担任计划分局局长；二是即将组建一个研发分局，目前由计划分局管理的部分研发职能，下一步将移交到研发分局。[7]74-75 [8]7-9 [9]21-22 [10]

两天后的1962年2月16日，麦考恩又宣布将“研发分局”改名为“研究分局”，定于19日正式成立，首任分局局长由科学情报部主任斯科威尔担任。尽管麦考恩已经打算将计划分局的开发项目室转入研究分局，但前前后后拖了两个月，所以此时的斯科威尔只是个“光杆司令”。至于把中央情报局其他一些承担研发任务的单位并入研究分局，则是更久之后的事情了。[7]75 [4]195 [8]9 [11]22 [9]22 [12]

按照麦考恩最初的设想，除了比斯尔、兰恩德和基里安垂青的计划分局开发项目室，计划分局的技术服务室和情报分局的科学情报部也应当并入研究分局。斯科威尔也的确把这些部门统统纳入了他的研究分局组成方案当中。但是，事情的艰难超出了斯科威尔的预料。他的这份方案遭到计划分局和情报分局的强力阻击，新上任的情报分局局长雷·克莱恩反应尤为激烈。克莱恩指出，把科学情报部转隶到研究分局，就是“把发展自己的技术搜集手段和对科技研发进行客观分析搅在了一起。让一个机关同时管理搜集和分析，分析工作的客观性难以维持”，而“中央情报局的分析工作势必被削弱”。他还警告说，如果真的把科学情报部转走，他就只好另组一个“科学情报部”。话被说到这个地步，就连莱曼·柯克帕特里克领导的三人小组也向麦考恩建议，把科学情报部暂时留在情报分局方为上策。[4]196 [7]75 [8]10-15

不仅如此，柯克帕特里克这位刚被任命的中央情报局执行局长还规劝麦考恩说：“最好不要对计划分局和情报分局做大手术，还是让研究分局逐步成长起来为宜。”于是，在7月底公布的研究分局职责和组织结构文件里，科学情报部和技术服务室最终被留在了原部门——麦考恩妥协了，斯科威尔输了。[4]196 [7]75 [8]14-18

研究分局的职责被收缩，不再负责中央情报局谍报行动所需的研发工作。此时的分局下设三个部：特种活动部，该部几乎就是计划分局开发项目室的特种项目组原班人马，主要负责空天侦察相关的技术研发，这个部门的办公区共有两处，分别位于中央情报局大楼E座1层和B座6层；电子情报部（OEL），由支援分局通信部和情报分局科学情报部抽调相关人员组成，办公地点分散在E座2层和5层的好几个地方；研发部（ORD），这个部门只是“在纸面上”从计划分局技术服务室调来了几个人，连办公地点都没有，完全要从零干起。[7]75 [4]197 [8]19-30

斯科威尔很清楚，仅凭这点力量根本无法履行研究分局的职责使命。于是他不停地向麦考恩抱怨资源不足，这反倒让麦考恩觉得他缩手缩脚、消极懈怠。在情报界其他机构面前，斯科威尔也表现得“过于谦和”，不能理直气壮地把中央情报局的意见投射出去，完全不具备中央情报总监所期望的强悍和进取作风。他分明已经感觉到，麦考恩对自己的态度日渐冷漠，所以即使在下属们面前，他也无法掩饰自己的失望——上面对他和研究分局的支持太少了。[4] 198 [8] 38

处于夹缝中的斯科威尔困难成堆，被压得喘不过气来。作为中央情报局顶尖的苏联导弹问题专家之一，在导弹危机最严重的时刻，有关方面需要他来解答政府高层最关切的难题——苏联在古巴部署的导弹到底具有怎样的威胁？而作为中央情报局在国家侦察局（NRO）的代表，为了解决“科罗娜”卫星照片分辨率偏低的问题，斯科威尔需要与国家侦察局局长、空军次长约瑟夫·查里克（Joseph V. Charyk）① 反复磋商，以最终确定一个开发具有更高分辨率侦察卫星的应急项目。[7] 75-76 [4] 198 [9] 22

但是在更多时候，斯科威尔和查里克总是意见相左。比如有一次，查里克想在华盛顿组建一个“科罗娜”卫星的运行管控单位，他无法说服斯科威尔，于是便直接联系上了麦考恩。麦考恩起初也是强烈反对新建这个单位，可是在查里克的劝说下迅速转变了看法，并且在没有提前通知斯科威尔的情况下就拍板作出决定。从此以后，查里克只要在斯科威

---

① 约瑟夫·查里克于 1973 年当选美国国家工程院院士。

尔那里碰了钉子，就会调过头去做麦考恩的工作，结果屡屡成功，事情发展到最后，中央情报局原本掌控的卫星项目经费权也被麦考恩拱手让了出去。斯科威尔渐渐发现，他和国家侦察局的每次“争斗”，受伤的总是他，就连国家侦察局的工作人员都看出了其中的端倪。这让他倍感挫败，也成为压垮他的最后一根稻草。[9]30, 37 [13]25 [14]75 [15]92 [5]71 他后来回忆说：

> 我发现自己不停地处在要为一些事情承担责任的位置上，但这些事情我既无权管理，也无法掌控。[4]198

基里安和兰恩德虽然身处局外，但一直密切关注中央情报局的科技能力，对研究分局此时的现状很不满意。1963 年 3 月，他们给中央情报总监提交了一份意见书，敦促麦考恩对中央情报局的科技工作进一步作出调整。两个人甚至不厌其烦地对他们所设计的研究分局下属各个部门逐项进行了说明。心灰意冷的斯科威尔已没有耐心等到局面改观，此时恰好军控与裁军局（ACDA）副局长的位置空缺，他立刻抓住这个机会调离了中央情报局。[7]76-78 [4]198-199 [8]42-47 [5]67-68

面对斯科威尔离职后留下的这堆乱麻，麦考恩找到了阿尔伯特·惠伦（Albert D. “Bud” Wheelon），劝说他接任研究分局局长一职。[7]78 [4]200 [11]22

惠伦之前的人生颇有几分神奇色彩。他 16 岁被斯坦福大学录取，年仅 23 岁便获得了麻省理工学院物理学博士学位。

在接受斯科威尔邀请进入中央情报局之前，他是汤拉伍公司（TRW）空间技术实验室的高级管理人员。他还是空军科学咨询委员会（AFSAC）和总统科学咨询委员会（PSAC）的成员①。1962 年，惠伦接替斯科威尔成为科学情报部主任。在导弹危机期间，他是唯一一个对麦考恩的预见表示赞同的研究人员，坚信苏联人将在古巴部署进攻性弹道导弹，这让麦考恩对他印象不错。不仅如此，由于兼任了导弹和宇航情报委员会主席一职，惠伦时常需要面对情报界其他机构的代表。而无论遇到什么样的问题，他都表现得“沉着冷静、条理清晰、精明过人”，这又让情报副总监马歇尔·卡特对他大加赞赏。[4] 200 [8] 58-59 [16] 359-360 [5] 68-70

惠伦和斯科威尔的私交甚好。在得知自己即将接任那个烫手的分局局长职务以后，他专门找斯科威尔长谈了好几个小时。斯科威尔毫无保留地把全部情况和盘托出，使惠伦对他和研究分局所遭遇的坎坷及其问题的症结有了一个比较清晰的认识。问题的解决办法看来也很简单——研究分局能否打开局面，归根到底要看能否获得中央情报总监始终如一的全力支持。[14] 75 [4] 200 [5] 70

从其他人的口中，惠伦大致摸清了情报总监的态度。在一番思考后他向麦考恩提出了两套方案。第一套方案是彻底抛弃研究分局现有的架构，把分局下设的特种活动部、电子情报部和研发部统统解散，另行组建一支规模不大的“参谋

① 阿尔伯特·惠伦于 1970 年当选美国国家工程院院士。

性质”的研发监管团队，类似于国防部的研发管理部门，直接向情报总监负责。这显然是一种“全面退缩”的方案，所以惠伦在这里赶紧缀上一句：他相信中央情报总监并不看好这套方案。[8]48 [4]200 [14]75

第二套方案是赋予研究分局局长管理中央情报局研发工作的全权，并且把研究分局建成一个能承担和完成具体任务的业务部门。为此，就必须把情报分局的科学情报部、计划分局的技术服务室全部转隶到研究分局，此外还应该新建一个导弹情报中心和计算机中心。末了，惠伦总结道：如果保持现状，研究分局将必败无疑，“我们不应该把一个好的灯泡装到烧坏的灯座里”。[4]200 [8]48-50

第二套方案其实并没有太多的新东西。惠伦多半是希望把两套方案摆在一起，让中央情报总监看清研究分局这件事情退无可退，只能继续向前。惠伦十分清楚，只有打消麦考恩的犹豫和摇摆心态，他才会毫无保留地支持自己。并且惠伦还投其所好，主动把麦考恩关心的“导弹情报中心”纳入方案，使得第二套方案更具吸引力。他成功了。在接下来的半个月时间里，情报副总监马歇尔·卡特和执行局长柯克帕特里克二人遵照麦考恩的指示，与情报分局、计划分局反复周旋，唇枪舌剑、软硬兼施，雷·克莱恩和赫尔姆斯虽然依旧顽强，但这次情况大为不同，卡特和柯克帕特里克的底气似乎很足，到7月底的时候协议终于达成，惠伦几乎拿到了他想要的所有的东西，并且在他的坚持之下，研究分局正式更名为“科技分局”（DS&T）。[4]200 [8]49-56

1963 年 11 月，上任不过三个月的惠伦宣布 “国外导弹与太空分析中心”（FMSAC）成立，中心主任由卡尔·达克特（Carl E. Duckett）担任。达克特曾经担任陆军导弹司令部导弹情报部门负责人多年，他被麦考恩看中，不久前刚刚调入中央情报局。与惠伦同样来自空间技术实验室的大卫·布兰德温（David S. Brandwein）担任中心的副主任。[4] 202 [17] 1 [8] 71 [11] 23

说起来，导弹与太空情报分析中心这件事情，麦考恩确实已经酝酿了一段时间。导弹危机一事使得美国情报界在分析和解释国外导弹和太空活动数据方面的短板暴露无遗，麦考恩作为亲历者更是深有感触。于是他和他的高级助手开始跟国防部讨论如何补上这块短板。双方商讨的结果，是拟定了一份建立“导弹和太空技术情报中心”的草案。[8] 68-69

转眼到了 1963 年春天，中央情报局、国防部、国防情报局，以及国家安全局各派代表继续开会讨论这份草案，但事情似乎很快就走进了死胡同。这让急于改变现状的中央情报总监十分恼火，于是他命令时任科学情报部主任，同时也是导弹和宇航情报委员会主席的惠伦想办法推进此事。[8] 69

惠伦猜透了麦考恩的心思。他提出：这个新组建的技术情报中心将肩负两项职能，一是协调各情报机构，搜集和整理其他国家导弹试验和太空活动的技术数据；二是为美国情报理事会以及情报界生产出即时的情报报告。为了更好地履行这些职能，应当把这个情报中心置于中央情报总监的管辖之下。[8] 69

麦考恩相当认可惠伦的这些意见，于是他在宣布由惠伦担任科技分局局长的同时，把组建情报中心的大致思路转告给了国防部。而惠伦上任伊始，立即着手与国防研究工程总监（DDR&E）尤金·富比尼（Eugene G. Fubini）①接洽。双方最终商定：新的情报中心将是一个全源（all-source）情报分析单位，不会涉足情报搜集，其预算经费完全来自中央情报局。事后来看，这一结果也兼顾了国防部自身的需求和关切，为他们后来的动作埋下了伏笔。[8]69-70

对于中央情报局成立导弹与太空分析中心，美国空军高层充满了警觉和不安。这一年的12月23日，惠伦和达克特向国防情报局长约瑟夫·卡罗尔及国防研究工程总监办公室的相关人员汇报中心情况。消息传到空军系统司令部司令施里弗那里，他再也按捺不住，马上给参谋长李梅写信②，希望由他亲自出面，将中央情报局的这个新生力量扼杀在摇篮之中。[4]202 [18]

施里弗告诉李梅，中央情报局这个情报中心的任务领域包括导弹探测和弹道分析、信号分析以及光学数据分析，这些宽泛的任务领域和国防部尤其是空军已经开展的部分工作是重叠的。施里弗煞有介事地警告说，中央情报局计划在这个中心安排270多人，而这只是他们蚕食军队科技情报能力的第一步——达克特就是他们新近从陆军招募来的，不仅如此，他们还正在努力吸引高水平的空军人才。据说施里弗最担心的，是系统司令部旗下的国外技术部（FTD），也就是

① 尤金·富比尼于1966年当选美国国家工程院院士。

② 李梅于1961年接替托马斯·怀特，成为第五任美国空军参谋长。

之前的空天技术情报中心的领域被侵蚀、力量被削弱、地位被动摇。[18] [5] 82 [4] 202

具有讽刺意味的是，空军的国外技术部恰恰是惠伦最看不上的。在他眼中，这家单位经常在情报分析工作中夹带太多的“私货”，根本做不到客观公正，已经沦为空军的一部“宣传机器”，而中央情报局导弹与太空分析中心要做的一件事情，就是“让国外技术部老实一点”。[5] 80

空军的反对并未奏效。不仅中央情报局的分析中心未被取消，国防部也于七个月后成立了“国防特种导弹与宇航中心”（Defense/SMAC），由国防情报局和国家安全局共同管理和运营，办公地点设在国家安全局总部。来自国家安全局的查尔斯·特维斯（Charles Tevis）和国防情报局的空军上校麦克斯·米歇尔（Max Mitchell）分别担任了这个中心的正副主任。[5] 82 [4] 202 [19] 2-4 [20] 1

“支点”计划

中央情报局在太空侦察领域应该扮演什么样的角色？对于这个问题，麦考恩最初似乎并没有清晰的认识，所以他的立场不坚定，意见常反复——这种反复无常让斯科威尔愤懑不已，以至于负气离开。阿尔伯特·惠伦则透过表象看到了一些更深层次的东西。在正式担任科技分局局长前夕，惠伦与麦考恩有过一次深入的交流，他试图打消麦考恩的某些顾虑，为自己未来几年的职业道路扫除障碍。[14] 75 [5] 71

惠伦对情报总监说，既然卫星侦察是获得苏联情报最有效也最重要的技术手段，那就不应当由空军一家独占，因为越是重要的领域就越要竞争，要通过竞争来刺激发展。说到这里，惠伦特地重提了一段故事。若干年前，空军希望加速氢弹研制进程，极力主张在洛斯阿拉莫斯实验室之外再资助一家实验室开展研究，这便是后来的利弗莫尔实验室，这样做的确取得了预期的加速效果。在国家侦察局里，中央情报局和空军原本在太空侦察方面保持着竞争态势，但如今这种局面已被空军打破，中央情报局正面临在该领域被扫地出门的危险。[14]75-76 [5]71 [21]20-27

惠伦最后总结道，空军掌控卫星研发计划已经多年，但此时却势头停滞、进展迟缓，看来有必要在他们的“洛斯阿拉莫斯实验室”之外，在中央情报局这儿建立“利弗莫尔实验室”，通过竞争来加快卫星的研发速度。[14]75-76 [5]71

麦考恩曾经担任美国原子能委员会主席，当然知道洛斯阿拉莫斯和利弗莫尔两家实验室之间发生的故事，此时惠伦用这个故事来点破中央情报局和空军在国家侦察局里的关系，对麦考恩而言确实很有说服力。最终麦考恩做出决定：中央情报局不能退缩，应当在太空侦察领域积极作为，与空军展开平等竞争。[14]76

1963 年对于“科罗娜”计划来说，可能不是一个好的年头。据事后的统计，这一年有三分之一的“科罗娜”任务失败，尤其是上半年，6 次任务失败了 4 次，比 1962 年全年失败的次数还要多。1962 年 20 次任务中仅有 3 次未能成功，在1962年1月13日“发现者”37号卫星发射失败后，美国人决定给“发现者”这个掩护身份画上句号。在一个多月后的“9031”任务中，他们最后一次使用了“发现者”这个名目，卫星编号为“38号”。当然，“锁眼”卫星任务远未终结。不再使用掩护身份，只是意味着之后发射的“锁眼”卫星将完全处于保密状态，直到几十年后，这些秘密才一点一点被公之于众。[4]215 [22]29 [5]104 [15]89

在1963年失败的众多任务当中，中情局和空军联合开发的“挂绳”项目可能是最悲催的。一年前，在国防部长的要求下，这个项目仓促上马。当时情报界正围绕苏联的反导能力问题争吵不休。由于第四代“锁眼”卫星的分辨率所限，解读人员无法分清照片上到底是“萨姆-2”还是“萨姆-5”①。空军情报人员坚持说这就是苏联反导系统，而中央情报局和陆军则认为那不过是针对美国战略轰炸机的防空系统，双方争执不下。此事事关重大，麦克纳马拉急忙催促中央情报总监想办法解决问题。[4]214-215 [7]76 [23]43 [24]179 [5]56-57

最初的“锁眼”卫星，拍摄一帧照片就能覆盖一片广阔的区域，尽管从第一代发展到第四代，分辨率从35~40英尺提高到6~10英尺，其主要功能仍然只是尽量满足“普查”的业务需求，即主要是用于回答“某地是否有某物”这样的问题。[25]14

在搜索完成后，若情报分析人员能够断定“某地确实有

① “萨姆-5”（SA-5）是美国和北约方面赋予的编号，苏联方面的编号为“S-200”（或“C-200”）。

某物”，工作便转入下个阶段，即“持续盯住目标，在日益了解目标的基础上，更准确地对目标进行辨别和归类”，这被称作“监视”，有时也被称为“详查”。此类工作的目标区域不必广阔，但需要非常高的分辨率，而要满足这样的技术需求，就只有开发新型侦察卫星才行了。[25]14

其实，早在“科罗娜”计划跌跌撞撞进行，美国人翘首以盼他们的第一颗卫星成功入轨之时，美国总统科学咨询委员会的基斯提亚考斯基（George B. Kistiakowsky）① 就已经遵照指示，召集了基里安、兰恩德、比斯尔，以及林肯实验室主任奥哈格（Carl Overhage）等几位密友，畅想“超级科罗娜”计划。1960 年 8 月 25 日，基斯提亚考斯基把研究小组的意见建议呈递上去，当天就获得了批准。总统随后给空军下令，优先开发一种具有高分辨率的、立体成像的回收式卫星。“开局”（GAMBIT）计划应运而生。预期成果是一种新的详查型卫星，最高分辨率将达到 2～3 英尺，而首颗卫星的发射入轨时间预定在 1963 年年初。[25]10-12, 17, 25

和之前的“科罗娜”不同，中央情报局并没有参与“开局”计划。为了秘密而稳妥地实施这个计划，空军和国家侦察局颇费周章，致使“开局”计划有了许多别名和绰号。空军首先设计了一个“E6”计划来掩护系统开发任务，为了迷惑外人，管理人员故意在系统参数方面让“E6”计划明显有别于“开局”计划；而后他们又设计了“307 计划”这样一

① 基斯提亚考斯基于 1939 年当选美国国家科学院院士。

个“空白计划”，专门掩护“开局”计划的大宗硬件设备采购任务；再后来，国家侦察局还把“开局”卫星的四次发射任务打包成一个“榜样”（EXAMPLAR）项目，其密级被定为“机密”。[25]18-23 [23]43

计划进行了一段时间之后，面对国防部长和中央情报总监的不断催逼，查里克不得不以实情相告：“开局”计划的进度有所延宕，最早也要等到1963年的年中才能发射第一颗项目卫星。[23]43

这样的答复无法让国防部长满意，所以还必须另想其他办法。于是在1962年4月，由斯科威尔代表中央情报局与查里克敲定了一个代号为“挂绳”（LANYARD）的应急项目，打算利用现成技术迅速开发一种具有较高分辨率的详查型卫星，这就是所谓的第六代“锁眼”（KH-6）卫星，其分辨率为5~6英尺，拍摄幅宽40英里。按照斯科威尔和查里克的计划，“挂绳”卫星将比“开局”卫星更早入轨，这样可以更早一点平息情报机构间的争论，也算是给国防部长有了一个交代。[4]214-215 [25]37 [24]179-180 [26]323, 352-354

第六代“锁眼”卫星搭载的相机，比前几代卫星搭载的相机大了不少，也重了不少。因此，除了卫星舱体需要重新设计，“科罗娜”计划一直使用的“雷神”运载火箭也无法继续使用，必须改用推力更大的火箭才能把卫星送入轨道。1963年3月18日，由于第二级火箭故障，“挂绳”项目的第一颗卫星未能入轨。两个月后，编号为“8002”的第二次任务的发射、入轨、返回都很顺利，只是相机对地面发出的拍照指令毫无反应，最终拿到的胶卷完全没有曝光，任务再次失败。7月底，第三颗“挂绳”卫星准确入轨，不料任务相机又一次出现故障，只拍了1/4的胶卷，更糟糕的是任务获得的大部分照片看上去有些“发软”——镜头合焦不准便会如此。[26]373-374, 379-380, 383-385 [24]180, 182

就在“挂绳”任务连遭挫折的这段时间，这个命运多舛的项目的管理层也发生动荡——两位主要负责人斯科威尔和查里克相继离任，相应岗位分别由阿尔伯特·惠伦和布罗克韦·麦克米兰（Brockway McMillan）①接棒。

可能没人预料到，给予“挂绳”项目致命一击的，恰恰是“开局”计划。在执行第三次“挂绳”任务的前半个月，首颗“开局”卫星成功发射入轨，编为第七代“锁眼”卫星（KH-7）。虽然只拍了198英尺胶卷，平均分辨率只有10英尺，但最佳分辨率接近3.5英尺。9月6日，第二颗“开局”卫星升空，在两天多在轨时间里覆盖了10个目标，拍摄了1930英尺胶卷，最高分辨率2.5英尺，达到了设计要求。而在同一时间，第四次“挂绳”任务计划发射的卫星正处于返厂重装，等待着解决照片“发软”问题的状态，殊不知一个更大更严重的问题已经降临——第四次“挂绳”任务乃至整个“挂绳”项目很快将被取消。[25]41 [26]386

公平地说，被“开局”计划追上进度的“挂绳”项目，的确没有必要再继续下去。它原本就是应急之选，还有缓兵

① 布罗克韦·麦克米兰于1969年当选美国国家工程院院士。

之嫌。1963 年 10 月 23 日，虽然后继的五颗“挂绳”卫星都已接近完工，空军次长兼国家侦察局局长麦克米兰仍然宣布“挂绳”项目“立即并且永久地”结束了。[4]215 [25]182 [26]386

麦考恩对于“挂绳”项目被放弃一事并没有太多异议，但“开局”计划的成功深深刺激了他。此时他已经相信，中央情报局要想在后“科罗娜”时代的太空侦察领域继续保持地位稳固，就必须设立并推动它自己的卫星研发计划，并且新研发的卫星必须超越“开局”卫星，应该是一种能够同时胜任“普查”和“详查”的新型卫星。[4]215

就在几个月前，麦考恩联系上了诺贝尔奖获得者、哈佛大学物理学教授埃德温·珀塞尔（Edwin M. Purcell）①，请他领导一个专家小组全面描绘美国太空侦察的未来图景。情报总监提醒珀塞尔，专家小组应当重点关注这样几个问题：卫星相机需要达到多高的分辨率才能满足情报需求，照相技术在未来还有多大的改进空间，以及美国卫星在苏联人的攻击面前是否不堪一击，等等。[4]215 [13]27

这个名头显赫的专家小组里也有兰恩德。他强烈建议研发一种新的卫星，兼具“科罗娜”的覆盖宽度和“开局”的分辨率。但他是小组里的少数派，没能改变这个小组保守的大方向。珀塞尔小组最终报告的基本结论是：最好是对“科罗娜”卫星进行优化，做到物尽其用，而不是启动一个新的卫星计划取代“科罗娜”。[4]215 [13]27 [27]249 [5]123 报告里还

① 埃德温·珀塞尔于 1952 年获诺贝尔物理学奖。

写了这样一段话：

> 新建一个覆盖面积相当而分辨率只是略有提升（到5英尺）的（卫星）系统……（进行）这样的资源投入是不明智的。[4] 215

麦考恩对珀塞尔小组的研究结论很不满意。阿尔伯特·惠伦刚一上台，就得到了他的指示，要深入研究下一代侦察卫星的配置要求，重点是搞清楚需要多高的分辨率才能满足辨识苏联战略目标的需要。惠伦心领神会，迅速召集了25名照片解读专家开展调研。这些专家告诉他，至少需要2～4英尺的分辨率，才能把绝大多数目标识别出来。随后他又请了斯坦福大学的西德尼·德雷尔（Sidney Drell）博士①，打着“全面研究卫星照相的物理极限和工程极限”的旗号，研究如何改进“科罗娜”卫星，实际上是要在此基础上，为下一代卫星系统开发提出指导意见。[4] 215 [13] 29 [14] 77 [5] 123 [27] 250

德雷尔小组很快便发现“科罗娜”卫星已经到达了它的技术极限，而参与课题的照片解读专家又证实：如果分辨率达到2英尺的卫星能同时具备比较宽的视野，那么其所拍摄到的照片将显著提高解读人员发现目标、提取情报的能力。至此，课题组达成了这样一种共识：想要同时具备合用的普查和详查能力，就只能设计开发新的卫星系统。而这就与麦

① 西德尼·德雷尔于1969年当选美国国家科学院院士。

考恩和惠伦原先的期望基本相符了。按照惠伦自己的说法，德雷尔小组的研究结论标志着“中央情报局在卫星（侦察）领域已经复苏”。[4]215-216 [13]29 [27]251 [14]77 [5]124

后续的论证研究，惠伦分别交给了“科罗娜”卫星的相机生产商伊泰克公司，以及他工作过的汤拉伍公司空间技术实验室。他特地叮嘱这两家单位“千万不要向国家侦察局局长和国防研究工程总监透露论证课题的来源”。然而这样的举动纯属画蛇添足，反而授人以柄。[13]29-30 [5]124

1964年5月，惠伦和麦考恩终于获得了他们想要的那个结论：“科罗娜”卫星覆盖宽度较大但分辨率偏低，而“开局”卫星分辨率足够但覆盖宽度偏小，下一代侦察卫星应能兼具“科罗娜”的覆盖宽度和“开局”的分辨率。他们给新卫星计划起了一个恰如其分的名字“支点”（FULCRUM）。“支点”卫星具有两个令人瞩目的性能指标：覆盖宽度360英里，分辨率2~4英尺。[4]216 [13]29

可以想见，兰恩德对于“支点”计划必然是高度认可和热烈欢迎的。毫无疑问，他是麦考恩和惠伦最坚定最可靠的盟友，因此接下来召开的评审会由他来牵头也就再正常不过了。6月24日，在会议听取了科技分局以及部分合同商的汇报后，评审组立即呼吁：这个“极具吸引力”的计划应当尽快实施。[4]216 [13]31

而国家侦察局局长麦克米兰则对这个“支点”计划极为抵触。他和惠伦之间的个人宿怨，惠伦的咄咄逼人、恃才傲物，以及接二连三的“小动作”，更让他对中央情报局的这个卫星计划充满敌意。国防研究工程总监富比尼因为和麦克米兰同时被惠伦明确排除在知情范围之外，自然而然就和麦克米兰站到了一起。不过据说他的“助攻”常常不是解决问题，而是带来更多的麻烦。[13]31, 49 [28]123-124

国家侦察局与中央情报局之间的工作界面是通过协议形式固化下来的。国家侦察局作为“国家侦察计划”（NRP）的管理者，必然要与这个计划实际的执行者中央情报局、空军和海军进行协调。尽管此时的侦察局名义上是国防部下属的一个业务单位，局长作为国防部长的“侦察助理”要向部长报告工作，但他同时也是空军次长，因而偏向空军在所难免。预算经费总是有限的，项目和计划就变成了角斗场。地位角色、权责利益总是深度交织，不停地给争斗提供各种各样的缘由。[29]7-8, 11-14 [30]19

刚开始的时候，中央情报局和空军的合作还算融洽，双方那时的代表分别是比斯尔和查里克，他们建立和维系了良好的个人关系。在这样一种氛围下，中央情报副总监卡贝尔和国防部常务副部长吉尔帕特里克签署了一份协议（NRP-1）①。协议文字较为严苛，但同为国家侦察局联合局长的比斯尔和查里克均表示不会死扣字面，遇到问题会灵活处置，双方合作依然顺畅。[30]18-19 [28]35-42 [31]

随着比斯尔的离去，中央情报局和空军的“蜜月期”宣

① NRP-1《国家侦察计划的管理》，1961 年 9 月签署，解密时间不详。

告结束。接下来签署了第二份协议（NRP－2）①，海军正式加入“国家侦察计划”，再也没有联合局长，代表中央情报局的斯科威尔只能担任副局长，屈居查里克之下，双方地位不再平等，争端也愈演愈烈。麦克米兰上台后双方签署了第三份协议（NRP－3）②，但等待他的是宿敌惠伦，双方的争斗随即进入白热化状态。[29] 14 [28] 47-50, 93-96, 112-124 [32] [33]

眼见着中央情报局和国家侦察局恶斗不止，国防部常务副部长赛勒斯·万斯（Cyrus R. Vance Sr.）终于出手，给“支点”计划圈定了一个范围，试图把中央情报局的工作限定在“对胶卷传输系统的工程模型进行初步设计”和“旋转式相机的初步光学设计和机械设计”等方面，希望双方的协议能够继续维持。没想到麦考恩一面表示“基本同意”，一面却暗示惠伦可将“支点”当作一个正常项目继续推进，不必过于顾忌万斯划定的所谓“边界”。[13] 34-36

面对麦考恩和惠伦的如此做法，万斯只能借助“系统工程和技术指导”机制来稍加约束，却不能断然制止，因为争端的另一方麦克米兰犯规在先——他绕过中央情报局悄悄启动了一个与“支点”计划相类似的项目，代号“S－2”。不过，等到“S－2”渐有起色，麦克米兰却开始犯难，因为他十分清楚，拥有否决权的麦考恩是绝不可能同意他启动另一

---

① NRP－2《国防部长和中央情报总监关于国家侦察局职责的协议》，1962年5月签署，1997年11月解密。

② NRP－3《国防部长和中央情报总监关于国家侦察计划管理问题的协议》，1963年3月签署，2000年11月解密。

个与“支点”直接竞争的卫星计划的。[13] 39-44

当时可能没人能想到，等到 1965 年，在几位关键人物退场后，中央情报局与国家侦察局似乎看不到尽头的激烈对抗骤然缓和了下来。这一年的 4 月，麦考恩离职，威廉·拉伯恩（William Raborn Jr.）成为新一任的中央情报总监。与此同时，中央情报副总监马歇尔·卡特调任国家安全局局长，接替他的是计划分局局长赫尔姆斯。半年以后，就在麦克米兰正式卸任前一个月，中央情报局与国防部签订了第四份协议（NRP-4）①，进一步厘清了双方的关系。新的国家侦察局局长上任当天，就收到中央情报副总监发来的信件，信中说今后惠伦不会直接与国家侦察局打交道，中间有新设的中央情报局侦察总监作为缓冲，并且统管卫星计划的特种项目部（OSP）也改由较为温和的约翰·克劳利（John Crowley）负责了。[13] 53-55 [28] 195-200 [34]

本来接替麦考恩总监一职的最有竞争力的人选是赫尔姆斯，但林登·约翰逊总统认为最好把他先放在副总监的位置上“历练”一下，这才有了拉伯恩的任命。但这位退役海军中将的任期只有短短的 14 个月。1966 年 6 月，赫尔姆斯成为第八任中央情报总监。三个月后，导弹与太空分析中心主任达克特接替了离任的惠伦，成为科技分局新一任局长，他的任期长达十年。[35] 49 [8] 130-131 [5] 295

第一颗“支点”卫星入轨是 1971 年的事情，它被称作第

① NRP-4《关于重组国家侦察计划的协议》，1965 年 8 月签署，2004 年 7 月解密。

九代“锁眼”卫星（KH-9）。需要说明的是，“支点”计划此时已被正式移交给国家侦察局，并且更名为“六边形”（HEXAGON）计划。被改变的看来并不止是计划的名字。麦考恩和惠伦最初曾设想经由“支点”计划开发出身兼“普查”和“详查”的全能型侦察卫星，但据国家侦察局官方的说法，“六边形”卫星更多地被用作“普查”卫星，分辨率止步于2~3英尺，仅与原始的“开局”卫星相当，而首颗经过改进的“开局”卫星（GAMBIT-3），分辨率已经高达17英寸。[29]17 [25]69, 74

战略研究部

阿尔伯特·惠伦后来回忆，自己提出辞职以后，赫尔姆斯曾出面挽留。他告诉情报总监，来中央情报局的时候自己就已经想好了，最多只在这里工作四年，“用一年时间搞清楚（情报）系统是怎样运作的，用一年时间想明白需要做些什么，再用两年时间把事情做好。等我把必须做并且能够做的事情都做好的时候，我可能已经树敌太多，没有办法继续待下去了”。[14]78

惠伦这番话多半是由衷之言。

由于夫人和孩子远在加州，惠伦经常要在办公室干到晚上10点才离开。手下的一些员工入职多年难免有些闲散，喜欢在休息室里打打桥牌。自从惠伦一来，这样的“好日子”便到了头，于是很快就有一个研究室主任受不了这种压力另谋高就。惠伦后来承认，自己当年毫不顾及那些混迹于中央情报局里各种委员会的所谓“专家”的颜面，的确是“太年轻”“太急躁”“太自我”了。[5] 70，102-103

不难想象，以惠伦这样的脾气秉性，会在中央情报局得罪多少人，更何况与他交过手的情报分局局长克莱恩——这两个人的关系甚至可以用“势同水火”来形容。几个回合下来，克莱恩最终落败，科学情报部被生生地从情报分局转隶到惠伦的科技分局，他当然火冒三丈，却又无计可施，只能灰溜溜地接受现实。但“失之东隅，收之桑榆”，没想到国家预估部那边突然传来了好消息——谢尔曼·肯特主持的最新情报研究报告《面向规划的情报假定报告》（IAP）终于面世了。[5] 73 [11] 29

人们未必知道，该成果最初的幕后推手竟然是麦考恩。1961 年 12 月初，麦考恩刚上任不久的时候，便听到国防部长麦克纳马拉抱怨说《国家情报预估报告》对他手下的“行动官员”用处不大，对他自己更是毫无用处。这不能不引起麦考恩的警觉。国防部长可能有点言过其实，但作为情报界最重要的顾客之一，他的意见必须要给予足够的重视才行。于是便出现了这样一个问题：什么样的预估类情报产品对国防部长和他的“行动官员”才是有用的呢？麦考恩不知道，情报分局此时已对这个问题的答案有了一些眉目。[4] 233

早在 1961 年年初，情报分局局长罗伯特·埃默里就敏锐地察觉到，新上任的国防部长与之前的部长完全不同，美国政府的国防决策过程即将发生重大改变。的确，麦克纳马拉一上台，就邀请了兰德公司的希奇（Charles J. Hitch）来当他的主计长，而希奇又把曾经的兰德同事恩索文（Alain C. Enthoven）等人依次请到自己的身边。这群人摩拳擦掌，打算彻底改变沿用多年的国防预算编制办法。在他们眼中，国防预算就是战场，系统分析和成本效益分析方法是主要的武器，而数字和数据就是弹药。面对这样一种新的形势，现有的《国家情报预估报告》很可能难以适应，而改进的途径似乎比较显而易见，那就是把系统分析方法引进到《国家情报预估报告》当中去。[36] 36 [37] 310-312, 365-367

也许是因为早年曾经在战略勤务局工作过，希奇对于情报系统并不陌生。在他领导兰德公司经济学研究部期间，还与中央情报局的军事经济研究部门建立了良好的工作关系。对于埃默里来说，正好可以利用这一层便利条件，请兰德公司来研究一下如何利用系统分析方法改进《国家情报预估报告》工作，以便更好地适应新的国防决策过程。这大概就叫“解铃还须系铃人”吧。[36] 35-36 [37] 97

兰德公司委派安德鲁·马歇尔（Andrew W. Marshall）牵头此项课题。多年以后马歇尔将以极力倡导“净评估”而出名，“净评估”也成为门徒们为他树碑立传时贯穿始终的中心思想，可惜传记中并未提及他在1961年负责的这个课题——很可能这个课题在他们眼里实在微不足道。的确，课题组到这一年4月就结题了。他们在最终报告一开头便直截了当地指出：“这是一次方法论批判研究”，具体而言，是“对军事类《国家情报预估报告》编写期间所采用的方法进行批判的研究”，而被用作批判对象的“反面典型”，就是谢尔曼·肯特等人在前一年刚刚完成的那三份《国家情报预估报告》①。[38]64-88 [39] [40] [41] [42]

对马歇尔等人来说，这个课题可能更像一篇命题作文，因为他们已经提前知道了“正确”答案——系统分析方法。他们提出，应该利用系统分析方法对苏联军队若干种可能的部队结构进行预判（projection），同时建议把预判的时间段从《国家情报预估报告》所涉及的未来五年，指向更遥远的“中长期”，也就是未来五至十年。[36]36

显然，肯特对于马歇尔等人提出的批评意见以及改进措施不以为然，因此课题组的报告被束之高阁，没能给《国家情报预估报告》带来任何改变。但事情并没有到此结束。这一年的 11 月，希奇给国防情报局局长发去一份题为《情报预估和情报分析的未来需求计划》的文件，全面而清晰地阐述了国防规划人员的情报需求。该文件竟然跟马歇尔等人的报告内容十分相似，原因也很简单——希奇等人和马歇尔的关系一直相当密切，因此在情报问题上的许多看法很可能是一致的，这一点据说消息灵通的情报分局局长埃默里从一开始就知道。[43]22-23 [44]

---

① 马歇尔等人完成的这份报告题为《“光源”计划：系统分析与军事预估过程》，1999 年解密。他们在报告中主要的“批判”对象是：NIE 11－3－60《中国与苏联的防空能力（当前至 1965 年年中）》，1996 年解密；NIE 11－4－60《苏联能力与政策的主要趋势（1960 至 1965 年）》，2012 年解密；NIE 11－8－60《苏联的远程打击能力（当前至 1965 年年中）》，1995 年和 2011 年两度解密。

希奇代表国防部提出了明确要求，成立不久的国防情报局当然要积极响应，而在美国情报理事会的敦促下，中央情报局也不可能继续无动于衷。于是，在1962年8月，中央情报局和国防情报局组建了一个“联合分析小组”，试着采用系统分析方法开展研究。1963年4月初，联合小组完成了第一份报告，题为《对苏军部队未来十年的多种预判》。这份报告很快获得了恩索文的高度评价，称赞它与之前的预估报告相比“进步明显，并且已被证明是国防部最倚重的一份文件”。[43] 23, 26 [4] 233

此时的肯特似乎只能后退一步，也就是阻止其他人运用马歇尔等人提出的方法来改造预估报告。他的策略是继续将“预估”限定在“近期”（即未来五年），而把“中长期”留给“预判”。于是，在给情报分局局长的一份备忘录中，他这样写道：

> 现在有一种观点，认为多种预判是（比单一预判）更好的一种开展近期预估的方法。对此我们不能同意。尽管这种方法确实能让军方人员有更多不同的情景可资使用，但我们认为这将使所有的预估都不可避免地倾向于“最坏情况”。我们的责任是，在证据充分的条件下，为军方规划人员和政治规划人员预判（未来）最可能的情形。[36] 36

而在另一篇文章中，肯特还以略带戏谑的口吻生动地叙述了这样的场景。有位主顾希望对某个国家未来五至十年远程导弹的数量、类型以及性能指标情况进行预估，情报人员最初的回答是"这办不到"，接下来该人员就会面对两种情况：如果对方简单粗暴，就会对情报人员施以高压，"为什么不行？花钱养你们是干什么的？"而如果对方情商很高，则会连哄带骗，"这些信息对于我拟制的规划文件来说是必需的，再说没人指望你们能做到完全精确或可靠。你们终归都是专家，要是你们拒绝了我，我就只好去找其他一些人，他们知道的远比不上你们多，这就太糟糕了"。而无论遇到上述何种情况，最终情报人员都只能硬着头皮接下任务。肯特告诫说，如果整个事情实在无法预估，那就一定要避免使用"预估"这个词，而只说这是一种"情报假定"（intelligence assumption）。[45] 139-140

《情报假定报告》的发布，意味着肯特部分实现了他的愿望："预判"与"预估"井水不犯河水。《面向规划的情报假定报告》成为与《国家情报预估报告》并行的新的报告系列。不过，国防部方面对于"假定"一词感觉不爽。在"假定"的基础上编制面向未来的规划文件，难免让人感觉不踏实。后来他们在若干个备选词中看上了"预判"一词，并且冠上了"国家"作为前缀，于是《面向规划的情报假定报告》就更名为《面向规划的国家情报预判报告》（NIPP）。[36] 231

在这个过程当中，情报分局围绕军事问题开展的研究工作得到了显著增强，研究报告部主任便向分局局长克莱恩建议，可将布罗克特领导的军事经济研究室升格为“军事研究部”。动态情报部的杰克·史密斯和国家预估部的谢尔曼·肯特对此全都表示赞成。对于这个建议的方向，克莱恩是很认可的，只是有些忌惮国防情报局和军兵种情报单位，担心由此引发不必要的口舌甚至事端，便只是将“研究室”升格为“分部”，在全称上还是保留了“经济”一词。1964 年 3 月，军事经济研究分部（MRA）正式成立，正副主任保持不变，依旧是布罗克特和因劳，下设两个研究室，名称上全都刻意回避了“军事”这个字眼：一个是计划研究室，分为军费、战略与趋势、“自由世界”、以及太空和支援四个研究组；另一个是部队研究室，设有空军、海军、地面部队、战略导弹与导弹防御四个组。[11] 28, 34

了解系统分析方法的人都知道，这种方法最显著的特点是细节清晰，需要输入足够丰富的定量数据才有可能做到这一点。为了支撑新的“假定报告”和“预判报告”，军事经济研究分部的军费组经过几年的开发，终于建立起一个名为“战略成本分析模型”（SCAM）的数据库系统，该系统主要包含三个部分：人力和战斗序列数据、各部队军费数据、军事装备生产和采购数据。[43] 22 [11] 30 [36] 48-51

国防情报局此时正打算增强自己的军费开支研究力量，得知这个消息后，便向情报分局索要这些数据。布罗克特当然不愿意提供，分局局长克莱恩也不愿意，于是他们回复国防情报局说，为落实国防部的要求，情报分局正在扩充军费研究力量，这些数据不能提供。1965 年 1 月，中央情报总监麦考恩正式请求国防部长，由中央情报局来对军费研究工作进行集中管理。一个月后，国防部常务副部长万斯给麦考恩发去一份备忘录，肯定了中央情报局在军事经济情报方面的首要地位，同时要求中央情报局继续给国防情报局提供必要的军事经济数据，这份备忘录后来被称作“万斯—麦考恩协议”。顺便说一句，在此之后的三十多年时间里，“战略成本分析模型”一直在中央情报局军事经济研究方面发挥着关键支撑作用。[11]30-31 [36]37-38

即使在偌大一个中央情报局里，像克莱恩和杰克·史密斯那样私交密切而持久的例子也很罕见。1945 年，担任战略勤务局动态情报处处长的克莱恩将史密斯招至幕下，两个人的友谊“马拉松”便开始了。1949 年，在中央情报局报告预估部负责动态情报的史密斯，推荐好友克莱恩去了蒙塔古领导的全球调查组。后来克莱恩调入国家预估部担任预估处处长，史密斯又变成了他的手下。可惜两人不久便各奔前程。1962 年 3 月克莱恩担任情报分局局长后所做的第一件事，就是让史密斯取代亨廷顿·谢尔顿，担任了动态情报部主任，而后又提拔史密斯做了分局副局长、代理局长。1966 年年初克莱恩离职以后，杰克·史密斯便接替他成为新的情报分局局长。[46]138-139 [47]55-59 [48]169-170 [11]18

史密斯上任以后动作连连。他先是把布罗克特从国家预估部调出来，让他担任自己的副手，然后又向中央情报总监赫尔姆斯提议，将国家预估部调出情报分局，由总监直接管理。他告诉赫尔姆斯，《国家情报预估报告》过去多年一直放在情报分局，报告的起草工作几乎完全依靠情报分局来完成，导致《国家情报预估报告》几乎变成了中央情报局私家的产品，这种工作模式是有问题的。《国家情报预估报告》最初的定位是一种国家情报产品，由中央情报总监直管更为合理。赫尔姆斯转去征求谢尔曼·肯特的意见，肯特表示没有意见，这事就这么定了。[11] 33

除了那些冠冕堂皇的理由，史密斯把国家预估部调走还有其他一些考虑。他希望借此机会，把情报分局里有关军事的研究力量整合到一起，组建一个新的研究部。1967 年 6 月中旬，一切准备就绪，史密斯向中央情报总监提交了一份建议书。他似乎比克莱恩更加谨慎，虽然新部门是一个彻头彻尾的“军事战略情报”研究部门，以研究“战略性军事问题以及其他相关军事问题”为己任，但他在给新部门起名时刻意避免了“军事”这个字眼。半个月后，赫尔姆斯批准了这份文件，“战略研究部”（OSR）随之成立，而研究报告部则更名为“经济研究部”。[11] 35, 41 [49] 39

在杰克·史密斯曾领导过的动态情报部里原本已经设有一个中国研究室，在军事研究室内部还设有一个中国及远东组，但他坚持认为情报分局里研究中国的力量仍然不足。等到他开始担任情报分局局长，便给各个研究部提出了明确要求，让他们选派更多的分析人员对中国开展研究。军事经济研究分部很快便在部队研究室里增设了一个中国组，专门用于研究中国的军事问题。这个研究组后来跟随部队研究室进入了战略研究部，而原本属于军事研究室的中国及远东组，以及属于中国研究室的军事组，也在这次调整中调入了战略研究部。[11]32

同样在1966年，史密斯悄悄设立了一个“学术关系协调员”，该岗位从表面看“人畜无害”，实际上还是为了加强情报分局研究中国的力量。他请原弗吉尼亚大学教授约翰·克里·金（John Kerry King）来充任这个兼职的“协调员”，要求他摸清美国国内各种中国研究中心的实力，为情报分局寻找合适的中国问题研究顾问。克里·金提议在波士顿、纽约、芝加哥和旧金山组织召开一系列“中国问题”研讨会，借此机会进行摸底。史密斯当即批准了这个提议，但结果却让他大失所望。尽管他们请来的学者在中国历史和文化方面学识渊博，但对于中国的政治、经济和军事现状却都知之甚少，对于情报分局的工作帮助不大。据说，每次会议的高潮都毫无例外的是中情局的中国问题专家出场。哈佛大学一位最著名的中国问题专家不禁感叹道：“（看来）有关中国最严肃的研究，是由中央情报局完成的”。[48]195-196 [49]34-35

他说的很可能是实情。因为除了苏联，太平洋彼岸的这个东方大国，也已经成为中央情报局暗中侦察和监视的重要目标！

参考文献

[1] PEDLOW G W, WELZENBACH D E. The Central Intelligence Agency and Overhead Reconnaissance: The U-2 and OXCART Programs, 1954-1974 [R]. Central Intelligence Agency, 1992.

[2] 戴维·罗特科普夫．美国国家安全委员会内幕[M]．孙成昊，赵亦周，译．商务印书馆，2013.
[3] NSC 5412/2：National Security Council Directive：Covert Operations [M]// Keefer E C, Keane D, Warner M. Foreign Relations of the United States, 1950 - 1955：The Intelligence Community, 1950 - 1955. U. S. Government Printing Office. 1955：471 - 479.
[4] ROBARGE D. John McCone as Director of Central Intelligence, 1961 - 1965 [M]. Central Intelligence Agency, 2005.
[5] RICHELSON J T. The Wizards of Langley：Inside the CIA's Directorate of Science and Technology [M]. Westview Press, 2001.
[6] 罗伯特·达莱克．肯尼迪传(下)[M]．曹建海，译．中信出版社，2016.
[7] WELZENBACH D E. Science and Technology：Origins of a Directorate [J]. Studies in Intelligence (Unclassified Edition), 2012, 56(3)：65 - 78.
[8] The Directorate for Science and Technology, 1962 - 1970：Volume One [R]. Central Intelligence Agency, 1972.
[9] RICHELSON J T. Civilians, Spies, and Blue Suits：The Bureaucratic War for Control of Overhead Reconnaissance, 1961 - 1965 [R]. National Security Archive, 2003.
[10] MCCONE J A. HN1 - 8：Organization [R]. Central Intelligence Agency, 1962.
[11] VICKERS R. The History of CIA's Office of Strategic Research, 1967 - 81 [M]. Central intelligence Agency, 2019.
[12] MCCONE J A. HN1 - 9：Organization [R]. Central Intelligence Agency, 1962.
[13] ODER F C E, FITZPATRICK J C, WORTHMAN P E. The HEXAGON Story [M]. National Reconnaissance Office, 1992.
[14] WHEELON A D. And the Truth Shall Keep You Free：Recollections by the First Deputy Director for Science and Technology [J]. Studies in Intelligence, 1995, 39(1)：73 - 78.
[15] ODER F C E, FITZPATRICK J C, WORTHMAN P E. The CORONA Story [M]. National Reconnaissance Office, 2013.
[16] MARK H. Albert D. Wheelon [M]// Engineering N a O. Memorial Tributes：Volume 20. The National Academies Press. 2016：258 - 263.
[17] Carl E. Duckett [R]. Central Intelligence Agency, 1968.
[18] SCHRIEVER B A. Letter from General Bernard Schriever, Commander, Air Force Systems Command to General Curtis E. LeMay, Chief of Staff, USAF. 1963.
[19] BERNARD R L. In the Forefront of Foreign Missile and Space Intelligence：History of the Defense Special Missile and Aerospace Center (DEFSMAC), 1960 - 2010 [M]. National Security Agency, 2012.
[20] NSA Cryptologic Almanac 50th Anniversary Series：Defense Special Missile and Astronautics Center (DEFSMAC) [R]. National Security Agency, 2003.

[21] TARTER C B. The American lab: an insider's history of the Lawrence Livermore National Laboratory [M]. Johns Hopkins University Press, 2018.
[22] GREER K E. CORONA [M]// Ruffner K C. CORONA: America's First Satellite Program. Center for the Study of Intelligence, Central Intelligence Agency. 1973: 3 - 39.
[23] MCDONALD R A, WIDLAKE P. Looking Closer and Looking Broader: Gambit and Hexagon: The Peak of Film-Return Space Reconnaissance After Corona [J]. National Reconnaissance: Journal of the Discipline and Practice, 2012, (U1): 39 - 74.
[24] WELZENBACH D E. Leningrad and LANYARD: Search for the GRIFFON [M]// Oder F C E, Fitzpatrick J C, Worthman P E. The GAMBIT Story. National Reconnaissance Office. 1991: 179 - 182.
[25] ODER F C E, FITZPATRICK J C, WORTHMAN P E. The GAMBIT Story [M]. National Reconnaissance Office, 1991.
[26] PERRY R. A History of Satellite Reconnaissance, Volume lIB: SAMOS E-5 and E-6 [M]. National Reconnaissance Office, 1973.
[27] The Directorate for Science and Technology, 1962 - 1970: Volume Two [R]. Central Intelligence Agency, 1972.
[28] PERRY R. A History of Satellite Reconnaissance, Volume V: Management of the NRP, 1960 - 1965 [M]. 1969.
[29] BERKOWITZ B, SUK M. The National Reconnaissance Office at 50 Years: A Brief History (second edition) [M]. National Reconnaissance Office, 2018.
[30] HAINES G K. The National Reconnaissance Office: its Origins, Creation, and Early Years [M]. National Reconnaissance Office.
[31] GILPATRIC R L. Letter from Roswell L. Gilpatric, Deputy Secretary of Defense to Allen W. Dulles, Director of Central Intelligence. 1961.
[32] Agreement Between Secretary of Defense and the Director of Central Intelligence on Responsibilities of the National Reconnaissance Office. National Reconnaissance Office, 1962.
[33] Agreement Between the Secretary of Defense and the Director of Central Intelligence on Management of the National Reconnaissance Program [R]. Central Intelligence Agency, 1963.
[34] Agreement for Reorganization of the National Reconnaissance Program [R]. Central Intelligence Agency, 1965.
[35] GARTHOFF D F. Directors of Central Intelligence as Leaders of the U. S. Intelligence Community, 1946 - 2005 [M]. Central Intelligence Agency, 2005.
[36] FIRTH N E, NOREN J H. Soviet Defense Spending: A History of CIA Estimates, 1950 - 1990 [M]. Texas A&M University Press, 1998.
[37] 真溱．国家智囊：兰德公司如何影响世界[M]. 电子工业出版社，2019.
[38] 安德鲁·克雷佩尼维奇，巴里·沃茨．最后的武士：安德鲁·马歇尔与美国

现代国防战略的形成[M]. 世界知识出版社,2018.
[39] MARSHALL A, LOFTUS J, PUGH G. Project Lamp, Systems Analysis and the Military Estimates Process [R]. RAND Corporation, 1961.
[40] NIE 11 - 3 - 60: Sino-Soviet Air Defense Capabilities Through Mid - 1965 [R]. Central Intelligence Agency, 1960.
[41] NIE 11 - 4 - 60: Main Trends in Soviet Capabilities and Policies, 1960 - 1965 [R]. Central Intelligence Agency, 1960.
[42] NIE 11 - 8 - 60: Soviet Capabilities for Long Ramge Attack through Mid - 1965 [R]. Central Intelligence Agency, 1960.
[43] SEIDEL W E. Intelligence for Defense Planning [J]. Studies in Intelligence (Classified Edition), 1964,8(2): 19 - 32.
[44] HITCH C J. Future Needs Program for Intelligence Estimates and Analysis of the Intelligence [M]// Allen D J, Shellum B G. At the Creation, 1961 - 1965: Origination Documents of the Defense Intelligence Agency. Defense Intelligence Agency. 1961: 201 - .
[45] KENT S. Words of Estimative Probability [M]// Steury D P. Sherman Kent and the Board of National Estimates: Collected Essays. Central Intelligence Agency. 1964: 127 - 141.
[46] MONTAGUE L L. General Walter Bedell Smith as Director of Central Intelligence, October 1950 - February 1953 [M]. Pennsylvania State University Press, 2010.
[47] CLINE R S. Secrets, spies, and scholars: Blueprint of the essential CIA [M]. Acropolis Books, 1976.
[48] SMITH R J. The Unknown CIA: My Three Decades With the Agency [M]. Pergamon-Brassey's, 1989.
[49] JR. R D V. CIA's Office of Strategic Research: A Brief History [J]. Studies in Intelligence (Unclassified Edition), 2018,62(1): 39 - 47.
[50] COOK R E. The CIA and Academe [J]. Studies in Intelligence, 1983,27 (Winter): 33 - 42.

缩略语

AAC　Army Air Corps，（美国）陆军航空队

AAF　Army Air Forces，（美国）陆军航空兵

ABM　Anti-Ballistic Missile，反弹道导弹，简称“反导”

ACDA　Arms Control and Disarmament Agency，（美国）军控与裁军局

ACLS　American Council of Learned Societies，美国学术团体委员会

ACSI　Assistant Chief of Staff，Intelligence，（美国陆军）分管情报工作的助理参谋长

ADC　Air Defense Command，（美国空军）防空司令部

ADD　Air Documents Division，（美国陆军航空兵）航空文献处

ADRC　Air Documents Research Center，（美国陆军航空兵）航空文献研究中心

AEA　American Economic Association，美国经济学会

AEC　Atomic Energy Commission，（美国）原子能委员会

AFSAC　Air Force Scientific Advisory Committee，（美国）空军科学咨询委员会

AFSC　Air Force Systems Command，（美国）空军系统司令部

AHA　American Historical Association，美国历史学会

ALA　American Library Association，美国图书馆学会

AMC　Air Materiel Command，（美国陆军航空兵；美国空军）航空器材司令部

AMRL　Armored Medical Research Laboratory，（美国陆军）装甲医学研究实验室

AMS　ASLIB Microfilm Service，（英国）专业图书馆与信息机构学会缩微服务处

ARDC　Air Research and Development Command，（美国空军）航空研发司令部

ARPA　Advanced Research Projects Agency，（美国国防部）高新研究计划局

ASC　Air Service Command，（美国陆军航空兵）航空勤务司令部

ASF　Army Service Forces，（美国）陆军技术勤务兵

ASLIB　Association of Special Libraries and Information Bureaus (Bureaux)，（英国）专业图书馆与信息机构学会

ATI　Air Technical Intelligence，航空技术情报

ATIC　Air Technical Intelligence Center，（美国空军）航空技术情报中心；Aerospace Technical Intelligence Center，（美国空军）空天技术情报中心

ATSC　Air Technical Service Command，（美国陆军航空

兵）航空技术勤务司令部

BIOS British Intelligence Objectives Sub-Committee，英国情报目标分委员会

BNE Board of National Estimates，（美国中央情报局）国家预估理事会

BOAC British Overseas Airways Corporation，英国越洋航线公司

BSC British Security Co-ordination，英国安全协调处

CADO Central Air Documents Office，（美国空军）中央航空文献处

CBO Combined Bomber Offensive，（英美）轰炸机联合进攻（计划）

CCS Combined Chiefs of Staff，（英美）参谋长联合委员会

CGPM General Conference on Weights and Measures，国际计量大会

CIA Central Intelligence Agency，（美国）中央情报局

CIB Current Intelligence Bulletin，（美国中央情报局）《动态情报通讯》

CIC Combined Intelligence Committee，（英美参谋长联合委员会）情报联合委员会

CID Central Information Division，（美国信息协调官办公室；美国战略勤务局）中央信息室

CIG Central Intelligence Group，（美国）中央情报组

CIOS Combined Intelligence Objectives Sub-Committee，（英美情报联合委员会）情报目标联合分委员会

CIPC Combined Intelligence Priorities Committee，（英美参谋长联合委员会）情报首要任务联合委员会

CIS Current Intelligence Staff，（美国战略勤务局）动态

情报处

CNO　Chief of Naval Operations，（美国海军）作战部长

COI　Coordinator of Information，（美国白宫）信息协调官

COMINT　COMmunications INTelligence，通信情报

COMOR　Committee On Overhead Reconnaissance，（美国）空天侦察委员会

CORSI　Committee on the Release of Scientific Information，（美国）科学信息发布委员会

CPS　Central Planning Staff，（美国中央情报组）中央计划处

CRS　Central Reports Staff，（美国中央情报组）中央报告处

CSC　Chiefs of Staff Committee，（英国）参谋长委员会

DCI　Director of Central Intelligence，（美国）中央情报总监

DCID　Director of Central Intelligence Directive，（美国）中央情报总监指令

DDC　Dewey Decimal Classification，杜威十进制分类法

DDCI　Deputy Director of Central Intelligence，（美国）中央情报副总监

DDI　Deputy Director for Intelligence，（美国中央情报局）情报分局局长

DDP　Deputy Director for Plans，（美国中央情报局）计划分局局长

DDR&E　Director of Defense Research and Engineering，（美国国防部）国防研究工程总监

DDS&T　Deputy Director for Science and Technology，（美国中央情报局）科技分局局长

Defense/SMAC　Defense Special Missile and Astronautics Center，（美国国防部）国防特种导弹与宇航中心

DI　Directorate for Intelligence，（美国中央情报局）情报分局

DIA　Defense Intelligence Agency，（美国）国防情报局

DNI　Director of Naval Intelligence，（美国）海军情报总长

DP　Directorate for Plans，（美国中央情报局）计划分局，也称“秘密勤务处”（Clandestine Service）

DPD　Development Projects Division，（美国中央情报局）开发项目室

DPS　Development Projects Staff，（美国中央情报局）开发项目处

DR　Directorate for Research，（美国中央情报局）研究分局

DS&T　Directorate of Science and Technology，（美国中央情报局）科技分局

DSI　Division of Special Information，（美国信息协调官办公室）特种信息室

DTIC　Defense Technical Information Center，（美国国防部）国防技术信息中心

EDB　Economic Defense Board，（美国）经济防务理事会

ELINT　ELectronic INTelligence，电子情报

EOP　Executive Office of the President，（美国）总统办公厅

EOU　Enemy Objectives Unit，（美国驻英大使馆经济作战处）敌方目标组

ERA　Economic Research Area，（美国中央情报局）经济研究区

ETOUSA　European Theater of Operations, United States Army，美国陆军欧洲战区

FBI　Federal Bureau of Investigation，（美国）联邦调查局

FBIB　Foreign Broadcast Information Branch，（美国中央情报组）国外广播情报处

FDB　Foreign Documents Branch，（美国中央情报组；中央情报局）国外文献处

FDD　Foreign Documents Division，（美国中央情报局）国外文献室

FEA　Foreign Economic Administration，（美国应急管理局）对外经济管理处

FIAT　Field Information Agency, Technical，（英美）战场技术信息局

FIS　Foreign Information Service，（美国信息协调官办公室）对外信息部；Foreign Intelligence Section，（美国"曼哈顿计划"办公室）国外情报科

FMSAC　Foreign Missile and Space Analysis Center，（美国中央情报局）国外导弹与太空分析中心

FTD　Foreign Technology Division，（美国空军）国外技术部

GMAIC　Guided Missile and Astronautics Intelligence Committee，（美国情报理事会）导弹和宇航情报委员会

GMDS　German Military Document Section，（英美联合）德国军事文献处

GMIC　Guided Missile Intelligence Committee，（美国情报咨询委员会；美国情报理事会）导弹情报委员会

GSG　Global Survey Group，（美国中央情报局）全球调查组

HUAC　House Un-American Activities Committee，（美

国）众议院非美活动委员会

HUMINT　HUman INTelligence，人力情报

IA　Imagery Analysts，图像分析员

IAB　Intelligence Advisory Board，（美国）情报咨询理事会

IAC　Intelligence Advisory Committee，（美国）情报咨询委员会

IAP　Intelligence Assumptions for Planning，（美国中央情报局）《面向规划的情报假定报告》

IAS　Institute of Aeronautical Sciences，（美国）航空科学研究所

ICBM　InterContinental Ballistic Missile，洲际弹道导弹

IDC　Interdepartmental Committee for the Acquisition of Foreign Publications，（美国信息协调官办公室；美国战略勤务局）国外出版物采访部际委员会

IG　Inspector General，（美国政府部门）监察长

IIC　Interdepartmental Intelligence Committee，（美国）部际情报委员会

INR　Bureau of Intelligence and Research，（美国国务院）情报研究局

IRBM　Intermediate-Range Ballistic Missile，中远程弹道导弹

IRIS　Interim Research and Intelligence Service，（美国国务院）研究与情报过渡处

JAAIC　Joint AntiAircraft Intelligence Committee，（美国情报咨询委员会）防空情报联合委员会

JACIC　Joint AirCraft Intelligence Committee，（美国情报咨询委员会）飞机情报联合委员会

JAEIC　Joint Atomic Energy Intelligence Committee，（美

国情报咨询委员会）原子能情报联合委员会

JANIC　Joint Army-Navy Intelligence Committee，（美国）陆海军联合情报委员会

JANIS　Joint Army-Navy Intelligence Studies，（美国）陆海军联合情报研究（计划）

JBWIC　Joint Biological Warfare Intelligence Committee，（美国情报咨询委员会）生物战情报联合委员会

JCS　Joint Chiefs of Staff，（美国）参谋长联席会议，简称“参联会”

JCWIC　Joint Chemical Warfare Intelligence Committee，（美国情报咨询委员会）化学战情报联合委员会

JEIC　Joint Electronics Intelligence Committee，（美国情报咨询委员会）电子情报联合委员会

JGMIC　Joint Guided Missiles Intelligence Committee，（美国情报咨询委员会）导弹情报联合委员会

JIC　Joint Intelligence Committee，（美国参联会）联合情报委员会

JIG　Joint Intelligence Group，（美国参联会）联合情报组

JIS　Joint Intelligence Staff，（美国参联会）联合情报部

JMSIC　Joint Medical Sciences Intelligence Committee，（美国情报咨询委员会）医学情报联合委员会

JNEIC　Joint Nuclear Energy Intelligence Committee，（美国情报咨询理事会；美国情报咨询委员会）核能情报联合委员会

JRDB　Joint Research and Development Board，（美国陆海军）联合研发理事会

JSSC　Joint Strategic Survey Committee，（美国参联会）联合战略调查委员会

JTIS　Joint Technical Intelligence Subcommittee，（美国参

联会）技术情报联合分委员会

KWI　Kaiser Wilhelm Institute，（德国）威廉皇家研究院

LAC　Lithuanian Automobile Club，立陶宛人汽车俱乐部

LCSH　Library of Congress Subject Heading，（美国）国会图书馆标题表

LFA　Luftfahrtforschungsanstalt，（德国）航空研究院

LMDS　London Military Document Section，（英美联合）伦敦军事文献处

MC　Materiel Command，（美国陆军航空兵）器材司令部

MID　Military Intelligence Division，（美国陆军）军事情报局，也称“陆军参谋部二局”（G－2）

MIRS　Military Intelligence Research Section，（英美联合）军事情报研究处

MIS　Military Intelligence Service，（美国陆军）军事情报部

MIT　Massachusetts Institute of Technology，（美国）麻省理工学院

MOI　Ministry of Information，（英国）信息部

MRA　Military-economic Research Area，（美国中央情报局）军事经济研究分部

MRBM　Medium-Range Ballistic Missile，中程弹道导弹

NACA　National Advisory Committee for Aeronautics，（美国）航空咨询委员会

NAS　National Academy of Sciences，（美国）国家科学院

NBS　National Bureau of Standards，（美国）国家标准局

NFL　National Football League，（美国）职业橄榄球联盟

NIA　National Intelligence Authority，（美国）国家情报领导小组

NIC　National Inventors Council，（美国）国家发明家委员会

NIE　National Intelligence Estimate，（美国）国家情报预估（报告）

NIH　National Institute of Health，（美国）国家卫生研究院

NIPP　National Intelligence Projections for Planning，（美国中央情报局）《面向规划的国家情报预判报告》

NIS　National Intelligence Survey，（美国）国家情报调查（报告）

NPIC　National Photographic Interpretation Center，（美国）国家照片解读中心

NRO　National Reconnaissance Office，（美国）国家侦察局

NRP　National Reconnaissance Program，（美国）“国家侦察计划”

NSA　National Security Agency，（美国）国家安全局

NSC　National Security Council，（美国）国家安全委员会

NSCID　National Security Council Intelligence Directive，（美国）国家安全委员会情报指令

NTIS　National Technical Information Service，（美国）国家技术信息服务局

OCD　Office of Collection and Dissemination，（美国中央情报局）搜集分发部

OCI　Office of Current Intelligence，（美国中央情报局）动态情报部

OCR　Office of Central Reference，（美国中央情报局）中央参考部

ODTS　Office of Declassification and Technical Services，

（美国商务部）解密与技术服务办公室

OEL　Office of ELINT，（美国中央情报局）电子情报部

OEM　Office for Emergency Management，（美国总统办公厅）应急管理局

OFF　Office of Facts and Figures，（美国应急管理局）事实情况数据处

OGR　Office of Government Reports，（美国总统办公厅）政府报道局

OI　Oral Intelligence Unit，（美国信息协调官办公室）口头情报组

OIAA　Office of Inter-American Affairs，（美国应急管理局）美洲事务处

OIC　Office of Intelligence Coordination（美国中央情报局）情报协调部

OMGUS　Office of Military Government，United States；Office of the Military Governor，United States，美国驻德军政府办公室

ONE　Office of National Estimates，（美国中央情报局）国家预估部

ONI　Office of Naval Intelligence，（美国）海军情报局

ONO　Office of Naval Operations，（美国）海军作战局

OO　Office of Operations，（美国中央情报组；美国中央情报局）行动部

OR　（美）Operations research；　（英）Operational research，运筹学

ORD　Office of Research and Development（美国中央情报局）研发部

ORE　Office of Research and Evaluation，（美国中央情报组）研究评估部；Office of Reports and Estimates，（美国中央

情报组；美国中央情报局）报告预估部

ORI Office of Research and Intelligence，（美国国务院）研究情报部

ORR Office of Research and Reports，（美国中央情报局）研究报告部

OSA Office of Special Activities，（美国中央情报局）特种活动部

OSI Office of Scientific Intelligence，（美国中央情报局）科学情报部

OSINT Open Source INTelligence，开源情报

OSO Office of Special Operations，（美国中央情报局）特种行动部

OSP Office of Special Projects，（美国中央情报局）特种项目部

OSR Office of Strategic Research，（美国中央情报局）战略研究部

OSRD Office of Scientific Research and Development，（美国应急管理局）科学研发处

OSS Office of Strategic Services，（美国参联会）战略勤务局

OTS Office of Technical Services，（美国商务部）技术服务办公室

OWI Office of War Information，（美国应急管理局）战时信息处

OWM Office of War Mobilization，（美国应急管理局）战争动员处

OWMR Office of War Mobilization and Reconversion，（美国应急管理局）战争动员与恢复处

PACMIRS Pacific Military Intelligence Research Service，

（美国陆军）太平洋军事情报研究处

PB　Publication Board，（美国）出版理事会

PBCFIA　President's Board of Consultants on Foreign Intelligence Activities，（美国）总统对外情报工作顾问组

PDB　President's Daily Brief，（美国中央情报局）《总统每日简报》

PFIAB　President's Foreign Intelligence Advisory Board，（美国）总统对外情报咨询组

PI　Photo Interpretation，照片解读；Photo Intelligence，照片情报；Photo Interpreter，照片解读员

PICL　President's Intelligence CheckList，（美国中央情报局）《总统情报清单》

PID　Photo-Intelligence Division，（美国中央情报局）照片情报室

PSAC　President's Science Advisory Committee，（美国）总统科学咨询委员会

R&A　Research and Analysis Branch，（美国信息协调官办公室；美国战略勤务局）研究分析部

RDB　Research and Development Board，（美国国防部）研发理事会

SAC　Strategic Air Command，（美国空军）战略空军司令部

SAG　Scientific Advisory Group，（美国陆军航空兵）科学咨询小组

SCAM　Strategic Cost Analysis Model，（美国中央情报局）"战略成本分析模型"

SEC　Scientific Estimates Committee，（美国情报咨询委员会）科学预估委员会

SHAEF　Supreme Headquarters Allied Expeditionary

Force，盟军总司令部

SI　Secret Intelligence Branch，（美国战略勤务局）秘密情报部

SIC　Scientific Intelligence Committee，（美国情报咨询理事会；美国情报咨询委员会）科学情报委员会

SID　Strategic Intelligence Digest，（美国）《战略情报摘要》

SIE　Strategic Intelligence Estimates，（美国）《战略情报预估》

SIS　Secret Intelligence Service，（英国）秘密情报局，也称“军情六处”（MI6）

SNIE　Special National Intelligence Estimate，（美国）国家情报特别预估（报告）

SPRB　Stockholm Press Reading Bureau，（英国驻）斯德哥尔摩报刊阅读处

SS　Security Service，（英国）安全局，也称“军情五处”（MI5）

SSRC　Social Science Research Council，（美国）社会科学研究委员会

SSU　Strategic Services Unit，（美国战争部）战略勤务处

TAIC　Technical Air Intelligence Center，（美国海军）航空技术情报中心

TCP　Technical Capabilities Panel，（美国总统）技术能力小组，俗称“基里安委员会”

TIIC　Technical Industrial Intelligence Committee，（美国参联会）工业技术情报委员会

TOM　Technical Oil Mission，石油技术任务

TR　Terms of Reference，（美国国家情报预估报告）内容要求

U&S　Unified and Specified Commands，（美国）联合司令部和特种司令部

UDC　Universal Decimal Classification，国际十进制分类法，也称“通用十进制分类法”

UMHK　Union Minière du Haut-Katanga，（比利时）上卡坦加联合矿业公司

UMI　University Microfilms，Inc.，（美国）大学缩微有限公司

USAFE　United States Air Forces in Europe，美国驻欧洲航空军

USCIB　United States Communications Intelligence Board，美国通信情报理事会

USGCC　U. S. Group Control Council，Germany，盟国对德管制委员会美国小组

USIB　United States Intelligence Board，美国情报理事会

USSTAF　United States Strategic Air Forces in Europe，美国驻欧洲战略航空军

VP　Visual Presentation Branch，（美国信息协调官办公室）视觉呈现部

WDC　Washington Document Center，（美国陆海军）华盛顿文献中心

WDC　Washington Document Center，（美国陆海军联合）华盛顿文献中心

WDD　Western Development Division，（美国空军航空研发司令部）西部开发分部

ZWB　Zentral für Wissenschaftliches Barichtswesen，（德国）航空科学信息中心

重要人物索引

美国中央情报总监

索尔斯（Sidney W. Souers），海军少将，1946年1月—1946年6月

范登堡（Hoyt S. Vandenberg），空军中将，1946年6月—1947年5月

希伦科特（Roscoe H. Hillenkoetter），海军少将，1947年5月—1950年10月

沃尔特·史密斯（Walter B. Smith），陆军上将，1950年10月—1953年2月

艾伦·杜勒斯（Allen W. Dulles），1953年2月—1961年11月

约翰·麦考恩（John A. McCone），1961年11月—1965年4月

威廉·拉伯恩（William F. Raborn Jr.），1965 年 4 月—1966 年 6 月

赫尔姆斯（Richard M. Helms），1966 年 6 月—1973 年 2 月

美国中央情报副总监

金曼·道格拉斯（Kingman Douglass），1946 年 3 月—1946 年 7 月

（空缺，1946 年 7 月—1947 年 1 月）

埃德温·莱特（Edwin K. Wright），1947 年 1 月—1949 年 3 月

（空缺，1949 年 3 月—1950 年 10 月）

威廉·杰克逊（William H. Jackson），1950 年 10 月—1951 年 8 月

艾伦·杜勒斯（Allen W. Dulles），1951 年 8 月—1953 年 2 月

卡贝尔（Charles P. Cabell），1953 年 4 月—1962 年 1 月

马歇尔·卡特（Marshall S. Carter），陆军中将，1962 年 4 月—1965 年 4 月

赫尔姆斯（Richard M. Helms），1965 年 4 月—1966 年 6 月

鲁弗斯·泰勒（Rufus L. Taylor），海军中将，1966 年 10 月—1969 年 2 月

罗伯特·E·库什曼（Robert E. Cushman Jr.），海军陆战队中将，1969 年 5 月—1971 年 12 月

弗农·A·沃尔特斯（Vernon A. Walters），陆军中将，1972 年 5 月—1976 年 7 月

美国中央情报局情报分局①局长

洛夫塔斯·贝克尔（Loftus Becker），1952 年 1 月—1953 年 5 月

罗伯特·埃默里（Robert Amory Jr.），1953 年 5 月—1962 年 3 月

雷·克莱恩（Ray S. Cline），1962 年 3 月—1966 年 1 月

杰克··史密斯（R. Jack Smith），1966 年 1 月—1971 年 5 月

布罗克特（Edward W. Proctor），1971 年 5 月—1976 年 6 月

美国中央情报局计划分局②局长

艾伦·杜勒斯（Allen W. Dulles），1951 年 1 月—1951 年 8 月

弗兰克·威斯纳（Frank Wisner），1951 年 8 月—1959 年 1 月

理查德·比斯尔（Richard M. Bissell Jr.），1959 年 1 月—1962 年 2 月

赫尔姆斯（Richard M. Helms），1962 年 2 月—1965 年 4 月

德斯蒙德·菲茨杰拉德（Desmond FitzGerald），1965 年 6 月—1967 年 7 月

---

① 1977 年 10 月至 1982 年 1 月曾改名为“国家境外评估中心”（National Foreign Assessment Center）。

② 这个分局的名称在“行动分局”和“计划分局”两者之间来回改变过多次。

托马斯·卡拉梅西内斯（Thomas H. Karamessines），1967年7月—1973年2月

美国中央情报局科技分局[①]局长

斯科威尔（Herbert "Pete" Scoville Jr.），1962年2月—1963年6月

爱德华·吉勒（Edward B. Giller）（代理），空军准将，1963年6月—1963年8月

阿尔伯特·惠伦（Albert D. "Bud" Wheelon），1963年8月—1966年9月

卡尔·达克特（Carl E. Duckett）（含代理），1966年9月—1976年6月

美国陆军分管情报的助理参谋长及情报主管

谢尔曼·迈尔斯（Sherman Miles），准将，1940年4月—1942年1月

雷蒙德·李（Raymond E. Lee），准将，1942年2月—1942年5月

乔治·斯特朗（George V. Strong），少将，1942年5月—1944年2月

克雷顿 比斯尔（Clayton L. Bissell），少将，1944年2月—1946年1月

范登堡（Hoyt S. Vandenberg），中将，1946年1月—1946年6月

史蒂芬·钱伯林（Stephen J. Chamberlin），中将，1946年

---

① 1963年8月之前称“研究分局”。

6月—1948年10月

斯塔福德·欧文（Stafford L. Irwin），少将，1948年11月—1950年8月

亚历山大·波林（Alexander R. Bolling），少将，1950年8月—1952年8月

理查德·帕特里奇（Richard C. Partridge），少将，1952年8月—1953年11月

亚瑟·特鲁多（Arthur C. Trudeau），少将，1953年11月—1955年8月

李奇利·盖瑟（Ridgely Gaither），少将，1955年8月—1956年7月

罗伯特·舒（Robert A. Schow），少将，1956年8月—1958年10月

约翰·威廉姆斯（John N. M. Willems），少将，1958年11月—1961年10月

阿尔瓦·菲奇（Alva R. Fitch），少将，1961年10月—1964年1月

美国海军情报总长

沃尔特·安德森（Walter S. Anderson），少将，1939年6月—1941年1月

朱尔斯·詹姆斯（Jules James），上校，1941年1月—1941年2月

艾伦·柯克（Alan G. Kirk），少将，1941年3月—1941年10月

西奥多·威尔金森（Theodore S. Wilkinson），少将，1941年10月—1942年7月

哈罗德·特雷恩（Harold C. Train），少将，1942年7

月—1943 年 9 月

罗斯科·舒尔曼（Roscoe E. Schuirmann），少将，1943 年 9 月—1944 年 10 月

里奥·休利特·塞波特（Leo Hewlett Thebaud），少将，1944 年 10 月—1945 年 9 月

托马斯·英格力斯（Thomas B. Inglis），少将，1945 年 9 月—1949 年 9 月

费利克斯·约翰逊（Felix L. Johnson），少将，1949 年 9 月—1952 年 6 月

理查德·斯托特（Richard F. Stout），少将，1952 年 7 月—1952 年 11 月

卡尔·埃斯佩（Carl F. Espe），少将，1952 年 12 月—1956 年 5 月

劳伦斯·弗罗斯特（Laurence H. Frost），少将，1956 年 6 月—1960 年 9 月

弗农·洛伦斯（Vernon L. Lowrance），少将，1960 年 9 月—1963 年 6 月

美国空军情报主管及分管情报的助理参谋长

乔治·麦克唐纳（George McDonald），少将，1947 年 10 月—1948 年 5 月

卡贝尔（Charles P. Cabell），少将，1948 年 5 月—1951 年 11 月

桑福德（John A. Samford），少将，1951 年 11 月—1956 年 7 月

米拉德·刘易斯（Millard Lewis），少将，1957 年 5 月—1958 年 5 月

詹姆斯·沃尔什（James H. Walsh），少将，1958 年 5

月—1961年7月

罗伯特·布赖特维泽（Robert A. Breitweiser），少将，1961年7月—1963年3月

后　　记

几年前，第二本书刚出炉，北京大学的王延飞教授和其他几位朋友便对我说，再写一本做成“国家情报”系列三部曲吧！

这是我写第一本书的时候不敢想象的事情。王教授和朋友们的鼓励，于我是一种强有力的推动。但诸事的纷扰、所知的局限、资料的匮乏，以及对第一本、第二本书写作期间的头脑激荡、艰难入眠的切身记忆，令我多少有些畏惧，一直都没有动笔的决心。只是沿着一个朦胧的方向，缓慢地做着各种准备，把过去收集的资料再做整理，在稿纸上勾勾画画、做一点笔记，同时努力搜集更多资料以备不时之需，直到困于斗室的那段“百年不遇”的特殊时期。回想起来，如果没有那种逼仄的约束，依着我拖延的惯性，第三本书的想法可能还要再等若干年才会实现。

第一本《国家窃听》、第二本《国家智囊》和您眼前的这第三本，都有一个共同的主题“情报”，三本书之间有一些若隐若现的呼应和关联，至此“国家情报”三部曲算是有了一个模样。但是，这第三本书的题目迟迟未能敲定，令我非常苦恼。某天和王教授谈起此事，只听他云淡风清地说了句，《国家斥候》如何？这是我第一次听说“斥候”一词，于是赶紧去翻查古籍。这才知道斥候也写作“斥堠”，是侦察兵、侦察行动以及相关设施的总称。宋代经典兵书《武经总要》称，军中行动总是要派遣斥候“察而预知”敌情，以至“军行军止，必先谨听候之法也”。按照《释名》中的说法，古人会在军用大船上建一个小屋，也称斥候，“以视敌进退”。到了明代，熟悉边关兵事的尹耕留下了“斥堠直通沙碛外，戍楼高并朔云平”这样的诗句。此处的斥堠指的瞭望敌情的堡垒。总而言之，把“斥候”这个词用做这第三本书的标题，实在很妙！

深受眼疾折磨的乔良教授在异常困难的情况下阅读了初稿，第三次为我的书稿撰写序言。他后来告诉我，如今的视力非常糟糕，看材料不到十分钟就会感觉疲劳。读着他依旧雄健有力的文字，我感到既高兴又愧疚。高兴的自然是他的肯定，寥寥几笔就把“国家情报”三部曲的主题解析得清清楚楚，更多的当然是愧疚和不安，不知道自己给他增添了多少的麻烦。

高金虎教授是情报领域的知名专家，他撰写的推荐序言观点鲜明、文字犀利，其中的许多话语直接点破了本书内容背后的寓意。王延飞、王曰芬、黄安祥、李艳、曾文、张左之、王琳、马德辉和胡雅萍诸位老师为本书撰写了褒扬有加的评语。还有许多不愿具名的专家、学者和朋友，在阅读完初稿后给我提了不少有益的意见，这些意见大都反映在您手中的这本书里。

知远战略与防务研究所的李健所长是我认识多年的老朋友，汪岚是我过去的同事，经他们的大力推荐，上海远东出版社热情地接纳了书稿。

回想起来，我是非常幸运的——前两本图书出版时遇到的几位编辑和老师都十分专业，都曾给予我莫大的帮助。然而，上海远东出版社的王编辑还是大大超出了我的预期！他耐心地和我讨论书稿内容，提供了许多合理建议。

我的家人是我不断前行的力量源泉。年近八十的父亲是初稿最初的读者之一，伯父从未间断对我的鼓励和支持，夫人总是默默地在我身后操持家务、忍受着我的游手好闲和心不在焉。大孩子和小孩子都已长大成人，一个在开创自己的事业，另一个在学校继续深造，书里的世界跟他们的世界似乎有着一段距离。

过去的一年是沉重的。我失去了好几位尊敬的师长，其中包括我的硕士导师王天运先生和博士导师沈钧毅先生。说来奇怪，他们的音容笑貌常会浮现我的脑海，就好像他们并没有真的离开。我不由得相信，他们仍然以某种形式存在，永远那么温暖地注视着我，护佑着我。

动手准备这篇文字的时候，窗外满树海棠花开，微风拂过，如雪般飘落。此刻停笔，腊梅盛开，清香沁人心脾，山桃花、红梅花次第绽放，北国之春，一日一新。

写于白居不易书房
2023 年 3 月 10 日